新疆文物保护研究丛书（丙种本之一）

新疆苏巴什佛寺遗址保护研究

梁 涛 著

科学出版社
北 京

内 容 简 介

本书主要介绍了新疆现存最大的佛教文化遗址苏巴什佛寺的保存现状、布局、建造工艺及技法特点；研究了苏巴什佛寺遗址的地质环境、风场、温度、降雨等环境特征和遗址土的工程特性；分析了遗址的主要病害及其成因，并运用FLAC3D技术，对遗址区内的重要建筑遗存的病害进行了数值模拟；进一步研究了PS材料加固土遗址的室内和现场施工的工艺规范化问题；研究了土遗址锚固灌浆技术；归纳了加固土遗址本体和崖体的主要工程措施及技术方法。

本书适合文物保护与管理、古建筑修缮等领域的科技工作者，以及高等院校相关专业的师生参考阅读。

图书在版编目（CIP）数据

新疆苏巴什佛寺遗址保护研究／梁涛著．—北京：科学出版社，2013
 ISBN 978-7-03-036159-2

Ⅰ.①新… Ⅱ.①梁… Ⅲ.①佛教－寺庙－文化遗址－保护－研究－新疆 Ⅳ.①K878.64

中国版本图书馆 CIP 数据核字（2012）第 296586 号

责任编辑：孙 莉 吴书雷／责任校对：宋玲玲
责任印制：赵德静／封面设计：谭 硕

科学出版社 出版
北京东黄城根北街16号
邮政编码：100717
http://www.sciencep.com

文物出版社印刷厂 印刷
科学出版社发行 各地新华书店经销
*
2013年3月第 一 版 开本：889×1194 1/16
2013年3月第一次印刷 印张：14 1/2
字数：390 000
定价：286.00元
（如有印装质量问题，我社负责调换）

"新疆文物保护研究丛书"序

新疆维吾尔自治区，位于亚欧大陆中部，地处我国西北边陲，总面积166.49万平方公里，占全国陆地总面积的六分之一，周边与俄罗斯、哈萨克斯坦、吉尔吉斯斯坦、塔吉克斯坦、巴基斯坦、蒙古、印度、阿富汗等8个国家接壤；陆地边境线长达5600多公里，占全国陆地边境线的四分之一，是我国面积最大、陆地边境线最长、毗邻国家最多的省区。

新疆历史悠久，古称西域，自古以来就是中国不可分割的重要组成部分。新疆位于古代丝绸之路的重要枢纽地段，是东西方古代文明的交融荟萃之地。由于特殊的地理区位优势，中原文化、印度文化、希腊文化、阿拉伯文化在这里交流、碰撞和融合，在漫长的历史长河中，各民族人民共同创造了辉煌璀璨的优秀文化，丰富了中华民族悠久灿烂的文化底蕴。在这片广袤的土地上，美丽的阿尔泰山、巍峨的昆仑山、雄伟的天山以及干燥的准噶尔盆地和塔里木盆地，形成了新疆"三山加两盆"自然地貌和环境，雨量稀少、风沙诸多、气候干燥，这些特殊的气候特征，为文化遗产的长期保存创造了良好的自然条件，使新疆大量弥足珍贵的文物古迹，无论是地上还是地下的文化遗存，都极为丰富，有"天然博物馆"之称。据统计，截至2012年，新疆已发现各类文物点4000余处。其中，全国重点文物保护单位116处（含第七批待批），自治区级文物保护单位675处（含第七批待批），县（市）级文物保护单位2000余处；各级文物收藏机构现有各类馆藏文物30余万件。其中国家一级文物707件，二级文物1339件，三级文物4038件。此外，还有大量的未定级文物点和一般文物。

新疆作为中国境内涉及世界文明史发展的重要的历史文化遗产地区，其文物资源真实地展现了各民族共同创造的灿烂文化，是中华民族文化宝库的重要组成部分，是各族人民共同缔造中华文明的真实历史见证，是维系中华民族大团结的精神纽带。它们对于保持人类文化的多样性，维持人类文明和社会的可持续发展，具有重要的意义，因此历来是历史学、地理学、生态学、人类学、民族学、宗教学、语言学等多学科广泛关注的研究领域。

更为重要的是，由于文物自身所具有的客观性和直观性，使其在反对民族分裂主义，维护新疆大局稳定的斗争中，发挥着无可替代的特殊功能和积极作用，尤其是对新疆广大各族群众开展爱国主义教育，阐明"新疆自古以来是祖国不可分割的一部分"这一历史事实，具有重要的现实政治意义。同时，作为我国西部地区重要的人文景观资源的重要组成部分，新疆的文物资源分布广、种类全、数量多、内涵丰富，极具展示和观赏价值，已成为拉动新疆的旅游业，促进地方经济发展的重要资源。所以，保护好这些弥足珍贵的历史文化遗产，对于发展中国特色社会主义先进文化，传承中华民族的优秀文化，维护祖国统一和领土完整，促进经济发展和社会全面进步，具有特殊的重要的现实意义。

自20世纪70年代以来，新疆文物保护工作者带着强烈的责任感，以科学、严谨的态度，克服种种实际困难，筚路蓝缕，长期奔波在条件极为恶劣的辽阔大地上，书写了新疆文物保护事业从起步、成长到逐渐壮大的历程。

 苏巴什佛寺遗址保护研究

1989年6月，新疆文化厅克孜尔千佛洞石窟维修办公室成立，隶属于自治区文化厅。1992年3月，更名为"新疆文化厅文物保护维修办公室"。2001年7月，更名为"新疆维吾尔自治区文物古迹保护中心"。在不断前进的历程中，新疆文物古迹保护中心立足新疆，放眼西北，励精图治，奋发有为，先后在区内外主持承担了一大批文物保护项目，在全国文物保护行业赢得了良好的口碑。尤其是在"十一五"和"十二五"期间，以中心主要业务人员组成的新疆重点文物保护项目领导小组执行办公室，组织实施了新中国成立以来我国文物保护行业的重大系统工程——丝绸之路新疆段重点文物保护项目（"十一五"期间总投资额达4.7亿元）。该项目的多个子项目被国家文物局评为样板工程。其中，交河故城二期抢险加固工程名列"2010年度全国文物保护十大工程"之首，柏孜克里克石窟抢险加固工程被评为"2011年度全国文物保护十大工程"，高昌故城三期抢险加固工程被评为"2012年度全国最佳文物工程"。2011年，中心被中国文物保护基金会评为"中国文化遗产保护与传承典范单位"。2012年，中心被国家人力资源和社会保障部、国家文物局授予"全国文物系统先进集体"荣誉称号。

经过二十多年的发展，新疆文物古迹保护中心已成为目前新疆唯一拥有国家文物保护勘察设计甲级资质和施工一级资质，集产学研为一体的科研单位，主要业务范围包括各级各类文物保护单位的保护规划编制和文物保护工程的勘察设计、施工，以及区域性文物保护规划编制、文物信息咨询、文物修复、文物保护科学研究、《新疆文物保护》学术期刊的编辑出版等。

文物保护是一项专业性很强的学科，涉及自然科学和社会科学的多个领域。在实际工作中，我们深切地感到，文物保护项目的实施过程同时也是开展科学研究的过程。工欲善其事，必先利其器。要想做好文物保护工作，在全面系统收集整理基础资料的基础上开展科学研究是不可或缺的重要步骤。为此，我们决定编辑出版新疆文物保护研究丛书，以期不仅为文物保护工作者提供宝贵的参考和借鉴，而且为关注新疆文物保护的社会各界人士提供一个从多层面了解新疆文物保护工作的窗口。根据工作实际，本丛书拟分为甲、乙、丙、丁四个系列。其中，甲种本是规划、勘察设计方案的汇集，乙种本是文物保护项目的工程报告及监理报告，丙种本是文物保护研究的中文著作及外文译著，丁种本是文物保护研究的中文、译文及外文论文的汇集。集腋成裘，堆沙为塔。我们衷心地希望，通过不断的努力，为新疆文物保护事业的可持续发展尽一份绵薄之力。

2012年5月

序

新疆，古称西域，地处古代东西方经济、文化交流通道"丝绸之路"的要冲地段，地上和地下文物资源极为丰富，大遗址的分布范围广泛，有古代城址、古墓葬、石窟寺和古建筑等多种遗存形式。其中，以生土为主要建筑材料的大量土遗址闻名遐迩，如吐鲁番地区的交河故城、高昌故城，巴音郭楞蒙古自治州的楼兰遗址，和田地区的尼雅遗址以及阿克苏地区的苏巴什佛寺遗址等。这些珍贵的文化遗产是中华文明的历史见证，是各民族共同创造的具有新疆地域特色的灿烂文化，对发展中国特色社会主义先进文化，传承中华文明，维护祖国统一具有重要的历史意义和现实意义。

这些地处新疆戈壁荒野的珍贵历史文化遗存历经千百年沧桑，受自然和人为等诸多因素的影响，大量土遗址破坏速度惊人，有的甚至处于濒危状态，亟待加固保护。

土遗址保护是国际文物保护领域的一个难题。我国虽然在这方面开展工作较晚，但经过文物保护工作者二十多年的艰苦努力，已取得了长足的进步。20 世纪 80 年代，我与敦煌研究院的同事尝试用 PS 渗透的方法加固了甘肃秦安大地湾新石器时代的居住遗址，也在新疆吐鲁番交河故城遗址进行了初步试验，取得了明显的防风化效果。自 20 世纪 90 年代至 21 世纪初，我们又在大量室内研究的基础上，在包括吐鲁番交河故城在内的多处西北地区土遗址进行了 PS 渗透防风蚀和雨蚀加固，楠竹加筋复合锚杆对危土体锚固及裂隙注浆的现场实验，获得了许多重要的数据，并总结归纳出了加固土遗址的主要工程措施及工艺。2005 年，丝绸之路新疆段重点文物保护项目启动，我们在东疆吐鲁番地区承担的交河故城抢险加固工程顺利开展，取得了显著的保护效果。

2007 年以来，梁涛研究员对阿克苏地区库车县苏巴什佛寺遗址的保护研究，是针对南疆地区大型土遗址保护迈出的重要一步。梁涛研究员现供职于新疆文物古迹保护中心，自 1992 年大学毕业后，就开始在新疆文物保护的岗位上从事古遗址的保护工作，早年也参与了联合国教科文组织援助交河故城保护等文物保护项目，并结合自己十几年的工作实际撰写出版了《工程技术与文物古迹保护》一书。2007 年，为了进一步提高专业水平，梁涛研究员又考上了兰州大学地质工程专业文物保护方向的博士，在我的指导下，完成了题为《新疆库车县苏巴什佛寺遗址保护研究》的博士论文。

该项研究也可以说是一个具有挑战性的课题，苏巴什佛寺是目前新疆境内保存较好、规模最大的地面佛寺遗址。该遗址延续时间长，建筑类型及建筑组合多种多样，现存病害几乎涵盖了西北干旱区土遗址的各种主要病害。研究过程中，在相关部门的大力支持下，梁涛研究员克服了种种困难，花费了大量的时间和精力，采集了重要的数据资料，深入探索了苏巴什佛寺遗址病害机理，在大量室内和现场试验的基础上，应用近年来较为先进的 FLAC3D 技术，对典型病害及加固措施进行了科学的数值模拟分析，为进一步的保护措施实施提供了可靠的技术支撑。

 苏巴什佛寺遗址保护研究

《新疆苏巴什佛寺遗址保护研究》一书是梁涛研究员在自己博士学位论文基础上修订而成的，该书文字、图片、影像资料翔实，客观反映了新疆苏巴什佛寺遗址的保存现状及保护对策，是梁涛研究员及其同仁辛勤努力的结晶，其成果不仅有利于提高新疆地区土遗址保护研究的整体水平，也将促进我国西北地区土遗址的保护工作。

适值《新疆苏巴什佛寺遗址保护研究》出版之际，祝贺之余，谨以上言语，聊以为序。

2012 年 12 月 30 日于兰州

目　　录

"新疆文物保护研究丛书"序 ·· i

序 ·· iii

第1章　前言 ·· 001
1.1　苏巴什佛寺遗址概况 ·· 002
1.1.1　历史价值 ·· 003
1.1.2　艺术价值 ·· 004
1.1.3　科学价值 ·· 004
1.1.4　社会价值 ·· 004
1.2　选题依据与研究意义 ·· 004
1.2.1　选题依据 ·· 004
1.2.2　研究意义 ·· 005
1.3　主要研究内容与技术路线 ·· 005
1.3.1　主要研究内容 ·· 005
1.3.2　技术路线 ·· 006

第2章　文献综述 ·· 009
2.1　丝绸之路土遗址概况 ·· 010
2.2　国内外土遗址保护的研究概况 ·· 010
2.2.1　国外土遗址保护研究 ·· 010
2.2.2　国内土遗址保护研究 ·· 011
2.3　土遗址今后研究的主要方向 ·· 015
2.4　前人对苏巴什佛寺遗址的研究 ·· 016

第3章　苏巴什佛寺遗址的赋存环境 ·· 023
3.1　地形地貌 ·· 024
3.2　气候特征 ·· 024
3.3　地质构造 ·· 028

3.4 地层与岩性	029
3.4.1 第三系地层	029
3.4.2 第四系地层	030
3.5 水文和水文地质条件	032
3.5.1 水文	032
3.5.2 水质	033
3.5.3 水文地质条件	034
3.6 地震	035

第4章 苏巴什佛寺建筑形制及建造工艺 — 037

4.1 苏巴什佛寺遗址的布局	038
4.1.1 西寺布局	038
4.1.2 东寺布局	041
4.1.3 墓地遗址	043
4.2 苏巴什佛寺遗址的建造技法	043
4.2.1 西寺佛寺遗址建造技法	043
4.2.2 东寺佛寺遗址建造技法	051
4.2.3 墓地遗址建造技法	058

第5章 苏巴什佛寺遗址岩土特性室内试验及现场原位测试 — 061

5.1 岩土特性的取样位置及样品描述	062
5.2 试验方案	065
5.3 试样制备	067
5.4 试验结果与分析	067
5.4.1 土的基本物理性质	067
5.4.2 土的水理性质	075
5.4.3 土的力学特性	081
5.4.4 土的动力学特性	082
5.4.5 土的易溶盐试验	083
5.5 原位测试	087
5.5.1 面波测试原理与仪器性能	088
5.5.2 仪器的一致性检测和干扰波实测记录	089

	5.5.3 面波资料整理、分析与解释	090
5.6	小结	123

第6章 苏巴什佛寺遗址的主要病害及成因机理 … 125

- 6.1 苏巴什佛寺遗址文物本体的病害 … 126
  - 6.1.1 地表建筑遗存病害的类型特征及其分布概况 … 126
  - 6.1.2 地下建筑遗存病害的类型及其分布概况 … 143
- 6.2 苏巴什佛寺遗址载体（崖体）的病害 … 145
  - 6.2.1 表面风化 … 146
  - 6.2.2 掏蚀 … 146
  - 6.2.3 冲沟、冲洞 … 147
  - 6.2.4 裂缝（隙） … 148
  - 6.2.5 崩塌 … 148
  - 6.2.6 流水冲刷 … 148
- 6.3 地表水系对苏巴什佛寺遗址的破坏 … 149
  - 6.3.1 遗址区总体水文特征 … 150
  - 6.3.2 东寺水文特征 … 150
  - 6.3.3 西寺水文特征 … 163
  - 6.3.4 地表水对苏巴什佛寺遗址的破坏 … 167
  - 6.3.5 病害统计与分析 … 168
  - 6.3.6 遗址区冲沟和冲洞形成过程 … 170
  - 6.3.7 病害成因分析 … 172
- 6.4 小结 … 174

第7章 苏巴什佛寺遗址破坏方式及典型遗址体的数值分析 … 175

- 7.1 数值模拟的研究现状 … 176
- 7.2 FLAC3D 的基本原理和方法 … 176
  - 7.2.1 FLAC3D 简介 … 176
  - 7.2.2 FLAC3D 基本原理 … 177
  - 7.2.3 FLAC3D 的优缺点 … 180
- 7.3 FLAC3D 计算基本步骤与参数 … 180
- 7.4 动力分析的基本理论 … 181

7.4.1　阻尼的设置 ………………………………………………………………… 181
　　7.4.2　边界设置 …………………………………………………………………… 182
　　7.4.3　动力分析的基本步骤 ……………………………………………………… 182
7.5　典型破坏模式的数值模拟 ………………………………………………………… 183
　　7.5.1　坍塌 ………………………………………………………………………… 183
　　7.5.2　冲洞破坏 …………………………………………………………………… 186
　　7.5.3　典型建筑物地震作用下的数值分析 ……………………………………… 190
7.6　小结 ………………………………………………………………………………… 197

第8章　苏巴什佛寺遗址加固土的试验及综合保护加固建议 … 199

8.1　PS加固遗址土的试验 ……………………………………………………………… 200
　　8.1.1　试验目的 …………………………………………………………………… 200
　　8.1.2　样品制备 …………………………………………………………………… 200
　　8.1.3　试样加固前后崩解对比试验 ……………………………………………… 200
　　8.1.4　试样经加固后耐风蚀的风洞模拟试验 …………………………………… 203
　　8.1.5　试样的单轴抗压强度分析 ………………………………………………… 205
　　8.1.6　小结 ………………………………………………………………………… 205
8.2　苏巴什佛寺遗址综合保护加固建议 ……………………………………………… 206
　　8.2.1　设计的原则 ………………………………………………………………… 206
　　8.2.2　遗址加固 …………………………………………………………………… 206
　　8.2.3　崖体加固 …………………………………………………………………… 213
　　8.2.4　地表水系整治 ……………………………………………………………… 215

第9章　结语 … 217

9.1　结论 ………………………………………………………………………………… 218
9.2　展望 ………………………………………………………………………………… 219

后记 ……………………………………………………………………………………… 220

第1章 前言

1.1 苏巴什佛寺遗址概况

苏巴什佛寺遗址位于新疆维吾尔自治区库车县城西北 20km 处，阿格乡欧勒加斯村与兰干村之间的库车河两岸的冲积台地上，北依却勒塔格山，南临砂砾戈壁。遗址的地理坐标为东经 83°02′07″~83°03′47″，北纬 41°51′07″~41°52′00″，海拔高度 1250~1280m（图 1.1）。1996 年 6 月 25 日，苏巴什佛寺遗址被国务院公布为"全国重点文物保护单位"。

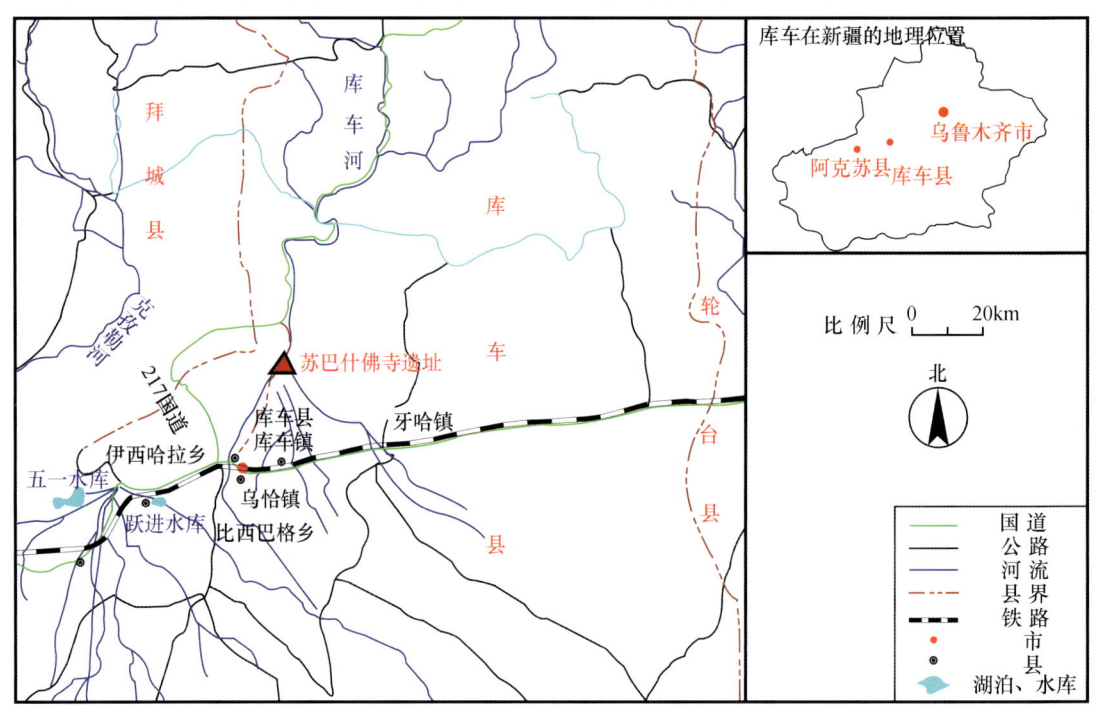

图 1.1　苏巴什佛寺遗址地理位置图

库车县位于新疆西南部，天山中段南麓，塔里木盆地北缘，地理坐标为东经 82°35′~84°17′、北纬 40°46′~42°35′之间。东与巴音郭楞蒙古自治州的轮台县为邻，东南与尉犁县相接，南靠塔克拉玛干沙漠，西南与沙雅县相连，西以渭干河为界与新和县隔河相望，西北与拜城县接壤，北部与巴音郭楞蒙古自治州和静县毗邻。县境南北长 193km，东西宽 164km，全县面积 1.52 万 km²，县城东距自治区乌鲁木齐直线距离 448km，公路里程 753km，西距行署驻地阿克苏市直线距离 227.5km，国道 314 线与 217 线在其境内成"十"交汇，铁路与亚欧大陆桥相接，航班直达乌鲁木齐等城市，交通非常便利（图 1.2）。在历史上，库车县属汉唐时期西域著名的绿洲王国龟兹的辖境，是联系东西方经济文化交流的丝绸之路上的重镇，地理位置十分重要。

苏巴什佛寺的始建年代，在历史文献中不见明确的记载。但是，从《出三藏记集》的描述[1]，我们可知，早在三四世纪时库车（龟兹）当地的佛教就已非常昌盛，俨然已成为西域重要的一个佛教文化中心。王国之内，不仅从上至下各个阶层的信徒们都虔心向佛，乐崇功德，不惜财力地供养僧人，广建佛寺，而且不少大德高僧开始远赴中原，讲经说法，翻译佛典，为

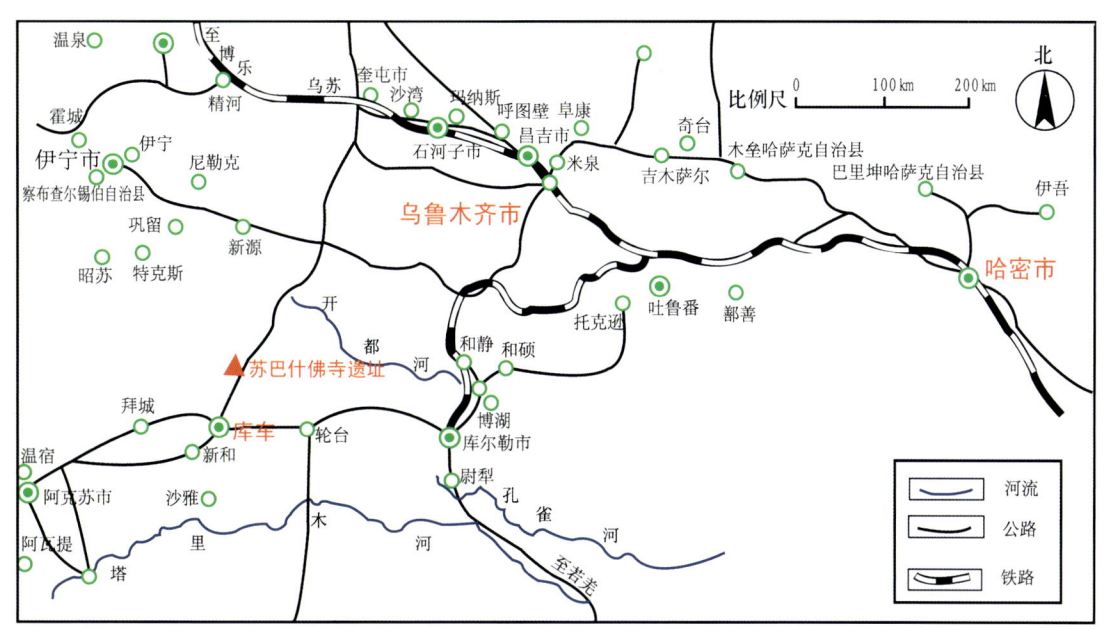

图1.2 库车县交通位置图

汉地佛教的发展做出了积极的贡献[2]。这一时期，苏巴什佛寺的旧称之一"雀梨大寺"开始见诸于文献记载。《梁高僧传》的"鸠摩罗什"条目载："什在胎时，其母自觉神悟超解，有倍常日，闻雀梨大寺名德即多，又有得道之僧，即与王族贵女，德行诸尼，弥日设供，请斋听法。"[3]经过南北朝，苏巴什佛寺在隋唐时期又有了较大的发展。唐代高僧玄奘在《大唐西域记》中记载，龟兹国"荒城北四十余里，接山阿，隔一河水，有二伽蓝，同名昭怙厘，而东西相称，佛像庄饰，殆越人工。僧徒清肃，诚为勤励。"[4]这里的"昭怙厘"，即今苏巴什佛寺。隋唐后，该佛寺继续使用。从出土文物结合历史文献看，直到公元12世纪后，苏巴什佛寺才逐渐衰落[5]。

苏巴什佛寺遗址规模宏大，目前遗址分布范围达190余公顷，是新疆现存最大的佛寺遗址。以库车河为界，整个佛寺遗址被分为东寺和西寺两大部分。遗址区域内建筑类型丰富，主要有佛殿、塔院、禅室、僧房等。此外，还保存有不少石窟和多处墓葬。自19世纪初以来，苏巴什佛寺遗址就陆续发现大量文物，其中较为重要的包括壁画、塑像（鎏金铜像、泥塑、木雕）、古钱币（唐代钱币、波斯萨珊银币）、古文字材料（汉文、龟兹文、回鹘文、佉卢文）以及多个彩绘舍利盒等[6]。时至今日，作为新疆地区重要的佛教文化艺术宝库，苏巴什佛寺遗址所蕴含的历史价值、艺术价值、科学价值、社会价值，已使它名闻遐迩，在世界范围内赢得了很高的声誉。

1.1.1 历史价值

苏巴什佛寺遗址规模大，延续时间长，建筑遗存类型丰富，出土文物多，具有极高的历史价值。从宏观上看，作为宝贵的实物资料，它见证了历史上佛教在包括龟兹在内的西域广大地区的传播、发展和衰亡过程，为研究新疆古代民族的宗教信仰提供了宝贵的第一手材料[7]；从微观上看，历史文献中，如《梁高僧传》、《水经注》中关于"雀梨大寺"的记述，《大唐西域记》中关于东西"昭怙厘伽蓝"的记载，都因苏巴什佛寺遗址的存在而得到了确证。

1.1.2 艺术价值

苏巴什佛寺遗址布局宏大，建筑类型及建筑组合多种多样，目前可见佛塔、寺院、僧房、殿堂、石窟、墓地等，显示出不同时期的建筑风格，不仅对于龟兹地区，而且对于新疆佛教建筑艺术的研究都具有十分重要的参考价值[8]。此外，在苏巴什佛寺遗址出土的珍贵壁画、雕塑以及彩绘舍利盒等，对于研究新疆佛教美术发展具有重要意义[9]。

1.1.3 科学价值

苏巴什佛寺是目前新疆境内保存较好、规模最大的佛寺遗址。它依河而建，延续使用达千年之久，为新疆古代土建筑的实用研究提供了一个不可多得的例证。佛寺遗址内的佛塔、洞窟、殿堂、僧房等建筑物虽然损毁严重，但残墙多被保存，我们从中仍可了解龟兹地区地面佛寺的建筑方式、整体布局和单元布局等方面的科学信息。

1.1.4 社会价值

苏巴什佛寺遗址是新疆地区重要的文化遗产，它所包括的人文内涵使其具有突出的教育意义，从而可以发挥着文物见证历史、弘扬传统的独特功能，目前已是阿克苏地区爱国主义教育基地。同时，作为文物景点的苏巴什佛寺遗址，在促进当地旅游经济发展中也发挥着重要作用。

1.2 选题依据与研究意义

1.2.1 选题依据

在贯通东西的丝绸之路沿线，分布有大量的古代遗址。特别是在我国西北地区以及中亚地区，由于特殊的干旱环境条件，保存有许多的土遗址。土遗址是以土为主要建筑材料的古遗址，它属于不可移动文物。目前，在我国西北干旱环境下的土遗址类型多，数量大，价值高[10]。

地处天山南路的苏巴什佛寺遗址就是这些土遗址的典型代表，它包括了土建筑、石窟以及墓葬等多种建筑形式。由于苏巴什佛寺被沿用了约1700多年，它的建造技法基本上涵盖了土遗址的不同建造形式。同时苏巴什佛寺所处的环境具有代表性，遗址区内的病害几乎包括了所有西北干旱区土遗址的主要病害。上述这些情况为我们的研究创造了难得的便利条件。研究苏巴什佛寺遗址的病害机理，然后有针对性地采取保护措施，不仅可以有效保护苏巴什佛寺遗址，而且其研究成果和适用技术，可以推广应用到西北干旱区其他土遗址。

1.2.2 研究意义

土遗址的保护是一个世界性难题，目前我国在这一领域已经站在了世界的前列，但是仍然有许多关键技术没有解决[11]。土遗址的保护与国家建设的高速发展还不适应，与其他类型文物的保护比较也相对滞后。从2005年起，财政部和国家文物局启动了丝绸之路新疆段重点文物保护项目，每年投入巨额资金有计划地对新疆地区具有重大影响的大遗址进行重点保护。这就为苏巴什佛寺遗址的保护工作提供了难得的良机。

苏巴什佛寺遗址作为全国重点文物保护单位，经过1700多年的自然与人为因素的破坏，已经濒临毁灭的边缘。通过一系列建筑近百年来的比对，我们可以清楚地发现，苏巴什佛寺遗址的一些标志性建筑物如殿堂、僧房、佛塔、寺院、洞窟、墓地等文物本体以及崖体病害十分严重，濒临倒塌。对于这些随时可能倒塌的遗址如不及时进行抢救，将导致遗址的加速消亡。目前，在国家西部大开发政策指导下，我国正在致力于加快发展边疆地区的文化事业建设，文物工作的一个重点就是积极推动中华文明起源研究工作的开展，特别是新疆的西域都护府、汉代西域诸国等边疆考古课题。苏巴什佛寺遗址在其中的地位举足轻重，可见一斑。作为重要的爱国主义教育基地，保护好苏巴什佛寺遗址有着重要的社会意义。正是在这种情形下，我们针对苏巴什佛寺遗址病害机理，提出了开展保护研究的课题，以期可以为日后的保护加固设计提供准确可靠的依据，并进一步对其进行科学有效的保护。

1.3 主要研究内容与技术路线

1.3.1 主要研究内容

本书从抢救保护工程的角度出发，以《中国文物古迹保护准则》为原则，按照《中华人民共和国文物保护法》（2002）、《中华人民共和国文物保护法实施条例》（2003）、《文物保护工程管理办法》（2003）的有关要求，采用地质学、岩土工程学、环境学、材料学、建筑学、历史学、考古学等相关学科的理论与方法，应用先进的科学仪器，以文物保护的新理念作指导，对苏巴什佛寺遗址的保存现状、赋存环境、建造技法、土质类型和性能、病害分布及特征进行了全面的野外测绘、调查与测试，并对保护加固技术进行了室内实验和现场试验，分析了苏巴什佛寺遗址的病害成因及机理，研究遗址土的工程特性，有针对性地提出保护加固的方法和手段。主要内容简述如下：

（1）查明了苏巴什佛寺遗址保护现状，对苏巴什佛寺遗址的遗址类型及分布特征、建筑形制及布局、建造工艺及技术和赋存环境进行了全面的调查，掌握了遗址病害与遗址类型、建造工艺和赋存环境的关系,研究环境对土遗址的作用机理。

(2) 详细调查了苏巴什佛寺遗址的病害类型及分布规律,分析了病害形成机理,重点调查了崖体、佛塔、佛殿、石窟、墓葬的病害特征,采用 UMK100 型经纬摄影仪测量了立面图,绘制了病害分布图。

(3) 查明了苏巴什佛寺遗址土工程特性和波速特性,通过室内实验对遗址土的物理、力学、水理、化学性能进行测试,现场采用 RSM-SY5 声波仪和 SWS-2 面波仪对土的波速特性进行了测试,系统地研究了苏巴什佛寺遗址土的工程特性,为今后的保护工作提供指导意义。

(4) 土遗址的保护技术的试验研究,进一步研究 PS 材料施工的工艺规范化问题。室内进行了遗址土(原状样和重塑样)与经 PS 加固后土样的强度特征、抗老化性能、抗风蚀性能的对比实验。现场测试不同配比、不同工艺 PS 表面喷洒渗透和滴渗试验,为 PS 的施工应用提供可靠依据。

(5) 运用 FLAC3D 技术,对遗址区内的重要建筑遗存的病害进行了数值模拟,分析了其中的破坏方式,找出了文物本体的薄弱部位。不但考虑了土遗址的局部失稳,同时也关注了遗址的整体失稳,对于实际工程项目的开展有着指导意义。

(6) 应用综合研究成果,对苏巴什佛寺遗址进行了保护加固设计,提出了几种典型病害土遗址的保护加固方案。

1.3.2 技术路线

本研究课题从 2007 年 9 月开始,到 2008 年 12 月结束,首先进行了现场调查,制定了踏勘计划,进行现场踏勘;然后进行了现场调查和重点遗址调查以及现场试验和测试;最后安排了室内实验和野外现场试验;在此基础上进行了详细地分析与研究。具体研究内容与保护工作路线综述如表 1.1:

表 1.1　新疆苏巴什佛寺遗址病害机理及保护研究工作路线表

序号	保护路线次序	涉及学科	研究内容
1	前期研究阶段	史学、考古学、建筑学、气象学、水文学、地质学、保护科学、摄影学等	影像采集; 局部考古清理; 建筑勘察、测绘; 文献搜集、考证; 遗址病变分类、统计; 遗址病变原因调查分析; 遗址建筑材料的调查分析; 遗址营造技法的研究; 遗址建筑布局的研究; 编写遗址保护前期调查报告

续表

序号	保护路线次序	涉及学科	研究内容
2	专题研究阶段	建筑学、气象学、地质学、保护科学、化学等	遗址病害机理研究；遗址建筑材料及营造技法研究；保护方法研究
3	研究、试验阶段	保护科学、力学、化学、物理学等	保护材料的选择实验；建筑材料的选择实验；土工特性测试
4	研究、评估阶段	保护科学、史学、考古学、建筑学、气象学、地质学、摄影学、力学、化学、物理学等	根据环境因素的影响，试验结果的分析、研究、评估，确定保护手段及保护材料的确定
5	制定保护措施阶段	保护科学、化学、建筑学等	制定保护方案，提出保护建议

参 考 文 献

[1] 僧祐. 出三藏记集 [M], 卷十一.
[2] 房玄龄等. 晋书·四夷传 [M].
[3] 慧皎. 梁高僧传 [M], 卷第二.
[4] 玄奘, 辨机. 大唐西域记 [M], 卷第一.
[5] 新疆社会科学院宗教研究所编. 新疆宗教 [M]. 乌鲁木齐：新疆人民出版社, 1989.
[6] （法）伯希和著, 耿昇译. 伯希和西域探险记 [M]. 昆明：云南人民出版社, 2001.
[7] （日）羽溪了谛著, 贺昌群译. 西域之佛教 [M]. 北京：商务印书馆, 1999.
[8] 贾应逸, 祁小山. 印度到中国新疆的佛教艺术 [M]. 兰州：甘肃教育出版社, 2002.
[9] （日）熊谷宣夫. クチャ将来の彩绘舍利容器 [J]. （日）秋山光和. ピリォ将来のスバシ出土木制舍利容器三种 [J], 美术研究, 1958 (191).
[10] 殷弘承, 何林. 西部土遗址的概况及保护思考 [J]. 新疆文物保护工程, 2009 (1).
[11] 孙满利. 吐鲁番交河故城保护加固研究 [D]. 兰州大学博士学位论文, 2006.

第2章

文献综述

2.1　丝绸之路土遗址概况

古遗址是历史上遗存下来的人类居住或进行生产、文化、宗教及军事防御等活动的房居、场地和场所。在我国,文物保护工作者从建造的材质将古遗址分为两大类,一类是以石窟寺为代表的石建筑遗址,另一类是土建筑遗址。我国西北古丝绸之路,由于地处干旱半干旱区,保存了大量的古代土建筑遗址,其主要类型有:①人类居住遗址;②古城;③长城、关隘、烽燧及土塔;④陵墓;⑤出土的坑、穴、窑、窖等[1]。

现已公布为国家级重点文物保护单位(截至2009年)的土遗址中,新疆境内25处、甘肃境内20处、陕西境内40处、宁夏境内10处、青海境内7处;省级重点文物保护单位,新疆境内60余处、甘肃境内300多处、陕西境内100处、宁夏境内9处[2]。著名的土遗址有新疆交河故城、高昌故城、楼兰故城、苏巴什佛寺遗址、尼雅及米兰遗址等,甘肃秦安的大地湾新石器时代人类居住遗址、高台骆驼城遗址、安西锁阳城遗址、敦煌玉门关、汉长城等,陕西西安的半坡村新石器时代人类居住遗址、秦始皇兵马俑坑等。这些遗址历史延续性好,蕴藏的丰富的历史信息,对研究我国的历史、文化、科学技术等有非常重要的意义,是中华民族走向文明的象征。

2.2　国内外土遗址保护的研究概况

文物的科学保护最初起源于器物与石质古建筑的保护,而针对土遗址的保护相对起步较晚,工作也较少。真正意义上的土遗址保护是在20世纪60年代以后才开始的[3-4]。国内外土遗址保护的研究主要集中在病害研究、保护加固材料研究两大部分。

2.2.1　国外土遗址保护研究

早在20世纪中期,国外便已经开始在文物病害机理方面展开研究。由于欧洲国家古建筑多采用石结构,如古庞贝城遗址和罗马广场遗址等。因此欧洲国家的文物病害研究主要以岩石为研究对象。

当前国外关于文物病害的相关研究正逐渐向以下几个方向展开:①文物赋存的大环境和局部环境条件研究;②文物建造材料特性的宏观和微观研究;③文物的建筑形式及历史价值研究;④文物的建造技术研究;⑤文物的结构体系研究。

目前国际上土遗址保护研究的主要机构是 ICOMOS(International Council on Monuments and Sites)。另外,设在意大利的 ICCROM(International Centre for the Study of the Preservation and Restoration of Cultural Property)与美国的盖蒂(Getty)研究所等对土遗址的保护也有研究。关于土遗址(土建筑)保护方法论的问题,1986年,R. E-Hughes 强调有必要对六个方面的条件作深入分析:①遗址所处的大环境和小环境;②在宏观和微观层面上的建筑材料;③建筑样式及其历史；④建造工艺；⑤建筑体系；⑥使用与再使用，如可预见的未来变化。1990年，Van Balen在此问题上又前进了一步[5]。他提出的保护修复土建筑的方法论涉及五个方面因素：①具体环境的研究；②历史价值的研究；③建筑物的条件；④建筑的类型学评价；⑤建筑物的重要性。相比较而言，后者的观点力图超越纯粹的技术和材料的层面。因此，近几十年来，它已成为文物保护理念中的一种趋势。

在病害演进过程的研究上，欧美学者多采用在特定的外部条件下，建造专门的"测试墙"（test wall），来模拟土建筑的各种病害的发育，从而观测了解病害的各个发育过程[6-7]。在对土建筑的病害因素研究上，国外研究主要涉及建筑材料与结构、建筑物的位置、建筑物功能改变与利用、水分、盐分、天气、空气污染、人类活动等。有关详情，Leslie Rainer曾撰写有《土建筑的病害及其病理》（Deterioration and Pathology of Earthen Architecture）一文，对欧美学者的相关研究做了全面的回顾与评价[8-9]。

土遗址的加固主要集中在防风化以及局部不稳定块体加固两个方面。土遗址防风化保护的工程不多，在国外1969年Giacomo Chiari等人采用正硅酸乙酯—乙醇体系，聚醋酸乙烯酯和丙烯酸树脂（注射）等对伊拉克莱遗址（Selcucia and Hatra in Iraq）风干砖的保护。1975年秘鲁采用正硅酸乙酯与乙醇混合体系处理土坯建筑的表面。20世纪六七十年代日本采用甲基丙烯酸树脂加固土质；日本学者采用聚氨酯树脂保护古墓[10-11]。

2.2.2　国内土遗址保护研究

国内土遗址保护开展较晚，20世纪80年代末才开始在少数几个地方进行土遗址科学保护研究试验[12]。目前，我国文物保护工作者在土遗址保护工作中取得了长足的进展，至21世纪初，研究的内容广泛，已达较高水平。关于土遗址的研究主要集中在以下方面：研究土遗址的病害及破坏机理，如病害成因研究[13-17]，提出风、雨、温度、洪水、地震等自然因素都可对土遗址产生破坏的观点。土遗址的风化机理研究[18-21]，以及冻融风蚀机理研究[22]；研究发掘与现场保护[23]；初步研究了环境和土遗址的关系[24-25]；研究现代的测试方法[26]，近景摄影、航空遥感、地震物探、面波仪和声波仪等大量应用，极大地推动了保护科学的发展。研究土遗址的建筑形制及建造技法[27-28]，对土遗址的保护加固技术已经作了大量的试验研究，已经取得了明显的成绩[29-37]；对土遗址表面防风化加固材料的研究更是近年来的热点[38-44]，尤其对PS材料的研究更为深入，已经深入到PS对土的作用机理研究[45-46]。另外，关于灌浆材料和锚杆锚固技术[47-50]也取得了新进展。

针对国内土遗址的赋存环境以及土遗址本体的含水量可以将土遗址分为干旱区土遗址和潮湿土遗址两类。干旱区土遗址主要分布在我国西北部，这些地区常年降雨量小蒸发快，风沙较大。潮湿土遗址可以分为一个是土遗址所处的环境为潮湿环境，另一个是土遗址本体为潮湿土体。前者一般用大气相对湿度，而后者用含水量来表征，但均笼统地称为"潮湿环境"[51-56]。

近年来，国家科技部在"十一五"期间，专门设立"土遗址保护关键技术研究"科技支撑课题，极大地推动了我国土遗址研究的进展。目前，配合中华文明探源项目，正在开展"考古现场潮湿环境土遗址保护关键技术"研究。

2.2.2.1 国内土遗址病害研究

病害的研究主要是土遗址本体发育的各种破坏现象和发育机理研究,虽然对土遗址的病害已经有很多研究[57-61],但目前土遗址病害还没有一个系统的分类。对各种病害也没有准确的定义,这已经严重影响了土遗址的保护研究。一方面,由于概念的不统一,对于同一种病害,每一个人的研究定名不一致,众多的研究成果缺乏横向比较条件,影响土遗址保护科学的深入研究。另一方面,由于缺乏科学的分类,不同遗址的保护措施也存在互相借鉴的困难。

(1) 国内土遗址病害分类研究

① 干旱区土遗址病害分类研究

土遗址的病害主要有两方面的因素形成,自然因素和人为因素。土遗址的本体病害研究,在国内主要集中在以敦煌研究院李最雄、王旭东为首的一批研究人员。孙满利[62]将吐鲁番交河故城本体的病害归纳为片状剥蚀、掏蚀、裂隙、冲沟以及人为破坏。赵海英[63]根据现场调查以及试验将甘肃境内的土质长城病害归纳为表面风化、基础掏蚀、裂隙、崩塌和人为破坏五类,敦煌研究院李最雄[64]根据现场调研将丝绸之路的土遗址病害按保存环境分为两类:露天土遗址,主要有风蚀、雨蚀和裂隙;室内土遗址,主要有污染、风化和裂隙。任建光、杨璐等人[65]对山西、陕西等省境内的文化遗址病害进行了调查和分析,并提出了相应的保护加固措施方案。

综上所述,干旱区土遗址的本体病害按其成因可以归纳为以下:风化、掏蚀、裂隙、冲沟、人为破坏、生物破坏六种,其中风化包括雨蚀和风蚀。

② 潮湿环境下土遗址病害分类研究

潮湿环境下土遗址的研究相对较少,浙江大学张秉坚、鲁明等对秦陵百戏俑坑遗址、杜陵遗址、郑州大河村遗址、金沙遗址和里耶古城遗址详细调查的基础上,对潮湿环境下土遗址病害类型进行划分,具体包括开裂、剥落、垮塌、盐析、粉化、生物影响、水蚀及降尘等[66]。

(2) 国内土遗址病害发育机理研究

研究土遗址病害发育机理是防止土遗址病害恶化的基础,目前国内病害机理研究方面当前主要向以下几个方向拓展:a. 土水作用机理研究;b. 水盐运移机理研究;c. 文物材质的热力学性质研究;d. 文物材质的风蚀、雨蚀机理研究。

干旱区土遗址病害多以外动力地质作用诱发,其中降雨和风力侵蚀最为主要,土遗址受到降雨作用,易产生冲沟、软化裂隙填充物以及表面剥蚀破坏,因此针对土遗址的保护加固,洞悉其病害发育机理后,能为保护加固工程提供最合理有效的方法。张虎元曾通过干湿循环试验、风蚀试验、冻融循环试验、强度试验和非饱和导水率试验研究了土遗址的风蚀,得出了风蚀作为土质文物质量损耗的外部因素,其对文物的吹蚀在许多地区已成为土质文物破坏的第一位因素,而干湿、冻融循环作用是土体本身遭到劣化,更加加剧了这一过程[67]。潮湿环境下土遗址病害发育机理研究潮湿的土体在失水后开裂是正常的现象。从形态上分,可以将开裂形成的裂缝分为横向开裂、竖向开裂、多边形开裂、龟裂缝等。

(3) 国内土遗址病害的评估体系

目前土遗址病害的评估分为两个层次,一个是地质灾害对土遗址的影响,另一个是土遗址本体的病害,因此可分为灾害评估和病害评估两个方面。但成熟的病害评估体系还未建立。

2.2.2.2 国内土遗址加固研究

目前，建筑加固材料主要有两大类，一类是水泥等无机材料，另一类是现代高分子有机聚合物[68-69]。我国古代曾在大量建筑中使用糯米灰浆，例如墓葬[70-73]、城建[74-78]和水利工程[79-85]等。从材料科学的角度，糯米灰浆可能是世界上最早规模化使用的有机/无机混合建筑灰浆。直到近代，糯米灰浆还在使用，如开平碉楼[86]和闽西土围楼等[87]。宋代江修复在《邻几杂志》说它"其坚如石"[88]。检测表明糯米灰浆的粘结性可比现代水泥[89-90]。

但是土遗址加固工程不同于传统的建筑工程，土遗址加固中，防风化是最主要的研究对象。防止土遗址表面风化材料的研制一直是土遗址保护研究的重点和难题。文物工作者曾尝试了多种材料，如无机材料：硅酸钠、硅酸钾、硅酸铝、氢氧化钙、氢氧化钡等；有机高分子材料类：有机硅树脂、有机聚合物材料（全氟聚醚、环氧树脂、聚氨酯树脂、醋酸乙烯酯、丙烯酸等）。无机—有机复合材料，如硅酸钾—甲基三乙氧基硅烷等。这些材料虽然取得了很大的效用，但是还未得到大规模的应用和推广。同时，干旱区和潮湿环境下的赋存环境不同，造成其加固材料和加固方法不尽相同，使得土遗址的材料受到地域的限制。

① 干旱区土遗址的加固研究

A) 防风化加固研究

在国内，单玮等采用丙烯酸树脂对秦始皇兵马俑炭化遗迹的保护[91]，张宗仁等采用有机硅单体、低聚物、高聚物等材料对秦俑弩弓迹、车轮迹、西安半坡部分土遗址、西安老牛坡商代古墓群中车马坑的保护[92]。近年来，李最雄等在无机材料的改性方面研制出一种特别适用于西北干旱地区土遗址保护的材料——高模数的硅酸钾溶液（简称PS），并在西北地区大面积推广使用，成效显著。

1983年，李最雄等尝试用PS渗透的方法加固秦安大地湾居住遗址，取得了明显的防风化效果。1992年，李最雄等对土遗址加固开展了系统研究，在室内试验取得成功的基础上，先后在甘肃省安西县的汉代破城子古城遗址、吐鲁番交河故城4号寺、西安半坡遗址、秦俑坑遗址、三门峡虢国墓地车马坑进行了现场试验，通过这些试验，得出了PS加固土遗址的合适的模数、浓度、施工工艺参数。室内试验与现场试验结果表明，PS加固西北干旱区土遗址能保证材料有较好的渗透性，因而起到了保护加固遗址表面风化层的作用，避免遗址在自然营力作用下的进一步剥蚀破坏。1999～2002年，李最雄等采用多学科的测试手段——X射线衍射分析、扫描电子显微镜分析、透射电子显微镜分析、X射线能量色散谱分析、孔隙率和比表面分析以及差热分析，对PS材料本身及其与黏土矿物、黏性土（西夏陵遗址土）作用的机理进一步进行研究。研究表明，经PS材料加固后的遗址土体仍具有良好透气透水性的特点。同时发现PS材料不仅改变了土体中黏土矿物的结构，并可与土中的可溶性盐类发生一系列的化学反应，生成硅酸盐凝胶等产物，改变了土的成分和结构，从而改善了土的一系列工程性能，提高了土体抵抗自然营力破坏的能力。

1998～2002年应用PS材料对甘肃敦煌玉门关、河仓城和宁夏西夏王陵三号陵墓以及新疆交河故城瞭望台进行了保护加固工程，已通过国家文物局组织的专家评审验收。2006～2007年，又在交河故城大佛寺等处使用，实际效果很好。经过实际工程检验，PS材料已经取得社会和专家的认可，目前正处于推广应用阶段。

B) 灌浆加固研究

灌浆技术的应用在我国起源于20世纪50年代初，是用于地下工程水害和加固软弱地层的重要技术手段之一[93-97]。近些年在石窟和土遗址文物保护加固工程中也已逐步应用，如文物保护工程中的古建筑墙体加固、壁画空鼓、墙体裂缝等病害的防治和土遗址载体的加固等。灌浆是通过对土遗址的裂隙进行充填灌浆，防止雨水通过裂隙入渗而降低裂隙周围土体强度的重要工程措施，同时，在一定程度上增加遗址土体的整体性。

宁夏西夏王陵、敦煌玉门关和河仓城、新疆交河故城等遗址均已有所应用。随着应用案例的增加，灌浆技术在我国西北干旱、半干旱地区的土遗址保护加固中发挥越来越重要作用[98-99]。但对灌浆材料的工艺和浆液性质的研究目前还不够深入，缺乏系统科学的灌浆效果的检测方法[100]。

古遗址载体的裂隙灌浆在石窟的崖体保护加固工程中取得了很好的加固效果。在洛阳的龙门石窟[101]和四川的大足石窟[102]中使用以环氧树脂为主剂的高强度有机高分子材料已经取得成功，近几年在敦煌莫高窟[103]、瓜州榆林窟[104]、麦积山石窟[105]、炳灵寺[106]等崖体加固中使用无机高分子 PS-C 材料进行崖体加固也取得了很好的效果。龙门石窟和大足石窟崖体属于强度高的细砂岩和灰岩，敦煌莫高窟、瓜州榆林窟、麦积山石窟、炳灵寺等崖体属于泥质胶结或半胶结的砾岩，上述材料都有其适用性问题。

土遗址载体土体裂隙的灌浆在土遗址保护工程中鲜有工程实例，目前正在进行的新疆吐鲁番交河故城遗址抢险加固工程，首次使用 PS-（C＋F）浆液对崖体裂隙进行灌浆加固，实践证明取得了很好的效果。

C) 锚固技术的应用

土遗址的加固主要解决两方面的问题，一是表面防风化，二是整体稳定性，对于防风化的研究前文已经叙述，对稳定性的加固主要采用砌补、灌浆、锚杆锚固。锚固工程在岩土体整治工程中较为常见，如岩石边坡、隧道、巷道工程中，其加固机理主要是调动提高岩土体的自身强度和自稳能力[107-116]。现在土层锚杆在土质边坡和基坑工程中也取得了良好的效果[117-121]，而土遗址工程因其文物特性，锚固的施工工艺以及锚杆的要求，相比边坡、基坑和隧道等更为严格。土遗址锚固中应用最为广泛的锚杆材料主要有钢筋、木锚杆和楠竹加筋复合锚杆。

锚固用于古遗址加固始于20世纪80年代，敦煌研究院用预应力锚固技术加固了麦积山石窟、克孜尔石窟，90年代又加固了榆林窟。但是上述工程全属于加固岩体，真正的土遗址锚固过程始于安西破城子土遗址加固工程，分别采用两种材料灌注实验，其后李最雄研究员在河仓城加固工程中，采用白蜡杆作为锚固材料，灌浆材料采用 PS＋C、PS＋F，结果证明硬质木锚杆和 PS＋F 溶液适合加固土遗址工程。

而对于体量较大的土遗址加固工程，以敦煌研究院李最雄为首的研究人员发明了一种复合锚杆——楠竹加筋复合锚杆。楠竹加筋复合锚杆由复合材料、楠竹、钢绞线以及玻璃纤维布等组成，不但解决了防腐问题，还具有体积大、重量小、造价低、强度高、耐久性等优点。适合大体量、松软土体的加固。目前已应用于大量的土遗址保护加固工程，典型的加固工程有交河故城、柏孜克里克石窟。兰州大学湛文武教授对复合锚固的传力机理进行了较深入的理论研究。

② 潮湿环境下土遗址加固研究

对于西北干旱地区的土遗址，如古城遗址、汉长城遗址等，经过近二十年的努力，已经开创了一系列有效的保护方法，如 PS 表面加固、锚固、修补和支撑等，成功地解决了部分保护问题。而对于潮湿环境的土遗址，如中原地区、西南地区、长江以南地区的遗址保护，问题仍然非常突出。如近年发掘的湖南里耶遗址、成都金沙遗址、余姚田螺山遗址等。里耶遗址由于积水的存在，出现生霉长草、垮塌等现象。金沙遗址出现开裂的问题，为了防止开裂采取的喷水措施又导致微生物生长的问题。田螺山遗址也是在潮湿和微生物的影响下，需要经常的维护。

为解决潮湿环境下土遗址的保护问题，也有人尝试将干旱环境土遗址保护的技术措施拿来使用，在使用中发现有一定的问题，说明潮湿环境下土遗址和干旱环境的土遗址有不同的特性，需要进行专门的研究。必须从潮湿环境土遗址的定义入手，开展土遗址病害调查分类、进而开展潮湿环境下土遗址的保护研究，探索出潮湿环境下土遗址综合保护技术。

传统材料在加固过程中的作用机理是一个重要的研究课题。配方中的一些天然生物材料，例如糯米浆等，具有较好的初始粘结力，但是很难解释经过上千年以后，很容易腐烂的天然生物大分子是否仍然靠有机质的粘力保持强度。一个可能的解释是：传统材料中的生物大分子起着生物矿化过程中的有机模板[122-132]的作用，即在模板的控制下，石灰等无机物的固化过程和形成的微观结构有利于强度的提高。

化学材料在遗址保护中也有所应用。但是到目前为止，还没有能够有效加固多雨潮湿地区土遗址的化学材料，以至于我国南方几乎所有的大型土遗址都是采用"回填"措施，导致这些具有重要文物价值的文化遗产无法展示和发挥其应有的作用[133-138]。浙江大学张秉坚、鲁明曾经在现有土遗址保护材料的基础上，测试了高模数硅酸钾以及甲基硅酸钾在用不同添加剂时的凝胶时间和有关性质，采用混合与渗透两种方法，将各种配方的甲基硅酸钾、高模数硅酸钾与 ISS 土壤固化剂等化学材料对不同密度的再塑土样品进行加固实验，测量了加固后样品的抗压强度和耐水浸泡性等性质，并对不同加固剂对土样的作用特点和加固机理进行了分析，取得了一定的效果。上述研究者还曾经对潮湿环境下土遗址的开裂进行了研究，分别采用物理方法和化学方法控制土遗址的收缩开裂，发现甘油可以有效地控制土遗址的收缩和干裂，但是甘油对土遗址的颜色有一定的影响。他们同时还对土遗址的微生物防治进行了试验研究，找出了各个遗址点对应可用的微生物防治和杀灭材料。

土遗址的防水是土遗址保护的主要工作，在国内遗址的保护中，尝试使用的方法有：挡墙法、隔水廊道法、抽水法、拱券法等。这些方法各自有各自的优点和缺点。其中效果最好的是拱券法，其他几种方法对遗址的隔水防潮也都有一定的效用。

2.3 土遗址今后研究的主要方向

土遗址保护研究虽然取得了很大的进步，但土遗址保护科学的体系还没有完全建立，有关土遗址保护的概念还十分紊乱，尤其对土遗址病害的概念分类体系还没有完全建立。土遗址保护工程的勘察、设计、施工、监理和检测还没有形成规范，尤其将现代科学技术的新手段、将无损检测技术应用到土遗址保护工程的监测上还有很多的工作要做。在 PS 材料的应用上，还没有形成规范性的工艺，限制了它的推广应用。由于文物的复杂性，土遗址保护加固的技术还有待进一步的发展和完善。通过现代无损（微损）分析技术、材料科学和环境科学的应用研究，解决文物保护中的关键技术问题。在重大文物保护项目的实施中，运用文物科技基础研究的新成果，积极应用高新技术，改进适用的传统技术，加强文物保护的原创技术和集成技术攻关，在考古发掘现场保护等方面，都需加紧研究，形成一批具有广泛推广价值的技术。

针对破坏严重的土遗址，国家文物局组织相关单位进行了大规模的抢险加固，如交河故城、高昌古城等遗址的抢险加固工程。虽然文物倒塌毁灭性的问题暂时得到缓解，然而文物本体发育的众多病害而未得到有效控制，诸如基础掏蚀、墙体裂隙拥塌、表面剥蚀、冲沟、酥碱等病害。

关于遗址病害的分类及产生机理，国内相关学者进行了系统研究。不过当前的诸多研究均以定性描述为主，缺乏科学定量化的研究数据，如控制遗址病害产生发展的影响因子阀值问题、一定条件下病害的发展模式预测问题、不同类型病害产生机理的科学解释问题等。针对土遗址的病害问题，应首先对病害类型进行描述和分类，采用科学定量方法评价各种病害发育的程度和范围，同时研究其产生发展的机制，最终建立一套具有普遍适用性的病害研究理论体系，利用该理论体系可以对任意给定环境条件下不同类型的文物病害进行科学定量化评价，并据此提出具有针对性的加固和保护措施建议。诸多的文物保护工程实践表明，在未对文物病害产生机理进行深入分析和研究条件下，贸然对文物病害进行处理的方法是毫无意义的，并且通常这种做法在后期会引发更为严重的病害，对文物本体造成更大的破坏。

这些问题的存在，都为土遗址保护今后的工作指明了努力方向。

2.4　前人对苏巴什佛寺遗址的研究

1903 年，日本大谷光瑞探险队来苏巴什盗掘了不少文物。其中，较为著名的是从西寺发掘出一个木制舍利盒。盒上绘有一队形象生动的乐舞图。后来，日本学者熊谷宣夫专门发表了对库车舍利盒的研究论文《クチャ將来の彩绘舍利容器》[139]。

1906 年，法国的伯希和率队在此地进行考古挖掘，获得包括文书、钱币、壁画、塑像等在内的许多珍贵文物。值得一提的是，法国探险队不仅拍摄了大量遗址照片，还对整个遗址区进行了记录和测绘，完成了总体平面图。伯希和的工作成果后来由其学生整理，图文并茂，以《伯希和西域探险记》以及《苏巴什》为题公开出版。这是我们现在开展苏巴什佛寺研究最重要的参考资料[140-141]。

1928 年，北京大学教授黄文弼先生在此遗址进行考古调查。其成果以《苏巴什遗址的调查》为题收入著作《塔里木盆地考古记》。

1958 年，黄文弼先生再次来到苏巴什，曾对佛寺局部建筑进行发掘。出土有陶器残片、铜钱、铜器、铁器、石膏模型、木简、贝、骨、玉、木、石器、经卷等。工作成果以《苏巴什遗址的调查与试掘（1957~1958 年）》为题收入著作《新疆考古发掘报告》。

1978 年秋，新疆维吾尔自治区博物馆及新疆阿克苏地区库车县文管所，在西寺最西端佛塔之北侧的墓葬进行抢救性清理发掘。此次发掘工作的简报发表于《新疆文物》1987 年第 1 期。

1989 年至 1990 年间，新疆文物考古研究所、阿克苏地区文物普查队两次至此调查，并作了标图、摄影及文字记录。

1997 年 3 月，新疆文物局在苏巴什佛寺遗址西寺修一道长 135m 的防洪坝。1999 年，再度在苏巴什佛寺遗址的东寺和西寺修筑防洪坝。防洪坝的修筑，有效地遏制了库车河河水对苏巴什佛寺遗址崖体的破坏。

2000 年，库车县文物局在西寺一侧建立了苏巴什佛寺保护工作站。2003 年，在苏巴什佛寺遗址东寺修建铁丝防护栏。2004 年，在西寺也修建了铁丝防护栏。上述措施极大地减少了人为因素对苏巴什佛寺遗址的破坏。

参 考 文 献

[1] 吕叔湘,丁声树. 现代汉语词典[M]. 北京:商务印书馆.2005.

[2] 李最雄. 丝绸之路古遗址保护[M]. 北京:科学出版社,2003.

[3] Hardy M. Project TERRA:earthen architecture. ICCROM Newsletter. 2003,(29):18.

[4] Dayton L. Saving Mud Monuments. New Scientists. 1991,(25):38-42.

[5] Van Balen,Koenraad. Methodologie de la conservation et de la restauration des monuments en terre[C]. In 6th Internationa Conference on the Conservation of Earthen Architecture:Adobe 90 Preprints:Las Cruces,New Mexico,U. S. A.,October 14-19,1990,ed. Kirsen Grimsad,182-187. Los Angeles:Getty Conservation Institute.

[6] Chiari G. Chemical surface treatments and capping techniques of earthen structures-a long term evalution[J]. 6th international conference on the conservation of earthen archite cture,1990,267-273.

[7] Helmi F. M. Deterioration and conservation of some mud brick in Egypt[J]. 6th international conference on the conservation of earthen architecture,1990,277-282.

[8][9] Leslie Rainer. Deterioration and Pathology of Earthen Architecture[C]. Terra Literature Review. An Overview of Research in Earthen Architecture Conservation,ed. Erica Avrami,Hubert Guillaud and Mary Hardy. 2008,45-61. Los Angeles:Getty Conservation Institute.

[10] 中国对外翻译出版公司,联合国教科文组织出版办公室. 文物保护中的适用技术[M]. 北京:中国建筑工业出版社,1985:109.

[11] 周双林. 土遗址防风化保护概况[J]. 中原文物,2003,(6):78-83.

[12] 黄克忠. 岩上文物建筑的保护[M]. 北京:中国建筑工业出版社,1998.

[13] 赵海英,李最雄,韩文峰,等. 西北干旱区土遗址的主要病害及成因[J]. 岩石力学与工程学报,2003,22(增2):2875-2880.

[14] 王旭东. 中国西北干旱环境下石窟和土遗址保护加固研究[D]. 兰州大学博士学位论文,2003.

[15] 张卫喜,陈平,赵冬. 高昌故城西南大佛寺结构病害分析与加固[J]. 工业建筑,2007,37(8):86-88,106.

[16] Hughes, R. E. Survey technique and strengthening of existing soil buildings [C]. In International Colloquium on "Earth Construction Technologies Appropriate to Developing Countries," Brussels, December, 10-12,1984,ed. Andre iebaert, 191-224. Belgian:Adminstration for Development Cooperation.

[17] 6th International Conference on the Conservation of Earthen Architecture,Las Cruces,New Mexico,U. S. A. October,14-16,p269,280.

[18] 刘林学,张宗仁,薛茜,等. 古文化遗址风化机理及其保护的初步研究[J]. 文博,1988,(6):71-75.

[19] 张万学. 半坡遗址风化问题浅析[J]. 文博,1985,(5).

[20] 贾文熙. 土质史物的风化机理与保护刍议[A]. 文物养护与复制适用技术[C]. 西安:陕西旅游出版社,1997.

[21] 张志军. 秦兵马俑文物保护研究[M]. 西安:陕西人民教育出版社,1998:104-106.

[22] 屈建军,王家澄,程国栋,等. 西北地区古代生土建筑物冻融风蚀机理的实验研究[J]. 冰川冻土,2002,24(1):51-55.

[23] 周双林. 谈谈考古发掘中文物的现场保护[J]. 文物世界,1999,(4):17-20.

[24] 潘别桐,黄克忠. 文物保护和环境地质[M]. 北京:中国地质大学出版社,1992.

[25] 郭宏. 文物保护环境概论[M]. 北京:科学出版社,2001.

[26] 马清林,苏伯民,胡之德,等. 中国文物分析鉴别与科学保护[M]. 北京:科学出版社,2001.

[27] 李肖. 交河故城的形制布局[M]. 北京:文物出版社,2003.

[28] 姜波. 汉唐都城礼制建筑研究[M]. 北京:文物出版社,2003.

[29] 秦俑坑土遗址保护课题组. 秦俑坑土遗址的研究与保护[A]. 见:秦始皇兵马俑博物馆编. 秦俑学研究[C]. 西安:陕西人民教育出版社,1996,(8):1388-1403.

[30] 李最雄,王旭东. 古代土建筑遗址保护加固研究的新进展[J]. 敦煌研究,1997,(4):167-172.

[31] 李最雄,张虎元,王旭东. 古代土建筑遗址的加固研究[J]. 敦煌研究,1995,(3):1-17.

[32] 李最雄,王旭东,张志军,等. 秦俑坑土遗址的加固试验[J]. 敦煌研究,1998,(4):151-158.

[33] 李最雄,王旭东,田琳. 交河故城土建筑遗址的加固试验[J]. 敦煌研究,1997,(3):171-188.

[34] 李最雄,王旭东,郝利民. 室内土建筑遗址的加固试验——半坡土建筑遗址的加固试验[J]. 敦煌研究,1998,(4):144-149.

[35] 王旭东,张鲁,李最雄,等. 银川西夏3号陵的现状及保护加固研究[J]. 敦煌研究,2002,(4):64-72.

[36] 内蒙古博物馆. 大窑遗址四道沟地层剖面"PS"材料保护加固实验报告[J]. 内蒙古文物考古,2002,(1):135-139.

[37] 和玲,梁国正. 偏氟聚物加固保护土质文物的研究[J]. 敦煌研究,2002,(6):92-108.

[38] 周双林,原思训,杨宪伟,等. 丙烯酸非水分散体等几种土遗址防风化加固剂的效果比较[J]. 文物保护与考古科学,2003,15(2):40-48.

[39] 周双林,王雪莹,胡原,等. 辽宁牛河梁红山文化遗址土体加固保护材料的筛选[J]. 岩土工程学报,2005,27(5):567-570.

[40] 周双林. 文物保护用有机高分子材料及要求[J]. 四川文物,2003(3):94-96.

[41] 周双林,原思训. 有机硅改性丙烯酸树脂非水分散体的制备及在土遗址保护中的试用[J]. 文物保护与考古科学,2004,16(4):50-52.

[42] 周双林. 土遗址防风化加固保护材料研制及在秦俑土遗址的试用[D]. 北京:北京大学,博士学位论文,2000.

[43] 苏伯民,李最雄,胡之德. PS与土遗址作用机理的初步探讨[J]. 敦煌研究,2000,(1):30-35.

[44] 王银梅. 西北干旱区土建筑遗址加固概述[J]. 工程地质学报,2003,11(2):189-192.

[45] 中国对外翻译出版公司,联合国教科文组织出版办公室. 文物保护工作中的适用技术[M]. 北京:中国建筑出版社,1985.

[46] 范章. SV-Ⅱ灌缝胶及其在古建筑土坯墙体加固中的应用[J]. 西北建筑与建材,2003,(5):26-28.

[47] 杨涛,李最雄,谌文武. PS-F灌浆材料的物理力学性能[J]. 敦煌研究,2005,(4):40-50.

[48] 庞正智. 加固交河古代遗址裂缝[J]. 文物,1997,(11):88-91.

[49] 熊厚金,胡一红,张展. 高分子灌浆防水加固技术对沙土层文物的原位保护[A]. 见:国家文物局文物一处编. 文物科学技术成果应用指南[C].

[50] 任非凡. 南竹加筋复合锚杆锚固机理研究[D]. 兰州大学博士学位论文,2009.

[51] Crocker,E. Earthen architecture and seismic codes:lessons from the field. 2003 [cited 2007 September 13]; Available from:www.icomos.org/iiwc/seismic/Crocker.pdf.

[52] 钟晖,莫子匀. 乡村建筑施工技术. 农民"黄金屋"丛书[M]. 上海:上海科学普及出版社,贵阳:贵州科技出版社,1999.
[53] 交通部公路科学研究所. 公路土工试验规程(JTJ 051-93)[S]. 中华人民共和国交通部,1993.
[54] 王友,张滨秋. 电子产品的湿热试验[J]. 黑龙江电子技术,1994,(4):24-26,29.
[55] 章长东. 特殊环境的接地. [cited 2007 September 13]; Available from:www.cma-lpinfo.gov.cn:81/servlet/SectionFile? Section=492.
[56] 中国气象局. 中国(1971-2000年)气候标准值. 2005[cited 2008 Jan 24]; Available from:http://cdc.cma.gov.cn/shishi/climate.jsp? stprovid=浙江&station=58457.
[57] 孙满利,李最雄,王旭东,等. 交河故城的主要病害[J]. 敦煌研究,2005,(5):92-94.
[58] 李最雄,王旭东,田琳. 交河古城土建筑遗址的加固实验[J]. 敦煌研究,1997,(3):171-181.
[59] Sikka, Sandeep. Theme: Decay and Conservation: Research and Practice Topic: Conservation of Historic Earth Structures in the Western Himalayas[A]. in 9th International Conference on the Study and Conservation of Earthen Architecture Terra2003[C]. yazd-IRAN,2003:513-530.
[60] 郭青林,王旭东,李最雄,等. 敦煌阳关烽燧现状调查与保护研究[J]. 敦煌研究,2007,(05):63-67.
[61] 孙满利,王旭东,李最雄,等. 交河故城瞭望台保护加固技术[J]. 岩土力学,2007,28(1):163-168.
[62] 孙满利. 吐鲁番交河故城保护加固研究[D]. 兰州大学博士学位论文,2006.
[63] 赵海英. 甘肃境内战国秦长城和汉长城保护研究[D]. 兰州大学博士学位论文,2005.
[64] 李最雄. 中国丝绸之路土遗址的病害及PS加固[J]. 岩石力学与工程学报,2009,(28)1047-1054.
[65] Striegel. M. F; Guin, E. B; Hallett, K; Sandoval, D; Swingle, R; Knox, K; Best, F; Fornea, S, Air pollution, coatings, and cultural resources. Progress in Organic Coatings 2003,48,(2-4),281-288.
[66] 周环,张秉坚,陈港泉,等. 潮湿环境下古代土遗址的原位保护加固研究[J]. 岩土力学,2008,24(8):1493-1497.
[67] 严耿升,张虎元,王旭东,等. 古代生土建筑风蚀的主要影响因素分析[J]. 敦煌研究,2007(10):78-82.
[68] 江苏省文管会. 江苏淮安宋代壁画墓[R]. 文物参考资料,1960,8(9):43.
[69] 河北省文物研究所. 石家庄后太保村史氏家族墓发掘报告[A]. 河北省考古文集. 北京:东方出版社,1998,344-369.
[70] 刘晓东. 金代土坑石椁墓及相关问题[A]. 青果集-吉林大学考古专业成立二十周年考古论文集. 北京:知识出版社,1993,397-401.
[71] 杨根来. 从古代墓葬文化看遗体的防腐技术[J]. 长沙民政职业技术学报,2004,(4):11-15.
[72] 马健. 华东交大惊现王妃墓[J]. 文物世界,2002,(4):4-6.
[73] 德安县博物馆. 江西德安代熊氏墓清理简报[J]. 南方文物,1994,(4):5-9.
[74] 彭适凡. 再论古代南昌城的变迁与发展[J]. 南方文物,1995,(4):86-98.
[75] 张驭寰. 中国古代建筑技术史[M]. 北京:科学出版社,1985.
[76] 吴庆洲. 明南京城的军事防御体系研究[J]. 建筑师,2005,(2):96-101.
[77] 赵彤梅. 商丘归德府古城城门建筑特点[J]. 山西建筑,2007,33(6):64-65.
[78] 王新生. 古城墙修缮及应用技术初探[J]. 古建筑园林技术,2004,1:20-22.
[79] 王致诚. 水下古市——泗州城[J]. 百科知识. 2005,(11),54-56.
[80] 余焕阳,陈单. 钱塘江明清古海塘旅游资源的保护与开发. 浙江水利科技,2004,(4):9-10.
[81] 王燕谋. 中国水泥发展史[M]. 北京:中国建筑工业出版社,2005.
[82] 蔡树传. 江苏古桥概述[J]. 古建园林技术,2001,(3):48-54.

[83] 武汉市博物馆. 武汉地区的古代桥梁[J]. 武汉文史资料, 2001, (9):45-48.
[84] 陆翔. 龙桥古今[J]. 文博, 2007, (2):56-57.
[85] 王文鹃. 昆明市护国桥的检测、评定及修复加固设计[J]. 云南交通科技, 2001, (2):44-48.
[86] 申秀英, 刘沛林, Abby Liu. 开平碉楼景观的类型、价值及其遗产管理模式[J]. 湖南文理学院学报(社会科学版), 2006, 1(4):95-99.
[87] 蔡济世. 资源型生态土楼[J]. 建筑学报, 1995, (5):42-44.
[88] (宋) 江休复. 邻几杂志, 说郛, 卷30 [M]. 上海古籍出版社, 1988.
[89] 林健生, 林子健, 陈俊峰. 历史大震与泉州古建筑塔寺桥类的结构抗震[J]. 世界地震工程, 2005, 21(2): 159-166.
[90] 季士家. 明都南京城垣略论[J]. 故宫博物院院刊, 1984, (2): 70-81.
[91] 单玮, 张康生, 刘世勋. 秦俑一号坑碳化遗迹的加固[A]. 秦俑学研究[C]. 西安: 陕西人民教育出版社, 1996: 1385-1387.
[92] 张宗仁, 樊北平. 几处商秦土遗址的保护[A]. 秦俑学研究[C]. 西安: 陕西人民教育出版社, 1996: 1379-1383.
[93] 熊厚金, 胡一红, 张展. 高分子灌浆防水加固技术对沙土层文物的原位保护[A]. 见: 国家文物局文物一处编. 文物科学技术成果应用指南[M].
[94] 孙满利. 土遗址保护研究现状与进展[J]. 文物保护与考古科学. 2007, 19 (4): 64-69.
[95] 王元光, 黄文新. 灌浆材料的发展现状与展望[J]. 广东建材, 2002, (11): 10-13.
[96] 程鉴基. 化学灌浆在岩石工程中的综合应用[J]. 岩石力学与工程学报, 1996, 15 (2): 186-192.
[97] 张启忠, 李国富, 郝景帝, 等. 注浆材料的围岩改性强化技术研究[J]. 徐州工程学院学报, 2007, 22 (8): 38-41.
[98] 王旭东. 中国干旱环境中土遗址保护关键技术研究新进展[J]. 敦煌研究, 2008, 6 (112): 6-12.
[99] 李最雄, 王旭东, 孙满利. 交河故城保护加固技术研究[M]. 北京: 科学出版社. 2008.
[100] 王思敬, 黄鼎成. 《中国工程地质世纪成就》[M]. 北京: 地质出版社, 2004.
[101] 李心坚. 龙门石窟保护中的灌浆技术[J]. 雕塑, 2006, (6): 30-37.
[102] 丁济新, 计丽珠. 大足石窟岩体补强材料初步研究[J]. 地下空间, 1995, 15 (1): 45-49.
[103] 张国军. 敦煌莫高窟北区崖体的保护加固研究[D]. 兰州大学硕士学位论文, 2006.
[104] 李最雄, 王旭东. 榆林窟东崖的岩体裂隙灌浆及其效果的人工地震检测[J]. 敦煌研究, 1994. (2): 156-170.
[105] 张锦秀. 麦积山石窟维修加固回顾[J]. 丝绸之路, 2003, (7): 20-21.
[106] 王亨通. 炳灵寺石窟加固工程评价[J]. 丝绸之路, 2000, (5): 29-32.
[107] 陈祖煜. 土质边坡稳定分析——原理·方法·程序[M]. 北京: 中国水利水电出版社, 2004.
[108] 徐邦栋. 滑坡分析与防治[M]. 北京: 中国铁道出版社, 2001.
[109] 张倬元, 王士天, 王兰生. 工程地质分析原理(第二版)[M]. 北京: 地质出版社, 1994.
[110] 黄润秋, 许强, 陶连金, 等. 地质灾害过程模拟和过程控制研究[M]. 北京: 科学出版社, 2002.
[111] 程良奎, 范景伦, 等. 岩土锚固[M]. 北京: 中国建筑工业出版社, 2003.
[112] 梁炯鋆. 锚固与注浆技术手册[M]. 北京: 中国电力出版社, 1999.
[113] 程良奎, 张作瑂, 杨志银. 岩土加固实用技术[M]. 北京: 地震出版社, 1994.
[114] 赵其华, 彭社琴. 岩土支挡与锚固工程[M]. 成都: 四川大学出版社, 2008.
[115] 唐大雄. 工程岩土学[M]. 北京: 地质出版社, 1982: 10-54.
[116] 郝建斌, 门玉明, 汪班桥. 地面荷载下土层锚杆工作性能试验研究[J]. 岩土工程学报, 2009, 31 (2): 247-249.

[117] 岑勇. 土层锚杆工程计算实例 [J]. 建筑安全, 2008, (1): 23-26.

[118] 孔瑞天. 土层锚杆在边坡中的设计应用实例 [J]. 福建建筑, 2004, (5): 63-65.

[119] 段贤宏. 浅议土层锚杆在边坡加固中的应用 [J]. 矿业快报, 2007, (5): 59-60.

[120] 彭景跃, 陈保平. 深边坡土层锚杆支护技术的应用 [J]. 建筑安全, 2001, (8): 59-60.

[121] 王素艳. 土层锚杆技术与设计方法 [J]. 河北建筑工程学院学报, 2003, 21 (5): 60-62.

[122] Alfonso, P.; Prol-Ledesma, R. M.; Canet, C.; Melgarejo, J. C.; Fallick, A. E., Isotopic evidence for biogenic precipitation as a principal mineralization process in coastal gasohydrothermal vents, Punta Mita, Mexico. *Chemical Gelolgy* 2005, 224, (1-3), 114-121.

[123] Bera, T; Ramachandrarao, P. A chicken's egg as a reaction vessel to explore biomineralization. Journal of Bionic Engineering 2007, 4, (3): 134-141.

[124] Griffith, E. M.; Paytan, A.; Kozdon, R. Eisenhauer, A.; Ravelo, A. C., Influences on the fractionation of calcium isotopes in planktonic foraminifera. Earth and Planetary Science Letters 2008, 268, (1-2): 124-136.

[125] Hernandez-Hernandez, A.; Vidal, M. L.; Gomez-Morales, J.; Rodriguez-Navarro, A. B.; Labas, V.; Gautron, J.; Nys, Y.; Garcia Ruiz, J. M., Influence of eggshell matrix proteins on the precipitation of calcium carbonate ($CaCO_3$). Journal of Crystal Growth 2008, 310, (7-9), 1754-1759.

[126] Lee, S. W.; Kim, Y. M.; Kim, R. H.; Choi, C. S., Nano-structured biogenic calcite: A thermal and chemical approach to folia in oyster shell. *Micron* In Press, Corrected Proof, 141.

[127] Lian, B.; Hu, Q.; Chen, J.; Ji, J.; Teng, H. H., Carbonate biomineralization induced by soil bacterium Bacillus megaterium. Geochimica et Cosmochimica Acta 2006, 70 (22): 5522-5535.

[128] Rodriguez-Navarro, A. B.; CabraldeMelo, C.; Batista, N.; Morimoto, N.; Alvarez-Lloret, P.; Ortega-Huertas, M.; Fuenzalida, V. M.; Arias, J. I.; Wiff, J. P.; Arias, J. L., Microstructure and crystallographic texture of giant barnacle (Austromegabalanus psittacus) shell. Journal of Structural Biology 2006, 156, (2): 355-362.

[129] Shen, Y.; Xie, A.; Chen, Z.; Xu, W.; Yao, H.; Li, S.; Huang, L.; Wu, Z.; Kong, X., Controlled synthesis of calcium carbonate nanocrystals with multi-morphologies in different bicontinuous microemulsions. Materials Science and Engineering: A 2007, 443, (1-2): 95-100.

[130] Smith, A. M.; Key, J. M. M.; Gordon, D. P., Skeletal mineralogy of bryozoans: Taxonomic and temporal patterns. Earth-Science Reviews 2006, 78 (4): 287-306.

[131] Wang, X.-X.; Xie, L.; Wang, R., Biological fabrication of nacreous coating on titanium dental implant. Biomaterials 2005, 26, (31), 6229-6232.

[132] Xie, A.-J.; Shen, Y.-H.; Zhang, C.-Y.; Yuan, Z.-W.; Zhu, X.-M.; Yang, Y.-M., Crystal growth of calcium carbonate with various morphologies in different amino acid systems, Journal of Crystal Growth 2005, 285, (3): 436-443.

[133] 王旭东, 张鲁, 李最雄, 等. 银川西夏3号陵的现状及保护加固研究 [J]. 敦煌研究, 2002, (4): 64-72.

[134] Favaro, M.; Mendichi, R.; Ossola, F.; Russo, U.; Simon, S.; Tomasin, P.; Vigato, P. A., Evaluation of polymers for conservation treatments of outdoor exposed stone monuments. Part I: Photo-oxidative weathering. Polymer Degradation and Stability 2006, 91, (12): 3084-3096.

[135] Favaro, M.; Mendichi, R.; Ossola, F.; Simon, S.; Tomasin, P.; Vigato, P. A., Evaluation of polymers for conservation treatments of outdoor exposed stone monuments. Part II: Photo-oxidative and salt-induced weathering of acrylic-silicone mixtures. Polymer Degradation and Stability 2007, 92, (3): 335-351.

[136] Polikreti, K.; Christofides, C., Spectroscopic ellipsometry as a tool for the optical characterization and ageing studies of varnishes used in Post-Byzantine icon reconstructions. Journal of Cultural Heritage 2006, 7, (1): 30-36.

[137] Scott, D.; Dodd, L., Examination, conservation and analysis of a gilded Egyptian bronze Osiris. Journal of Cultural Heritage 2002, 3, (4): 334-345.

[138] Toniolo, L.; Poli, T.; Castelvetro, V.; Manariti, A.; Chiantore, O.; Lazzari, M. Tailoring new fluorinated acrylic copolymers as priotective coatings for marble. Journal of Cultural Heritage 2002, 3, (4): 309-316.

[139] （日）熊谷宣夫. クチャ将来の彩绘舍利容器［J］.（日）秋山光和. ピリォ将来のスバシ出土木制舍利容器三种［J］，美术研究，1958（191）.

[140] （日）羽溪了谛著，贺昌群译. 西域之佛教［M］. 北京：商务印书馆，1999.

[141] 贾应逸，祁小山. 印度到中国新疆的佛教艺术［M］. 兰州：甘肃教育出版社，2002.

第3章
苏巴什佛寺遗址的赋存环境

3.1 地形地貌

库车县位于天山南部中段，塔里木盆地北缘。在县域内，南部平原约占总面积的53.8%，北部山区占46.2%。

库车按新疆地貌统一划分，占六个大地貌区的两个，即天山山地及天山山间盆地和塔里木盆地；占三个亚区，即：南天山、南天山前山山脉及山间盆地、天山南麓平原；占五个次亚区，即：汗腾格里-哈尔克山、科克铁克山-霍拉山、却勒塔格及拜城盆地、渭干河-库车河三角洲及塔里木河沉积平原。按照库车的具体地形，可分为两个大地貌区，大致上以乌-喀公路（乌鲁木齐-喀什）为界，分为北部山区和南部平原，山区和平原的面积大体上各为一半（图3.1）。

（1）北部山区：北部山区位于库车县境最北部，海拔高程在2200m以上，东西长约70km，南北宽约33km，总面积为2292km²。本区是库车县山地森林草原区，也是库车河、二八台河水源主要补给区。仅库车河在本区的径流量占总径流量的88%。

（2）低山区：低山区位于中高山区以南，海拔高程1000～2500m。东西长约90km，南北宽约58km，平均高程1615m，总面积5183km²。本区山地地形较平坦，切割侵蚀较浅。但由于陆相沉积地层被挤压，构成了简单的近东西向褶皱。本区南部的却勒塔格山隆起较高，海拔高程在1900～2200m，比它周围高出800m左右。本区气候干燥，植被稀少，干燥剥蚀严重，岩石裸露，冲沟纵横，是最贫瘠的山区。

（3）南部平原

南部平原位于塔里木盆地北部边缘，是塔里木盆地的一部分，总面积8073km²，平均高程961m，地势自西北向东南倾斜，延续140km余，平均地面坡降为0.8‰。其地貌可分为三部分：渭干河-库车河三角洲，塔里木河冲积平原，洪积扇群带平原。

苏巴什佛寺遗址处于库车县的低山区，北向有却勒塔格山东西向绵延；库车河由北向南从遗址区中部穿过，遗址区所在却勒塔格山南麓库车河东西两岸的冲积台地南临砂砾戈壁，地势北高南低，海拔高度1280～1290m。

3.2 气候特征

库车县地处暖温带，热量丰富，气候干燥，降水稀少，夏季炎热，冬季干冷，年温差和日温差都很大，属暖温带大陆性干旱气候。由于境内地貌复杂，形成明显的区域性气候差异。

库车县日照全年达2924.8h，7月份最长，日平均9.1h，12月份最短，日平均6.1h（图3.2）。日照百分率3月份为59%，4月份58%，其余月份均在60%以上，9～11月份达70%以上。太阳辐射强度大，年总辐射量114.3kc/cm²。

第 3 章
苏巴什佛寺遗址的赋存环境

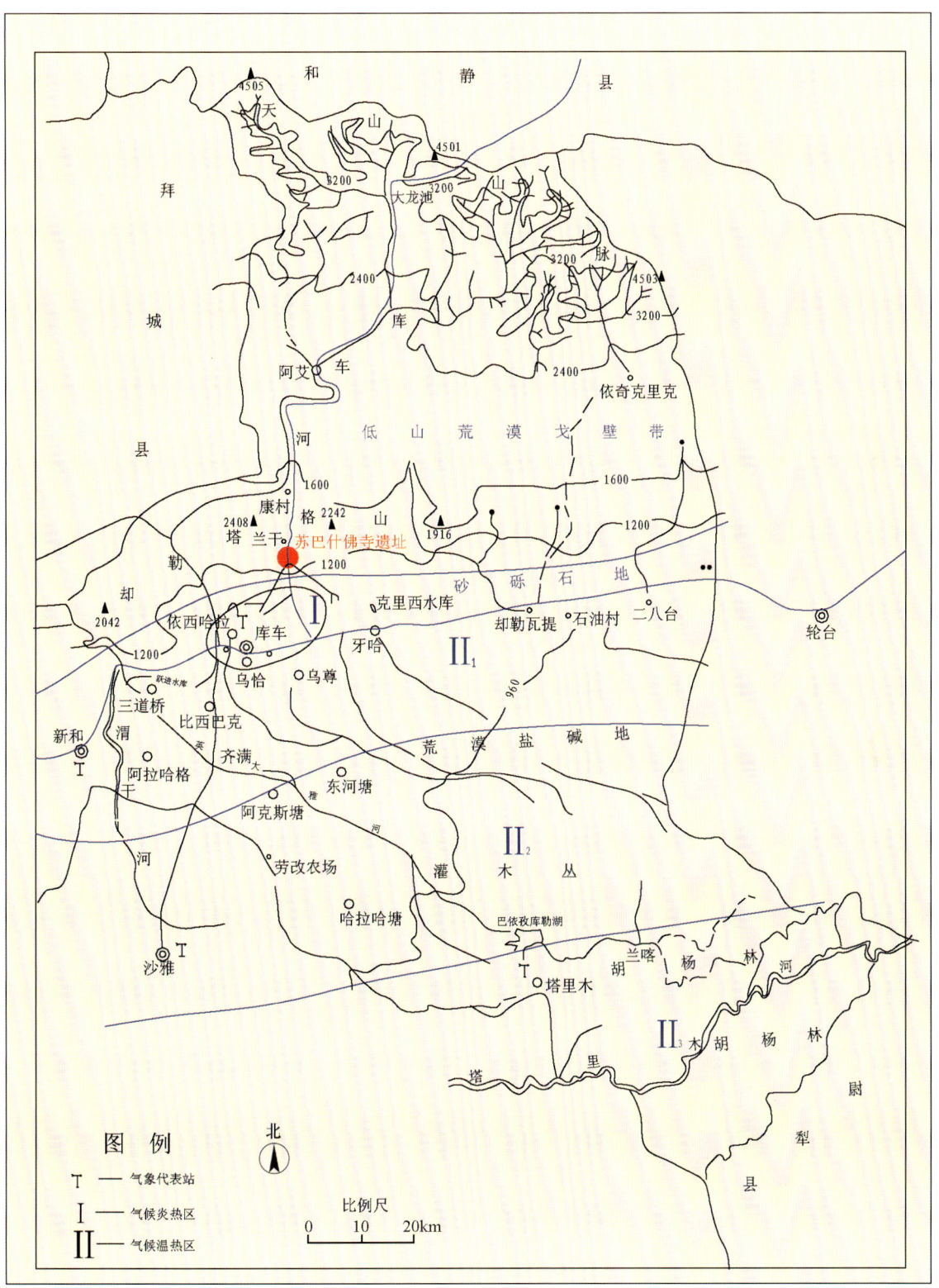

图 3.1 库车县地形、气候分区图

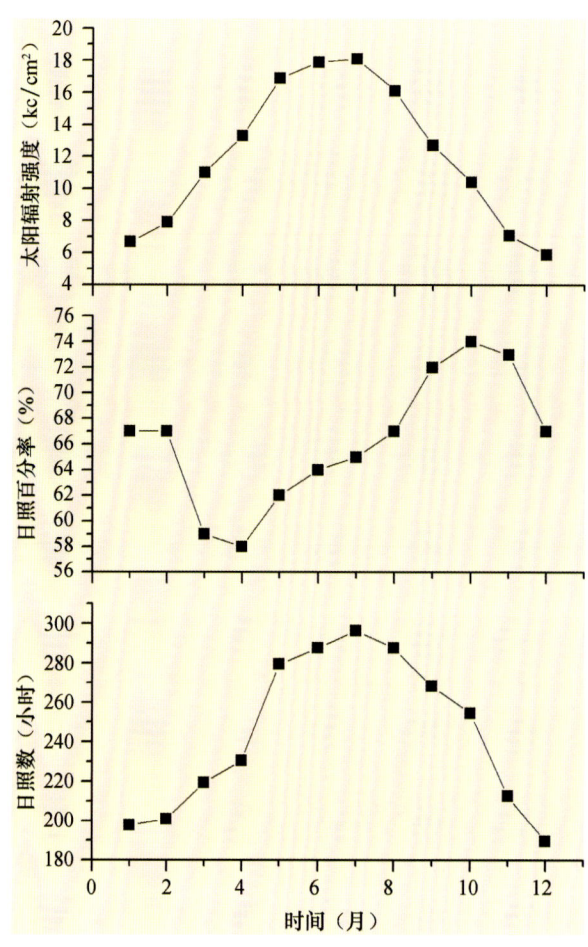

图 3.2 库车县日照与辐射量月分布图

库车县年平均气温 11.4℃（图 3.3），7 月最高，平均 25.8℃，1 月最冷，平均 -8.0℃。年端最高气温 41.5℃，极端最低气温 -27.4℃。全年日均气温≥0℃的多年平均日数 273 天，累计积温 4740.4℃。日均气温≥5℃的年平均日 242 天，累计积温 4641.3℃。日均气温≥10℃的年平均日 202 天，累计积温 4515.6℃。日均气温≥15℃的年平均日 161 天，累计积温 3716.0℃。日均气温≥20℃的年平均日 107 天，累计积温 2658.2℃。

在地形辐射和北风影响下，气流下沉增温，靠近天山的牙哈、伊西哈拉、乌恰、乌尊四乡、比西巴克乡北部冬季形成一条暖带，气温偏高，库车县城一带年较差 34.5℃。暖带两侧温降低，至草湖地带，因冷空气堆积，年较差达 36.1℃。受塔克拉玛干大沙漠的影响，气温日变化较大，平均日较差多在 10℃以上（表 3.1）。

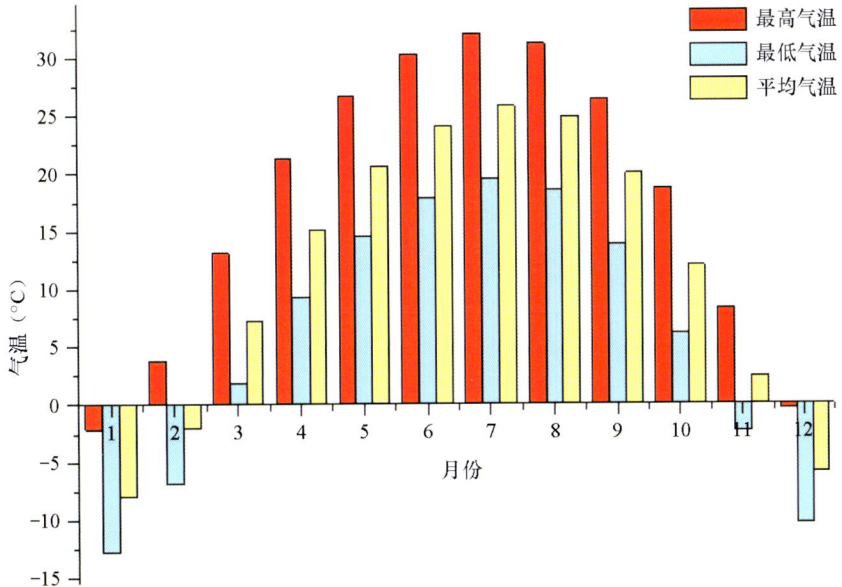

图 3.3　1951~2004 年平均各月气温情况表

表 3.1　1951~2004 年平均气温日较差情况表

月份	1	2	3	4	5	6	7	8	9	10	11	12
日较差	10.8	10.7	11.1	11.9	12.2	12.6	10.0	12.6	12.5	12.5	10.6	10

40cm 以上地层温度变化月平均值与气温变化一致，最高地温出现在 7 月，最低地温出现在 1 月。随着深度的增加，温度的滞后性越大，高低温度均落后于气温。极端最高地温曾达到 69.0℃，极端最低地温曾出现过 -33.0℃。平原土壤冻结平均日期为 11 月 16 日，解冻平均日期 2 月 24 日，一般冻土深 20cm 以内，最大冻土深 120cm；山区冻土层深于平原区，海拔 4000m 以上出现永冻土。

平原地区年平均降水量 67.3mm，年最大降水量 194.7mm，年最小降水量仅 33.6mm。库车山区降水量较大，蒸发量少，平均降水 243mm，其中，中高山区降水 467mm，是河流水源的主要来源；低山区降水 144mm，是山洪暴发的根源。

降雪初日平均在 12 月 8 日，最早出现在 10 月 19 日，终日为 3 月 5 日，最晚 4 月 22 日，最大雪深 15cm，年平均降雪日 7.7 天。

库车县境全年平均有 20 天大风日，夏季大风最多，占全年大风日的 52%；春季次之，占 37%；秋季较少，占 10%；冬季偶有大风出现，仅占 1%，风向以北或西北为主，其次为偏东风，大风持续最长时间 12 小时，风速较高，最大风速达 27m/s，出现在 5 月，各月平均最大风速在 7m/s 以上（图 3.4），大风出现时常伴有沙暴，风后浮尘有时持续数天。

苏巴什佛寺遗址所在地属南温带干旱区，年平均气温 11.4℃，年降雨量 64.5mm。光照充足，雨量稀少，冬季干冷，夏季酷热，昼夜温差大。

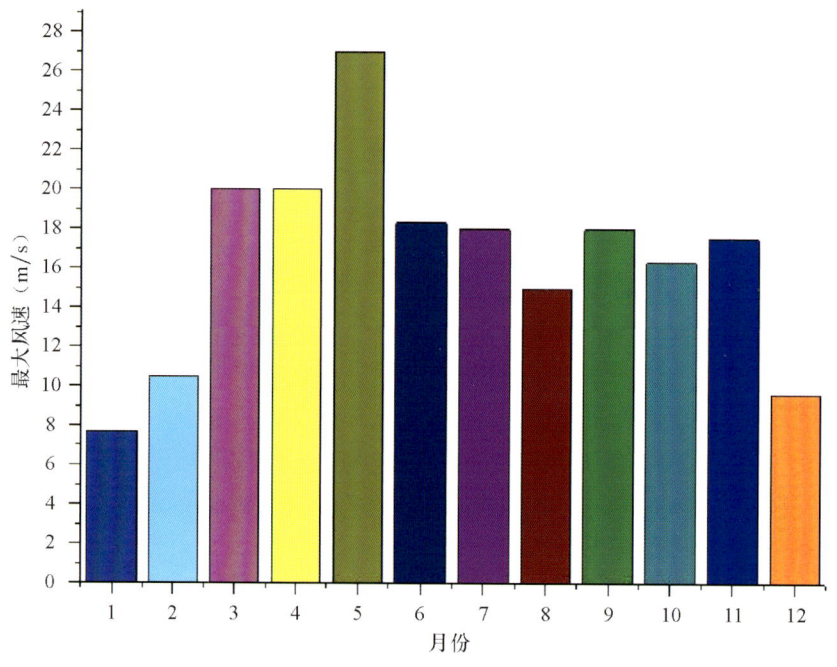

图 3.4　1951~2004 年平均各月风速情况表

3.3　地　质　构　造

库车县境的大地构造处于天山地槽褶皱带与塔里木地台两大构造单元的接触部位。天山地槽在加里东运动末期形成哈雷克套褶皱，并伴有酸性岩浆活动，到华力西运动时，地壳活动很强烈。而以华力西晚期的全面回返结束地槽的历史，上升为陆地，成为山区。塔里木地台在加里东运动时期表现较稳定的振荡运动，而在内部有较大的差异，华力西运动是地台的一次主要构造变动。吕梁运动以后整体上升，仅在边缘部分形成稳定缓慢沉降，但在华力西中晚期一度回返，并最后隆起为地台，成为平原。又经过漫长的自然作用，才形成今日库车的大地面貌[1-6]。

（1）却勒塔格褶皱带

近东向延伸达 280km，呈雁形排列，由第三系地层组成，可分为东西两个构造带。东却勒塔格构造带包括东却勒塔格背斜、库车塔乌背斜和托克拉克坦背斜；以上皆为短轴背斜。其中，托克拉克坦背斜长约 20km，宽约 10km，为两翼平缓对称背斜，约 5°~20°。西却勒塔格构造带包括南却勒塔格背斜、北却勒塔格背斜、米斯坎塔克背斜、雅克里克背斜和东阿瓦特背斜。其中，北却勒塔格背斜轴向 80°，长约 70km，顶部狭窄呈箱形，北翼近轴部达 75°~80°，向外迅速变缓，南翼近轴部向北倒转，后向南经直立变为南倾，东部倾没于克孜勒苏河口以西；东部却勒塔格单一背斜褶皱，包括库车塔乌背斜，近东西向延伸 24km，宽 8km，轴部被东西向大断层切割，近轴部南翼 75°，往南 30°，至西域砾石层变为 10°左右。上述东却勒塔格构造是个在地形上很显著的巨大不对称背斜褶皱，顶部呈标准的箱形，平面宽，轴线近东西向延伸 70km，宽 15km，两翼急剧陡倾，北翼轴平缓，距轴部 1.5km 减至 30°倾角，南翼近轴部为 80°～90°，时而倒转。

（2）平缓褶皱带

构造线近乎平行，由新第三系上部地层组成。包括库车西北之库车构造，为一短轴于缓背斜，轴向 65°，长 14km，宽 5km，顶部宽而平缓，近轴部两翼倾角 2°～7°，北翼近向斜处 30°，南翼约 10°左右，西库车构造为短轴对称背斜，轴向 70°，长 12km，宽 4km，顶部宽而平缓，两翼倾角 10°～30°。亚肯构造为一平缓而稳定直线背斜褶皱，于库车以东，乌（鲁木齐）喀（什）公路以北，沿公路平行延伸 80km，最宽处在大涝坝村、二八台一带约 8～9km，其特点是脊线沿走向有许多不大的波状起伏，在两端倾没部分和中部低洼处，保存了西域砾岩系沉积物，西部两翼对称，倾角为 1°～2°，而东部顶部宽而平缓，两翼倾角增大，不对称，在依什塔尔南翼 4°～5°，北翼 13°～20°，二八台基本对称，南翼 3°～4°，北翼 2°～3°。

3.4 地层与岩性

本区出露的地层主要有：第三系的吉迪克统、却勒塔格组，第四系的下更新统西域组、中更新统洪积层、上更新统洪积层、全新统洪积层、全新统冲积层、全新统冲积洪积层、全新统风积层（图 3.5），地层岩性由老到新详述如下：

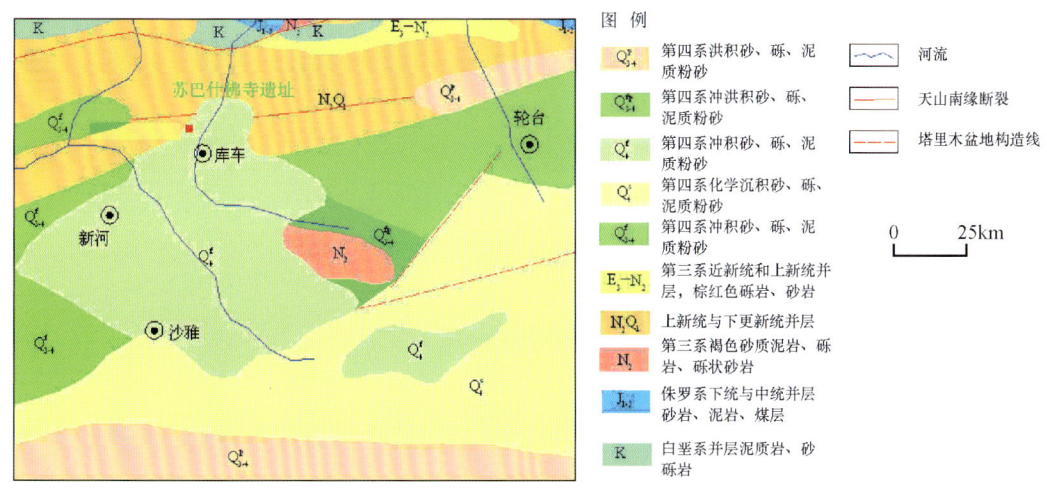

图 3.5　库车县区域地质图

3.4.1 第三系地层

（1）吉迪克统

本层上界止于杂色条带层顶部，但实际上也包括了部分上新统地层、却勒塔格绿色岩系与上红色岩系层组．因此，其厚度是较大的，但无完整剖面，组成却勒塔格构造的核部，而近东西向出露于却勒塔格山之轴部，宽约1～2km，分布面积不大。组成岩性主要为棕红色、褐红色之砂质泥岩、泥岩、泥质粉砂岩，夹灰黄绿色条带，白色的石膏薄层，小岩盐透镜体或碎块状的高灰质粉砂岩、泥灰岩，组成明显的条带层，其中富含微古生物化石。砂岩的节理裂隙较为发育。往上则浅黄色带灰色之砂岩增多而条带层减少。组成了马萨盖特建造。由于面积和分布所限，其相变不甚明显，总厚度达1300～2000m，在本区该层与下伏地层呈正常过渡关系。

（2）却勒塔格统

该统地层从岩相建造上称之为苍棕色岩系，由于本统地层分布面积极广泛，组成了却勒塔格褶皱带；各构造宽广的两翼和库车子缓褶皱带各构造出露的大部分，与上下伏地层皆呈正常过渡关系。岩性与岩相在水平及垂直方向上和沉积幅度上均有明显的变化。本统地层能清晰地分出上下两个分层，灰色砂岩层在岩性和旋回上是个主要的标志层，苍棕色岩系可清楚的分出下部从灰色砂岩层及上部苍棕色层。具体分为：库车塔乌背斜及东却勒塔背斜上新统地层为最标准。岩相水平相变为由西至东，由北到南，由粗变细。垂直方向上，下部大都为灰色砂岩，上层为苍棕色层，呈下细上粗。有清晰的沉积旋回。岩层厚度由北向南减薄，岩相变化也趋简单。

3.4.2 第四系地层

（1）下更新统西域组

在却勒塔格及亚肯构造等地分布甚广，组成背斜的外翼及构造鞍部，本区地层出露，其下部与却勒塔格地层是正常的过渡关系，地层的产状受其下伏却勒塔格统地层紧密制约，随其起伏，地层倾角一般<10°，在局部地方与下伏地层呈不整合关系，岩性为一套砾岩、浅灰褐色、灰褐色、呈厚层状，常具有大块柱状节理，在厚层中，常见交错层理，砾石分选不均匀，粒径一般0.5～3cm，个别达12～15cm，北部极个别达50～70cm。圆度中等，砂泥质胶结，稍含灰质，胶结不佳或中等，孔隙发育以细砾岩为主。

（2）中更新统洪积层

中更新世时期，新构造运动强烈，使库车以东地区上升受到强烈剥蚀而发生沉积间断，而库车以西和北部局部的低洼处，接受了不厚的山麓相堆积，经后期运动抬升受强烈剥蚀，而极为零星的残留于却勒塔格山前。主要为北盐水沟至渭干河龙口一带。从地貌上看为高台面和高级阶地。岩性为山麓洪积相，灰、灰褐、灰黄色砂卵砾石。分选较差，粒径2～20cm，个别达1m，呈半滚圆或半棱角状。物质来源于却勒塔格山岩层的碎屑，卵砾成分复杂，有石灰岩、片麻岩、花岗岩、石英岩、砂岩等，局部偶见半胶结现象，底部有时有石膏沿孔隙发育。

（3）上更新统洪积层

上更新统时，地壳稍显平稳，较为普遍的接受了山麓相堆积，却勒塔格山前发育着冲积、洪积扇连成的山前倾斜平原。北部岩性为洪积相，灰、灰褐、灰黄色，砂卵砾石，砾石分选较差，粒径一般1～10cm，以1～4cm为多，滚圆度不均，呈滚圆、半滚圆、半棱角状，十分松散，孔隙发育，砾石物质成分以灰岩、砂质板岩、砂岩为主，次之为花岗岩、石英岩、片麻岩等变质岩，受到强烈风化，表层已有漆皮，呈棱角状，片状碎块，厚约8～25m。南部伏于全新统地层之下，较普遍分布，岩性为冲、洪积之灰色砂层，头一层5m厚的亚黏土和亚黏土、亚砂土薄层，有清楚的沉积旋回。岩性上由北至南，由粗到细，厚度由北至南也呈由薄到厚的变化。

（4）全新统洪积层

分布于却勒塔格山前，渭干河龙口以西地区，呈东西向条带状分布，由小的洪积扇裙组成，2~15km宽。岩性在乌喀公路以北主要为灰色、深灰色卵砾石、砂卵砾石，其成分因地而异。东部地带（库车河、阿衣库木齐沟洪积扇）砾石成分以灰岩、砂岩、矽质板岩为主，次为花岗岩及变质岩，砾石呈滚圆、半滚圆及圆饼状，组成一些小洪积扇的砂卵砾石，含较多的泥质，物质来源于却勒塔格山区，新生界地层的岩石碎屑，以砂岩、泥质岩为主，西部尤为明显，分选不佳，滚圆度较差，有许多粒径达数10cm，带棱角的砂岩，结构松散，孔隙发育。总的来看砾石粒径，由北向南逐渐变小。公路以南地表岩性相变为黏性土，在土质平原中岩性为棕色、棕红色，结构较致密、坚实，含有石膏晶粒和块斑，有微细层理的亚黏土、黏土与灰棕色亚砂土夹灰色粉细砂层或透镜体。砂的矿物成分复杂，以石英、长石为主，含有云母及大量暗色矿物，分选性差、带棱角，有时含少量黏土粒。岩层厚度的分布差异很大，西部8~30m，东部10~50m，个别地方大于50m，最厚应在库车河洪积扇。其规律是：岩相上由北至南，由粗到细，呈东西带状分布，物质成分东部复杂西部简单。垂直方向上为多元结构，厚度北薄南厚（却勒塔格和亚肯构造间除外），东厚西薄。却勒塔格西部两个小的山间谷地，全新统洪积层地层其岩性为亚黏土、亚砂土及薄砾石层，厚8~20m，不整合于却勒塔格统、西域砾岩系地层之上。

（5）全新统冲积层

分布面积约6000km²左右，而以塔里木河冲积层为主，占90%以上，堆积了河床相、漫滩相、牛轭湖相物质，其上有大面积砂丘覆盖。河床相为一套灰、灰白色洁净的粉细砂层，分选性好，带棱角，有细层理（包括漩涡层理），矿物成分稳定，石英约占50%，云母约占15%，长石约占20%，次之为少量的暗色矿物。漫滩相主要为灰、灰白色粉细砂与薄层灰、灰黄色亚黏土、亚砂土互层，有清楚水平层理，含有螺丝化石，分布广大的冲积平原及塔里木河沿岸。牛轭湖相沉积物为灰、灰白色粉细砂或中砂，夹灰黄、灰褐色亚黏土、亚砂土薄层或透镜体，有水平微细层理，含有黏土团块及螺丝化石，而表层皆有薄层亚砂土覆盖，垂直方向有明显的二元结构，分布于牛轭湖及地形洼地或马蹄形洼地地区。

（6）全新统冲积洪积层

分布于渭干河冲积洪积扇，由渭干河冲积洪积的综合作用而成，表现在岩相、岩性、结构上很清楚。岩性在新和及阿拉哈格乡以北，上部覆盖有5~15m厚的棕红色、棕黄色、黄褐色之亚黏土及亚砂土层，下部为砂卵砾石层，向南粒径变细。而由新和、阿拉哈格乡至沙雅海楼乡呈东西弧形分布于扇的中部，岩性则以中等到厚的亚黏土、亚砂土，呈棕红、棕黄色有层理，与中细砂层（岩性特性基本同渭干河冲积砂层）互层，砂层上部为薄层到中厚层，下部为厚层、黏土层，均为洪积成因。沙雅海楼乡以南，即扇的外缘，岩性以灰、灰白色的粉细砂为主，上部与洪积的棕红、棕黄、黄花、灰绿色亚黏土、亚砂土互层，并有时互夹透镜体，皆有明显的水平层理和交错层理。其总的地质特征：冲积物一般为各种粒度的砂层。洪积物以黏土为主，而上部可有较窄的粗粒相带，因此岩性、岩相变化复杂，表现在垂直剖面上岩相岩性多变，从颜色上也显多变。水平方向上反映为越向南部土质中砂性加重，砂层变厚，颗粒变细，变化最大地带是本地质体与相邻地质体接触的过渡带。可以从勘探剖面成果中揭晓。厚度一般30~80m。

(7) 全新统风积层

风成砂堆积物，大片的集中分布于西部冲积层或渭干河冲积扇两侧边缘，而南缘零星分布，东部冲积层上也有断续成小片分布，在亚肯构造公路南侧有一近东西向宽窄不等的（2~8km）带状分布。

3.5 水文和水文地质条件

3.5.1 水文

1. 河流

(1) 库车河

库车河又名"苏巴什河"（史书记载称"东川水"），整个流程都在库车县境内。上游有两条支流汇合于库如力，东侧称科克那克河，西侧称卡尔诺河是主流，发源于南天山山脉的哈里克山东段，向东南流，至库尔干处又折转向南流，至库如力处又转向南偏西流，最后在康村穿越却勒塔格山，抵达兰干水文站，集流面积2956km^2，流程127km，平均年径流量3.31亿m^3，最大洪峰流量1940m^3/s，最小流量0.62m^3/s[7]。兰干水文站以下，水流经引水枢纽进入总干渠，输送到下游，河床则经过一个20多公里长的乱砾石锥形洪积扇，穿过牙哈乡的喀兰古，向东南消失于荒漠戈壁。

(2) 渭干河

渭干河（史书记载称"西川水"），是库车、新和、沙雅三县灌溉公用河，也是库车与新和县的分界河。上游有5条支流，自西向东依次为木札提河、卡普斯浪河、特尔维其克河、卡拉苏河、克孜尔河。其中木札提河是主流，发源于南天山汗腾格里峰东侧，冰川融水补给占有较大比重。5条支流于拜城盆地南缘汇合后，始称渭干河，然后切穿却勒塔格山，经库木吐喇千佛洞，在千佛洞水文站以上，集流总面积16784km^2，总流程452km，各支流汇合口以下36km。平均年径流量22.1亿m^3，最大洪峰流量1840m^3/s，最小流量14.4m^3/s。

(3) 二八台河

二八台河（史书记载称"拉依苏河"），发源于南天山南麓迪那达坂，集流总面积527.1km^2。其中，上游河段称开来和奇，位于库车中高山区的东部，集流面积约256km^2，年径流量约0.38亿m^3，正常径流流至依奇克里克时已全部渗入地下，变成潜流。经过15km的干河后，在阿依库木希处，以上升泉形式溢出地面，又经5~6km集流过程，出山口泉水流量为1.32m^3/s，全部引入防渗干渠，输至二八台农场灌溉农田。出山口后，河床平时断流，最大暴雨洪水流量约300m^3/s，穿过乌喀公路，沿库车与轮台边界的库车一侧，进入荒漠戈壁而消失。

(4) 塔里木河

塔里木河是我国最大的内陆河，在自然状态下是塔里木盆地所有河流的下游，现在只是阿克苏河、叶尔羌河、和田河汇合后的下游河段。西起阿瓦提县境的上游水库,沿塔克拉玛干沙漠北缘东流,终点原为罗布泊,1952年后改入台特马湖,1972年以来注入尉犁县境铁干力克的大西海子水库。从上游水库至大西海子水库全长800km,若加上叶尔羌河全部流长2300余km。年径流量在上游水库处为50多亿m^3,到沙雅县新渠满水文站为44亿m^3,到轮台大坝站为30亿m^3,至尉犁县卡拉站公剩10亿m^3,以下全部注入大西海子水库。

塔里木河在库车县境是过境河流,自西南向东北穿过库车草湖地区,流长为87.5km,河床宽浅弯曲,两岸土质疏松,河流经常改道,最宽处达2000m余,最窄处有500m。

2. 湖泊

县境内自然湖泊有20余处,总水面积约15km^2,包括巴依孜库勒湖、恰克马克湖、艾锡曼湖、大龙池和小龙池等。

3. 山洪沟与自然排水冲沟

库车县境内山洪沟与自然排水冲沟包括盐水沟、乌尊沟、喀兰沟、牙哈沟、博斯坦托克拉克沟、依西塔拉沟、克孜尔沟、开姆达汗沟等。

3.5.2 水质

在苏巴什佛寺遗址区采取地表水样一组,进行水质全分析。分析结果如表3.2:

表3.2 水质分析试验结果

	离子	mg/L	m mol/L	m mol/L%	分析项目	单位	数值
阳离子	$K^+ + Na^+$	61.64	2.68	28.76	矿化度	mg/L	552.00
	Ca^{2+}	112.62	5.62	60.30	游离CO_2	mg/L	7.92
	Mg^{2+}	12.40	1.02	10.94	侵蚀性CO_2	mg/L	未检出
	NH_3-N	未检出	0.00	0.00	总碱度	m mol/L	3.47
					总酸度	m mol/L	0.18
					pH值		7.86
	统计	186.66	9.32	100.00			
阴离子	NO_3^-	1.30	0.02	0.21	以碳酸钙计		
	Cl^-	87.21	2.46	26.39	总硬度	mg/L	332.00
	SO_4^{2-}	161.87	3.37	36.16	碳酸盐硬度	mg/L	173.50
	HCO_3^-	211.73	3.47	37.23	非碳酸盐硬度	mg/L	158.50
	CO_3^{2-}	0.00	0.00	0.00	负硬度	mg/L	0.00
	OH^-	0.00	0.00	0.00			
	统计	462.11	9.32	100.00			

参照表3.3,该场地环境类型属于Ⅰ类,因此依据标准判定苏巴什佛寺地下水对混凝土结构不具有腐蚀性。研究区内的地下水呈弱碱性,对钢结构筑物无腐蚀性。

表 3.3　按环境类型水和土对砼结构的腐蚀性评价[8]

腐蚀等级	腐蚀介质	环境类型		
		Ⅰ	Ⅱ	Ⅲ
弱 中 强	硫酸盐含量 SO_4^{2-} (mg/l)	250~500 500~1500 >1500	500~1500 1500~3000 >3000	1500~3000 3000~6000 >6000
弱 中 强	镁盐含量 Mg^{2+} (mg/l)	1000~2000 2000~3000 >3000	2000~3000 3000~4000 >4000	3000~4000 4000~5000 >5000
弱 中 强	铵盐含量 NH_4^+ (mg/l)	100~500 500~800 >800	500~800 800~1000 >1000	800~1000 1000~1500 >1500
弱 中 强	苛性碱含量 OH^- (mg/l)	35000~43000 43000~57000 >57000	43000~57000 57000~70000 >70000	57000~70000 70000~100000 >100000
弱 中 强	矿化度 (mg/l)	1000~20000 20000~50000 >50000	20000~50000 50000~60000 >60000	50000~60000 60000~70000 >70000

3.5.3　水文地质条件

从图 3.6 可知，库车县地下水主要包括松散岩类、碎屑岩类两大类型，富水程度主要为中等，结合地表水系看，主要是库车县的山区的松散岩类和碎屑岩类的地下水排泄至四大河系中，地下水的补给主要是冰雪融水、河水入渗和大气降水。地表水和地下水的补给排泄关系较为明确。从图中可以得知，苏巴什佛寺遗址区地下水类型为碎屑岩类，碎屑岩中的地下水补给库车河，地表水通过弥补的冲沟流入库车河。

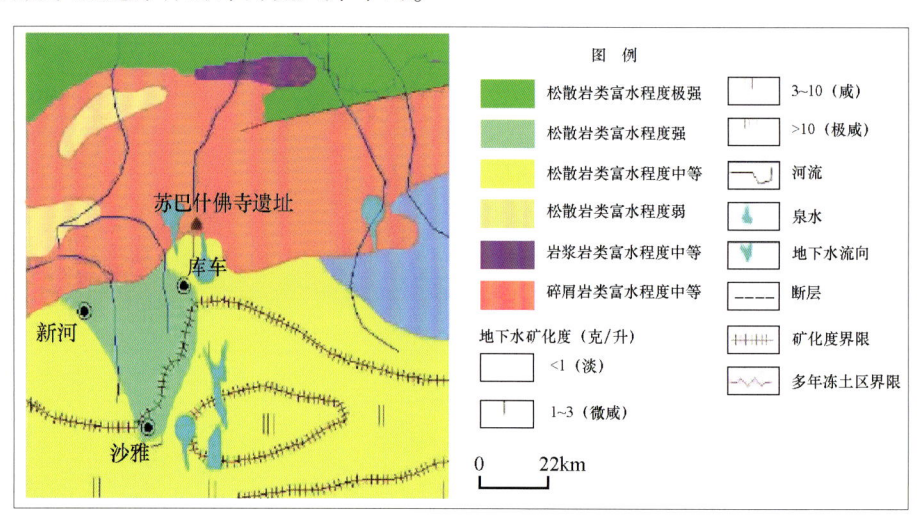

图 3.6　库车县水文地质图

3.6 地　　震

库车处于南天山地震亚区和静-拜城地震带中段。地震烈度为Ⅷ度，地震频繁，微震时有发生。该地震带展布于天山南麓前山带，北界西起汗腾格里峰，向东经拜城至和静以东；南界西起阿合奇、阿克苏以北，向东经库车、轮台至库尔勒以东；带长约675km，宽约110km，总面积约73250km^2。1893~1984年共发生四级以上地震93次。1990年至今库车坳陷带发生1次七级地震、7次六级以上地震和多次中等强度地震，它们大部分分布在却勒塔格断裂带附近，表明却勒塔格逆断层是库车坳陷内中、强地震的主要控震和发震构造[9-11]。据记载，自1893年以来，在库车发生4.7级以上的地震21次，造成灾害的5次。①清光绪十九年（1893）十二月十八日，库车城西南发生5.5级地震；②民国五年（1916），库车县西部与拜城县交界地区发生5~6级地震，庙内一切古画均被毁灭；③1949年2月24日，库车县东北部与轮台县交界处发生7.25级地震，破坏较大；④1976年1月10日，在县城东北央布拉克一带，发生5.8级地震，烈度7度；⑤1977年7月23日，在县城东北央布拉克发生5.4级地震，烈度6度以上。

参 考 文 献

[1] 刘志宏，卢华夏，李西建．库车再生前陆盆地的构造演化［J］．地质科学，2000，35（4）：482-492.

[2] 汪新，贾承造，杨树锋．南天山库车褶皱冲断带构造几何学和运动学［J］．地质科学，2002，37（3）：372-384.

[3] 汪新，贾承造，杨树锋．南天山库车褶皱冲断带构造变形时间——以库车和地区为例［J］．地质科学，2002，76（1）：55-62.

[4] 卢华夏，贾承造，贾东．库车再生前陆盆地冲断构造楔特征［J］．高校地质学报，2001，7（3）：257-271.

[5] 汤良杰，金之钧，贾承造．库车前陆褶皱——冲断带前缘大型盐推覆构造［J］．地质学报，2004，78（1）：17-24.

[6] 杨庚，钱祥麟，李茂松．塔里木北缘库车盆地冲断构造平衡地质剖面研究［J］．地球科学——中国地质大学学报，1996，21（3）：295-299.

[7] 满苏尔·沙比提，买托和提·阿那依提，安瓦尔·买买提明．库车河流域水资源利用研究［J］．地域研究与开发，2003，22（3）：63-66.

[8] 岩土工程勘察规范（GB50021-2001）（2009年版）（中华人民共和国国家标准）［S］．国家技术监督局，中华人民共和国建设部联合发布．

[9] 安景升，袁峡，杨志荣，等．库车5.6级、拜城5.3级地震形变前兆异常［J］．内陆地震，2009，14（3）：236-241.

[10] 库车坳陷深浅构造变形与地震关系浅析［J］．地震地质，2004，26（2）：236-245.

[11] 徐向宏．库车-拜城地区中强地震前异常的初步分析［J］．高原地震，2009，21（2）：32-36.

第4章
苏巴什佛寺建筑形制及建造工艺

4.1 苏巴什佛寺遗址的布局

苏巴什佛寺（图4.1）遗址包括库车河西岸佛寺建筑群遗存（以下简称西寺，图4.2a）、库车河东岸佛寺建筑群遗存（以下简称东寺，图4.3）、东寺东面墓葬群（以下简称河东墓群）、西寺西面墓葬群（以下简称河西墓群）等4处遗址片区。苏巴什佛寺遗址是由佛教建筑遗址、墓葬和石窟等三种类型的文物遗存构成[1-4]。其中，佛教建筑遗存包括东寺、西寺遗址片区内的佛塔、大小佛寺建筑、残垣等建筑类型的建筑遗存；墓葬包括河东墓群、河西墓群；石窟包括东寺石窟、西寺石窟。

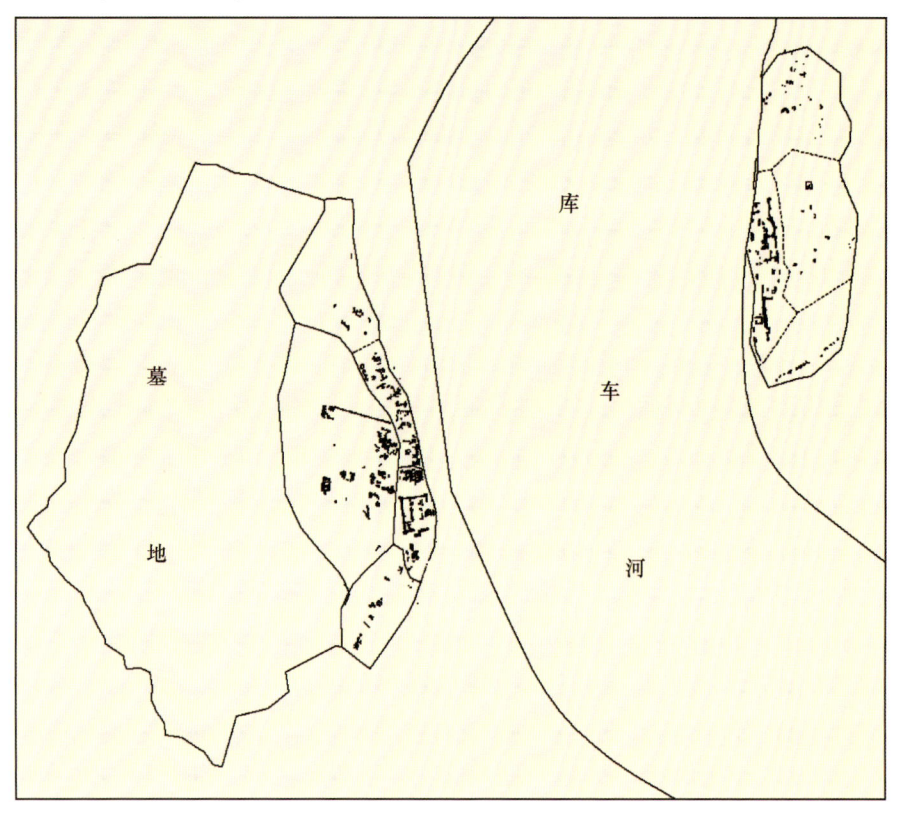

图4.1 苏巴什佛寺遗址平面图

4.1.1 西寺布局

西寺位于库车河西岸，西寺傍水而建，绝大部分遗址保存较好，南北长700m，东西宽190m左右，中间有一条南北走向的主干道。遗址呈南北向，面积约1km²，是一个包括佛殿僧房、禅室及佛塔的佛教遗址建筑群，主体寺院临河而筑，其余三面以高墙围护，现在虽只有断壁残垣，但当年的宏伟气势仍可想见。从图4.2a可以看出，西寺佛寺遗址按照地表水系的构成，可以划分为 5 个区域，分别为：SW-1、SW-2、SW-3、SW-4 和 SW-5。从这个区域看，遗址内有三个规模较大的佛塔分别在 SW-1、SW-3、SW-4 中，下面着重对每一区中的主要建筑做简要介绍。

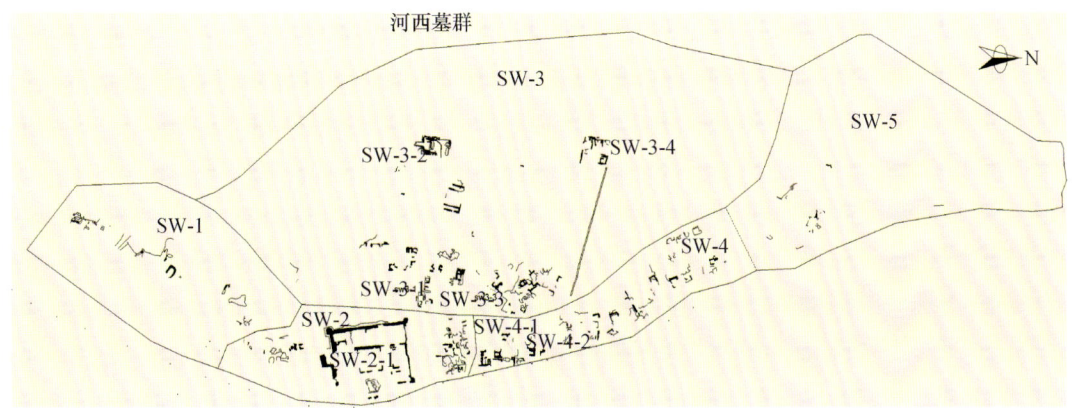

图 4.2a 西寺平面图

SW-1 遗址破坏较为严重，多数坍塌，该区有一佛塔，佛塔规模中等，形制有一定的遗存。SW-1-1 平面为方形，中间有一佛塔，塔基为方形，塔身残高约 3m，土坯砌筑，分五级，塔基边长 16m，顶宽 3m。

SW-2 遗址大多破坏严重，但是 SW-2-1（见图 4.2b）保存较为完好，该建筑中的各殿较为明显，部分地面保存较好，被后期冲积物覆盖，建筑平面为方形，围墙残高 10.8m，厚约 3m，周长 300m，用土坯垒砌。门开于南部，为瓮门结构。正对大门的建筑为 SW-2-1-A，平面为方形，边长 24m，墙残高 5m，厚 1.55m，为土坯砌筑，墙面用麦草泥抹平，白灰粉饰。南墙和北墙各开一个门，南门宽 2m，北门宽 2.6m，建筑内部西壁距地面 0.8m 处等距开有三个壁龛，壁龛高 1.65m，左右两龛宽 2.16m，中间壁龛宽 1.94m，进深均为 1.5m，建筑东侧现残留有高 0.4m，宽 0.7m 的土坯砌筑的土台，东西墙各有 6 个柱洞，南北墙各有 4 个柱洞，柱洞进深约为 0.2m。SW-2-1-A 东侧为 SW-2-1-B，SW-2-1-B 围墙东西宽 24m，南北长 28m，墙厚 1.2，残高 0.8m，在东墙南端开有门，宽约 1.2m。SW-2-1-B 中心佛塔，方形塔基，塔基边长 16m，用卵石黄土夯筑。SW-2-1-A 北部约 10m 为 SW-2-1-C，平面为方形，边长 16m，墙残高 7.8m，在此建筑墙面上均有柱洞，其中东、西墙面分别有 4 个，南北墙各有 5 个，南墙中部有缺口，东墙中部有一道门，宽约 1.4m，建筑内壁四侧皆有高出地面的土台，高 0.4m，宽 0.8m。和 SW-2-1-C 东边相邻的建筑为 SW-2-1-D，平面方形，边长 11.4 m，墙残高 7m。位于西南角的建筑为 SW-2-1-E，长约 20m，宽约 10m，室内西壁有 7 个柱洞，其东壁还留有原造像之头光、背光痕迹，但造像已毁。该建筑内有建筑 SW-2-1-F 长约 9m，宽约 6m。SW-2-1 建筑西侧约 60m 处为一建筑群。该建筑中心为庭院，庭院位置较低，环绕庭院的北、东、西三侧皆为一列小间房屋，其中西侧的房屋保存状况较好，残高约 2m。

SW-3 是西寺遗址中建筑密度最大、遗存规模最宏伟的区域。不仅具有保存较好的佛塔建筑、还有明显的僧房建筑，还有佛寺遗址的围墙遗迹，是西寺佛寺最宏伟的建筑群。SW-2-1 建

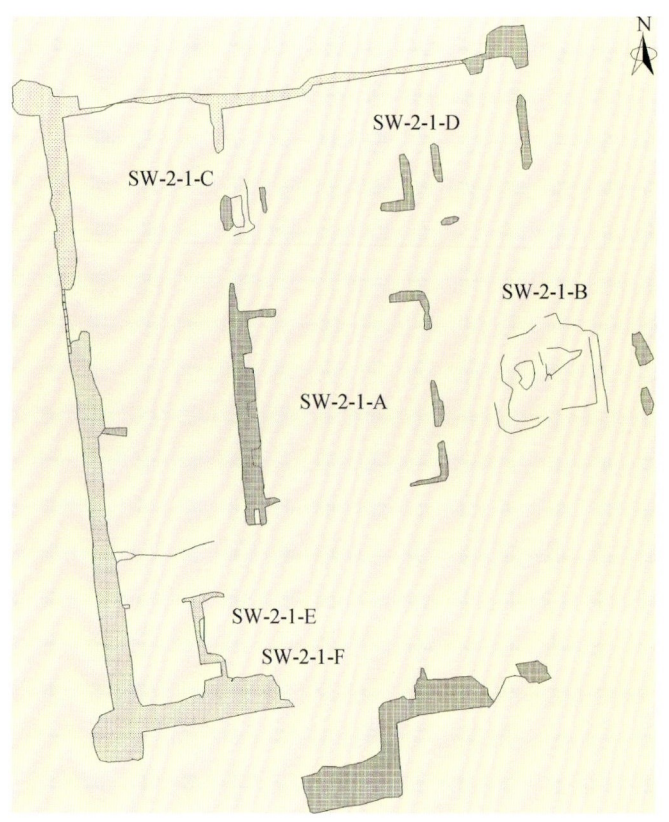

图 4.2b SW-2-1 现状分布图

筑的西北侧为建筑群 SW-3-1（图 4.2c）。东侧建筑 SW-3-1-A 建于高约 4m 的高台上。高台中间为一长方形塔柱，现残高约 3m，南侧正壁有佛像背光痕迹。塔柱西侧还有一方形小建筑，边长约 150m。邻近 SW-3-1-A 西边有一组建筑 SW-3-1-B，由三间房子组成，其中中间房子长约 4.80m，宽约 4m，残高约 2m，西墙处有烟囱建筑遗痕。SW-3-1-B 西侧有另外一组建筑为 W3-1-C，由若干间房子组成。位于南侧的房子带有侧道。侧道南侧中间有门，由此进入主室。主室为方形，宽约 3.30m。

西距 SW-2-1 约 200m 处，位于遗址西部有建筑 SW-3-2，SW-3-2 为高塔式建筑，呈 "十" 形，塔基为一高台，通高 4.5m，由四层逐层再上并缩小平台叠加而成，底层平台为方形，基底边长为 20m，塔立于平台北部，由平台至塔共分 5 级，塔身用土坯砌筑，塔身也是由三级逐级上缩的平台构成，高约 8m，塔顶宽约 2m，塔顶已塌毁，其上有中心柱式佛殿建筑残存。可见后甬道仅宽 1m。前后壁绘立佛像，但漫漶过甚，很难辨释。平台南部有一斜坡走道，宽约 3m，坡长约 14m，由此斜坡道可至塔身处的建筑。此建筑形制类似中心塔柱石窟。SW-3-2 附近建筑遗址较少，其西 150m 处，见有石堆墓群。

SW-3-1 北边高地上有建筑 SW-3-3，此建筑建于高台上，平面为方形，宽约 5m，墙残高约 1m。建筑中间为方形塔柱，边长约 2m，残高约 1.5m。SW-3-3 北部高地上有建筑群若干，但已残毁不堪。

SW-3-3 西北方约 150m 处为建筑 SW-3-4。SW-3-4 门朝向东边，有一台阶可供进入，北墙

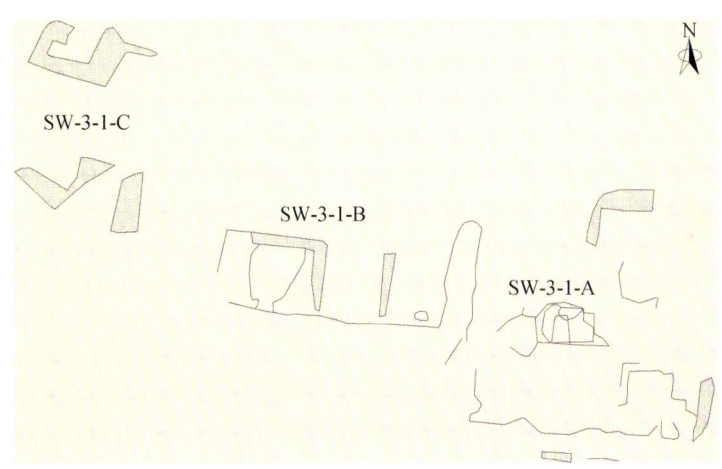

图 4.2c　SW-3-1 现状分布图

一直向东延伸至主干道旁。SBW9 中间为露天庭院，长约 25m，宽约 12m，庭院南、北、西三侧皆有房间。庭院北侧有一带侧道的房间，主室的入口位于里侧。主室长约 5.40m，宽约 4.20m。

SW-4 建筑遗迹较多，但大多坍塌破坏，形制不明，从仅有的建筑遗迹推断是僧房建筑居多。

SW-4-1 位于 SW-2-1 北侧约 70m 处。此建筑中间为一佛塔，佛塔北部为悬崖，深约 30m，佛塔平面呈方形。塔基为方形，宽约 5m，土坯砌筑，塔身有四级，逐层缩小，每级分界处有双重叠涩的棱线装饰，塔身残高约有 6m。

SW-4-2 位于 SW-4-1 的北侧，平面为方形，长 15.7m，宽 11.8m，门开在西侧，中间靠后位置有一佛塔，塔基为方形，边长约 3.30m。

SW-5 遗址主要包括石窟，石窟开凿于临河断崖和干谷的石壁上。共 19 个洞窟，多坍塌破坏，壁画残存极少，形制有单龛窟和多龛窟之别，前者供一人坐禅用，后者则为多人使用，沿河而上可见大禅窟，窟前留有木柱础，证明曾设有大殿。窟内左右有长筒形纵券走道甬廊，开禅室 17 个。在石窟群中的制高点有一佛塔，佛塔坍塌严重，但是遗存规模较大，从远处望，颇为壮观。

总体上看，西寺佛寺遗址的选择仍然按照地形地势而定，多坐落于山体的平坦区域或制高处，以避免地表水的冲刷。

4.1.2　东寺布局

东寺分布于库车河东岸的山梁上，遗址呈不规则形状分布，与西寺隔水相望，其规模不及西寺。由前塔院、佛堂、中塔院、僧房五个建筑单元组成，依北高南低的山势而建（图 4.3）。整个遗址南北长约 500m，东西宽约 140m，四周建有围墙。寺院建筑的样式与西寺相同，前塔院有高 9m 的覆钵大塔，颇为壮观。大部分遗迹都集中于地势起伏不平的河岸。从图 3-3 看，东寺佛寺建筑按照地表水系的构成，可以划分为 4 个区域，分为 SE-1、SE-2、SE-3、SE-4。

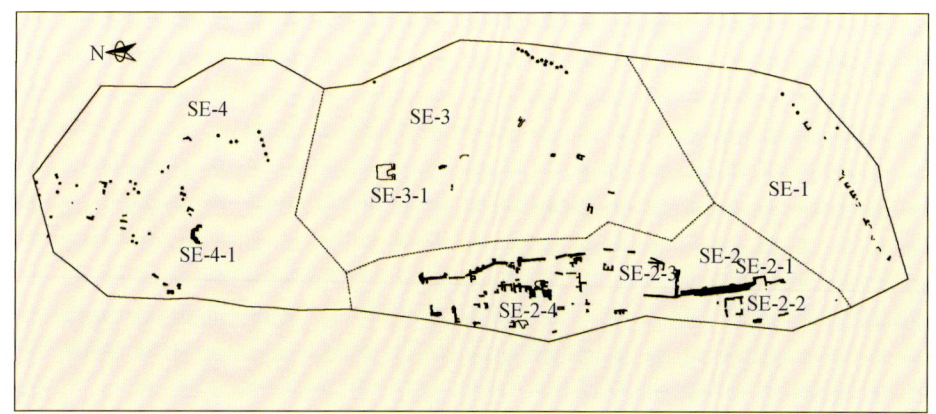

图 4.3　东寺佛寺遗址分布图

SE-1 从遗存的建筑遗址看，疑为僧人居住的地方，多为房屋遗址，有房顶坍塌物遗存，墙体四壁有密集的椽孔。

SE-2 建筑较为密集，具有保存较为完后的佛塔、佛龛、殿堂等建筑物，整个区域规模宏大，颇为壮观，整个区域是东寺的核心。

在此区域的南部有建筑 SE-2-1，该建筑建造于高出地面 2m 的平台上，主室平面为方形，宽约 14m，墙残高 7m，各壁面有壁柱残痕，并且主室前部带有前室。在 SE-2-1 东侧有一排房子，其中 SE-2-2，宽约 10m，在正壁离地面 2.5m 处均匀排列的 5 个柱洞，正壁顶部离地面约 5m 处有均匀排列 10 个柱洞，在其东侧围墙上有一排佛龛，每个龛宽约 1m，残高约 1.2m，龛内壁中间有一圆形槽洞，南部佛龛有 7 个，北部佛龛位置较低，共有 8 个。

SE-2-2 的东北部为一庭院——SE-2-3，四周有围墙，入口位于西北角。庭院中心为一佛塔，塔平面呈方形，土坯垒砌，塔身分三级，基宽 10m，顶宽 5.5m，通高 9m。佛塔西侧围墙残高 4m，上有二排佛龛，佛塔东侧建筑墙残高约 5m，北侧房间长约 53m，宽约 5m，南侧房间长约 5.7m，宽约 5m。这两间房子正壁上皆有槽洞痕迹。

SE-2-3 北边约 50m 处也是一处庭院，为 SE-2-4，平面大致呈方形，边长约 28m，SE-2-4 偏东位置佛塔，平面呈方形，塔身圆形，土坯砌筑，此塔分 4 级，塔基宽 11m，塔高约 8m，塔顶呈穹形，塔身中部有一圈柱洞。部分坍塌。

SE-3 建筑遗址中包括了佛塔、石窟、和佛寺建筑，遗址均处于山体的制高点，佛塔 SE-3-1 处于 SE-3 的最高处，从远处望去，极为壮观，该佛塔也是东寺佛寺遗址的最高建筑物，该塔平面呈方形，为土坯砌筑，塔身分 3 级，基宽 15m，顶宽 1m，通高 8m。

SE-4 与 SE-2、SE-3 遥相呼应，中间发育一条大型冲沟，SE-4 建筑遗址主要包括房屋遗址、墓地和石窟，墓地和部分房屋建筑遗址选择在陡峭的崖体之上，场地较窄，选址的特殊性反映墓地遗址的要求和意义。

其中 SE-4-1 建筑平面呈"品"字形，门朝南，主室正壁残高约 5m，宽 6.3m，进深 1.4m，壁面有槽洞痕迹，内尚有木柱。两侧壁残高约 8m，壁面上有三道固定横木的槽痕。前室宽 13.6m，各壁面也有横槽痕迹。

4.1.3 墓地遗址

东寺和西寺的墓地遗址均距离佛寺遗址建筑群不远，而且均选择在山脊之上有规则的布设。

4.2 苏巴什佛寺遗址的建造技法

总体看，苏巴什佛寺遗址的建造技法包括三种类型：①纯土夯筑。因土源较为贫乏，这种建筑技法在遗址区应用有限；②砂砾土夯筑与含少量砂砾的土夯筑相间。这种建筑技法在遗址区应用最为广泛，这与遗址区土料稀少有极大的关系；③砂砾土夯筑与土坯垒筑相间。这种建筑技法多见于重要建筑物；④纯土坯垒筑。这种建筑技法多见于规模较大的房屋遗址。

4.2.1 西寺佛寺遗址建造技法

西寺佛寺规模宏大，历经多年建设而成，不同时期有不同时期的建筑方法，大的建造技法类似，但是建造技法随着引进和革新，在细节上仍然有较大的区别，因此为更为清楚的说明西寺佛寺建筑的建造技法，按照分区分别介绍，详见表4.1。

表4.1 西寺佛寺建造技法图文表

SW-1 建造技法	大部分墙体坍塌严重，形制不明，下面为形制较为清楚的部分墙体： （1）建筑形制为土坯和砂砾石夯筑间隔而成，土坯层厚约9～13cm，砂砾石夯层厚约12.2cm左右，砂砾石夯层中砂砾石约占50%，其中以粒径为5.0cm左右居多，大部分磨圆度为次圆，级配不良。见图4.4a （2）建筑形制为夯土层和砂砾石夯层间隔而成，夯土层层厚约17.0cm，砂砾石夯层厚约17.0cm左右，砂砾石夯层中砂砾石约占35%，其中以粒径为4.0cm左右居多，大部分磨圆度为次圆，级配不良。见图4.4b
	  图4.4a　　　　　　　　　图4.4b

该区大部分墙体已坍塌，形制不明，表面多被砂砾石所覆盖，局部出露土坯和夯层，可见土坯厚度8~12cm，夯层厚度10~30cm，个别土坯中夹有秸秆，个别墙体上部有木头出露，部分墙面有厚度越2cm的抹泥层。具体情况如下：

（1）殿内墙体有多处木柱痕迹。南墙夯层由底部向上逐渐变厚，16~50cm；土坯厚9cm。西墙东立面处有三个佛龛形制，该立面夯层厚3cm，土坯厚13cm。北墙南立面抹泥层保存较完整，夯层较外墙要小些。见图4.5a~4.5d。

（2）墙体东立面有木孔洞形制，洞两侧有木柱痕迹。夯层高9~13cm，土坯高9cm，长26~50cm。西立面有三处木柱痕迹，柱痕上部有大量直径约2cm的木杆。出露的两处接茬缝较平整。见图4.5e、图4.5f

（3）东立面有进深50cm的正方形小龛，其上有三个木柱洞。见图4.5g

（4）砂砾石层厚37cm，夯层厚10cm。墙面上可见木柱痕迹，出露的接茬缝较平整。见图4.5h

（5）墙体是夯层与土坯互层，下部的土坯层与夯层的厚度比上部小很多。见图4.5i

（6）墙体上有残留的木杆、柱孔以及出露的木柱。夯层厚30~50cm，土坯厚9~10cm。见图4.5j

（7）土坯与夯层互层，土坯厚7.2cm，夯层厚6.3cm，夯层中夹有秸秆。见图4.5k、图4.5l

（8）土坯与夯层互层，土坯厚10.3cm，夯层厚10.2cm，夯层中夹有秸秆。见图4.5m

（9）土坯与夯层互层，土坯厚15.2cm，夯层厚15.6cm。墙面有抹泥层，厚约2.2cm，由黄土和秸秆组成。见图4.5n

（10）土坯与夯层互层，土坯厚14.2cm，夯层厚14.6cm。墙面有抹泥层，厚约2.1cm，由黄土和秸秆组成。见图4.5o、图4.5p

（11）土坯与夯层互层，土坯厚9.2cm，夯层厚30.6cm。墙面有抹泥层，厚约2.3cm，由黄土和秸秆组成。见图4.5q

（12）土坯与夯层互层，土坯厚9.2cm，夯层厚8.6cm。东墙上有3个直径约5~10cm的圆洞，为木棒加筋所留痕迹。见图4.5r~4.5t

图4.5a

图4.5b

续表

图 4.5c　　　　　图 4.5d

图 4.5e　　　　　图 4.5f

图 4.5g　　　　　图 4.5h

图 4.5i

图 4.5j

图 4.5k

图 4.5l

图 4.5m

图 4.5n

续表

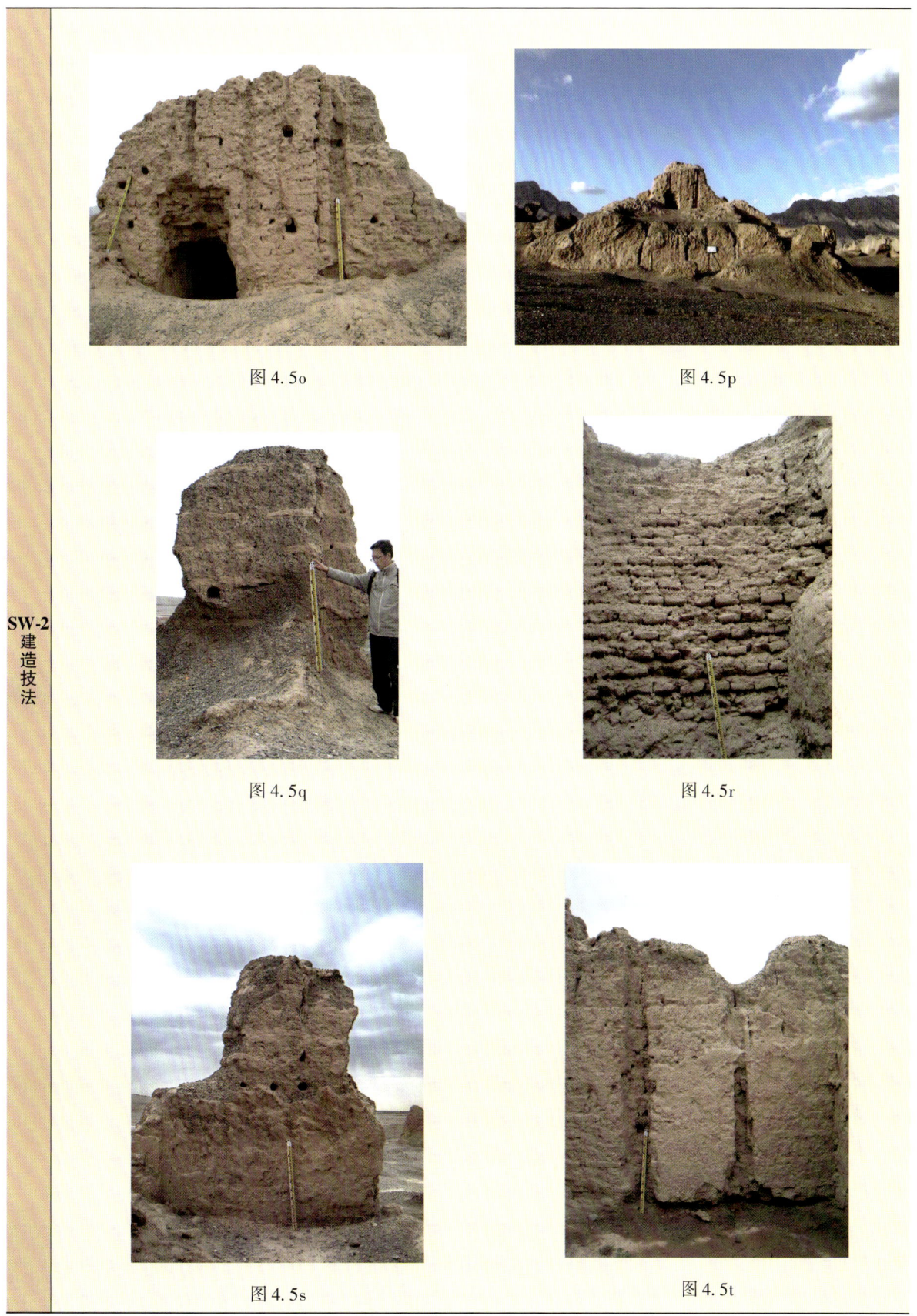

图 4.5o	图 4.5p
图 4.5q	图 4.5r
图 4.5s	图 4.5t

SW-2 建造技法

下面为形制较为清楚的部分墙体情况：

（1）墙体南面由于后期坍塌，其建筑形制清晰可见，其他各面则未显露，仍被泥皮覆盖，土坯与夯土层呈交替互层出现，土坯厚约8cm，夯土层厚约14cm，夯层砂砾含量较高，粗颗粒大小均一，粒径范围5mm~4cm。见图4.6a

（2）楼梯北面建筑形制为土坯与夯层交替，土坯厚约为11cm，夯层后约为14cm，佛塔马面建筑形制全部为土坯加泥垒筑而成，且向下倾斜约30°角。见图4.6b

（3）内部建筑形制为夯土与土坯交替互层出现，夯土厚约0.1m，土坯厚约0.08m，夯土层颗粒较为均一，粗颗粒粒径范围为0.01~0.05m。见图4.6c

（4）内部建筑形制为夯土层与土坯交替互层出现，夯层厚度约为14cm，土坯厚度约为8cm，夯层砂砾石含量较多，粗颗粒较为均一，见图4.6d、图4.6e

图4.6a

图4.6b

图4.6c

图4.6d

图4.6e

续表

下面为形制较为清楚的墙体情况：

（1）建筑形制：某些墙体表面见抹泥层，抹泥层由泥和秸秆组成，墙体由土坯层与砂砾石夯层间隔组成，土坯层厚约9.0cm，砂砾石夯层厚度为20.0cm左右，砂砾石中粒径为3.0cm者居多，约占40%，砂砾石夯层中砂砾石约占30%，磨圆度较好为次圆～圆，级配不良。见图4.7a。

（2）建筑形制：某些墙体表面见抹泥层，抹泥层由泥和秸秆组成，墙体由土坯层与砂砾石夯层间隔组成，土坯层厚约9.0cm，砂砾石夯层厚度为20.0cm左右，砂砾石中粒径为3.0cm者居多，约占40%，砂砾石夯层中砂砾石约占30%，磨圆度较好为次圆～圆，级配不良。见图4.7b。

（3）建筑形制：墙体为土坯和砂砾石夯层间隔组成，砂砾石夯层厚约5.0～10.0cm，土坯层厚约10.0cm。见图4.7c。

（4）建筑形制为夯层和土坯层相间组成，夯层主要为砂砾石，土坯的尺寸为长度40.0cm，宽度20.0cm，高度为9.0cm，夯层厚度为20.0cm左右，部分墙体见木头夹于其中。夯层中砂砾石粒径以4.0cm左右居多。顶部砂砾石中有规则的木头出露。见图4.7d。

图4.7a

图4.7b

图4.7c

图4.7d

(5) 内部建筑形制为纯土夯筑和砂砾土夯筑相间，纯土厚度约为 10～12cm，砂砾土厚度约为 10～20cm。砂砾夯土中大部分砂砾粒径小于 3cm，局部有粒径大于 10cm 的卵石，砂砾含量在 80% 以上。见图 4.7e

(6) 内部建筑形制为土坯垒筑和砂砾土夯层相间。土坯尺寸为 40cm×20cm×10cm；夯层中砂砾含量在 80% 以上。西立面表面残存有部分抹泥层，风化后疏松。见图 4.7f

(7) 内部建筑形制为土坯和砂砾夯土互层。土坯尺寸为 40cm×20cm×10cm；夯层厚度约为 30cm，砂砾含量在 80% 以上。见图 4.7g

(8) 墙面可见明显门洞、踏步及柱痕等原有建筑遗迹。内部建筑形制为土坯于砂砾夯土互层。土坯尺寸为 50cm×40cm×15cm；夯层厚度约为 50cm，其中砂砾含量在 45% 以上。见图 4.7h

图 4.7e

图 4.7f

图 4.7g

图 4.7h

续表

SW-5 建造技法

(1) 建筑形制为夯层和土坯交替互层出现，夯层厚度为15cm，土坯厚度为10cm，夯层中颗粒粒径小于2cm的大约占70%。见图4.8a、图4.8b

(2) 纵券顶洞窟，功能为禅窟。见图4.8c、图4.8d

图4.8a

图4.8b

图4.8c

图4.8d

4.2.2　东寺佛寺遗址建造技法

东寺佛寺历经多年建设而成，不同时期有不同时期的建筑方法，大的建造技法类似，但是随着引进和革新，在细节上仍然较大的区别，因此为更为清楚的说明东寺佛寺建筑的建造技法，按照分区分别介绍，详见表4.2。

表 4.2　东寺佛寺遗址建造技法图文

SE-1 建造技法	大多墙体建筑形制为夯土与土坯互层，夯土厚度 8~14cm，土坯厚度 9cm。夯土可见为砂砾石与黄土混制而成，砂砾石含量较高，且颗粒大小不均一（图 4.9a）。部分墙体建筑形制为土坯砌筑而成，土坯厚约 12cm，夹有砂砾石层；墙体表面覆盖有少许抹泥层，内夹秸秆（图 4.9b）。个别墙体顶部有木栅出露。部分墙体可见抹泥层，为黄土掺加秸秆混制而成（图 4.9c）。部分墙体见有方形孔洞，边长约为 2~3.5cm，个别北墙东侧出露一直径约 3.5cm 的圆截面木桩，与墙面平行（图 4.9d）   　　图 4.9a　　　　　　　　　　　图 4.9b   　　图 4.9c　　　　　　　　　　　图 4.9d
SE-2 建造技法	SE-2 遗址建筑规模较大，保存较为完好。 （1）墙体内部由砂砾石夯土与土坯交替互层所建，夯土厚度 0.26m，土坯厚度 0.08~0.14m，其中，夯土中砂砾石含量达 80%，粒径大于 0.03m 达 50% 以上（图 4.10a） （2）该墙建筑形制未显露，仅墙两侧根部有大量卵石层出露，粒径大于 10cm（图 4.10b） （3）西侧有多处建筑形制出露，如木棍、夹秸秆的土坯等。内部形制主要为夯层与土坯交替互层出现，其中夯土厚度为 11cm，土坯厚度为 10cm，夯土中砂砾石含量达 32%，粒径均一，均小于 3cm（图 4.10c） （4）内部建筑形制各墙段有不同，东墙为厚度 5~12cm 的夯层与尺寸为 40cm×40cm×20cm 的土坯互层，墙面有木头及柱孔遗存；南墙为厚度 17cm 的夯层与尺寸为 40cm×40cm×8cm 的土坯互层，墙面可见柱孔；西墙为厚度 11~13cm 的夯层与尺寸为 40cm×40cm×8cm 的土坯互层，夯土中砂砾含量极少；北墙为厚度 9~22cm 的夯层与尺寸为 40cm×40cm×8cm 和 40cm×20cm×8cm 的土坯互层，墙面有柱孔遗存。见图 4.10d

续表

(5) 内部建筑形制比较健全，为土坯和砂砾夯层互层。土坯尺寸为 40cm×20cm×8cm，夯土厚度为 3～5cm，砂砾含量在 31%～52% 之间。距南立面的洞口平面 40cm 高处出露有一层夹有大粒径卵石的夯层；四方墙体多处有孔洞，疑为原有柱洞。见图 4.10e

(6) 建筑形制明显，多处出露，墙体由土坯和砂砾石夯层组成，土坯厚度为 13.0cm。靠北侧墙体有多处佛龛，清晰可见。见图 4.10f

(7) 土坯和夯层相间组成，土坯尺寸为 40cm×20cm×8cm，夯层厚度在 4～11cm，见原有的佛龛和柱孔。见图 4.10g

(8) 为土坯和夯层间隔组成，土坯的尺寸为 40cm×21cm×10cm，夯层厚度在 4～7cm，见原有柱孔存在，其中部分柱孔贯通。见图 4.10h

(9) 墙体内部建筑形制为夯土与土坯交替互层，夯层厚度约为 31cm，土坯厚度为 11cm，夯土含大量卵砾石，粒径约为 1～3cm 居多，卵砾石含量约占 53% 左右。见图 4.10i

(10) 墙体内部建筑形制为夯土与土坯交替互层，夯层厚度约为 4cm，土坯厚度为 10cm，夯土中的砂砾石粒径约为 1～3cm 居多，含量约占 60% 左右。见图 4.10j

(11) 墙体内部建筑形制为夯土与土坯交替互层，夯层厚度约为 9cm，土坯厚度为 7cm，夯土内砂砾石含量较多，颗粒大小均一，外部可见泥夹秸秆抹泥层残存，且有一小段木栅出露。见图 4.10k

(12) 墙体内部建筑形制为夯土与土坯交替互层，夯层厚度约为 8cm，土坯厚度为 8cm，夯土内砂砾石含量较多，颗粒大小均一，墙体有梁洞遗存。见图 4.10l

(13) 从西墙处可辨内部建筑形制为土坯与夯土交替互层，土坯厚度约为 12cm，夯土厚度约为 11cm。夯土成分为砂砾石，颗粒大小不均一，粒径范围在 6～10cm 之间。墙体外部残存有抹泥层，为黄土和秸秆混制而成。东墙面底部洞周可见木梁出露。见图 4.10m

(14) 内部建筑形制为土坯与夯土互层，夯土成分为砂砾石，砂砾含量较多，粒径范围为 0.005～0.05m。墙与墙连接处可见板状的泥夹秸秆。见图 4.10n

(15) 内部建筑形制为土坯和夯土层，土坯厚度约为 8cm，夯土厚度约为 4～7cm。夯土砂砾石含量较低。西墙东立面有直径 1cm 左右的木棍出露，墙面有明显柱痕；北墙南立面可见贯通柱孔。见图 4.10o

(16) 内部建筑形制为土坯与夯土互层，但各墙有不同。北墙土坯厚度约为 9cm，夯层厚度约为 6cm；东西墙土坯厚度约 8～10cm，夯层厚度 10～12cm；北墙土坯厚度约 11cm，夯层厚度 14～15cm；夯层中砂砾石含量较高，粒径范围在 2～10mm 之间，胶结良好。见图 4.10p

图 4.10a

图 4.10b

续表

图 4.10c

图 4.10d

图 4.10e

图 4.10f

图 4.10g

图 4.10h

SE-2 建造技法

第 4 章
苏巴什佛寺建筑形制及建造工艺

续表

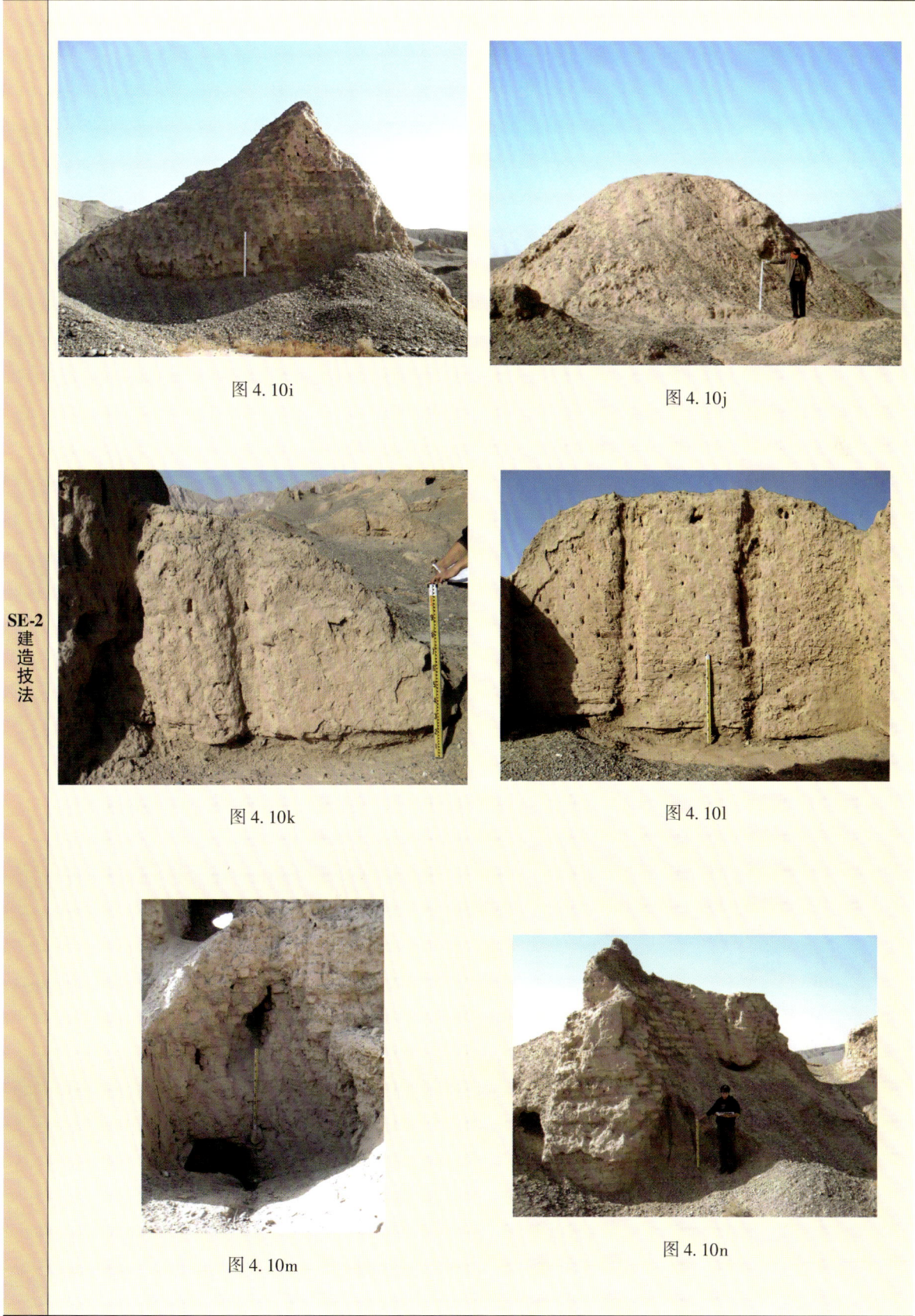

图 4.10i　　　　　图 4.10j

图 4.10k　　　　　图 4.10l

图 4.10m　　　　　图 4.10n

SE-2 建造技法

SE-2 建造技法	  图 4.10o　　　　　　　　　　　　图 4.10p
SE-3 建造技法	（1）该墙建筑形制为砂砾石层与土坯层相间组成，土坯层厚约 10.0cm，砂砾石层厚为 32.1cm 左右。墙体南立面砂砾石层粒径较小，砂砾石含量也相对较少。见图 4.11a （2）砂砾石层与土坯层相间组成，砂砾石层厚在 11.1~22.0cm 之间，砂砾石粒径在 2.0~5.0cm 之间居多。北墙后出露夹秸秆的泥层，同时该墙顶部见一厚约 10.0cm 的泥层。见图 4.11b （3）根据墙体出露，墙体建筑形制如下：该墙由土坯层和砂砾石层间隔组成，土坯层厚 10.0m，砂砾石层厚 21.0m 左右，砂砾石粒径在 3.0~5.0cm 居多，偶尔出露粒径为 10.0m 左右砾石。见图 4.11c （4）墙体的建筑形制为土坯层和砂砾石层间隔组成，土坯层厚约 10.0cm，砂砾石层厚度约为 13.0cm，同时见有泥层与土坯层间隔组成的部分墙体，泥层厚约 6.0cm。见图 4.11d （5）建筑形制：墙体上部为土坯夹砂砾石层，砾石磨圆度较差，为棱角居多，土坯层约 11.0cm，砂砾石层厚约 15.0cm。墙体南立面右下部砂砾石层厚度较大，为 56.0cm。见图 4.11e   图 4.11a　　　　　　　　　　　　图 4.11b   图 4.11c　　　　　　　　　　　　图 4.11d

续表

（1）由出露内墙处可见内部建筑形制为土坯与夯土互层。土坯尺寸为40cm×20cm×9cm，夯土厚度约为6~8cm，夯土中62%粒径小于3cm。见图4.12a

（2）内部建筑形制为土坯与夯土互层。土坯尺寸为40cm×20cm×9cm，夯土厚度约16cm。夯土中砂砾含量大，粒径小于2cm的砂砾含量约占49%。东墙西面可见两条明显柱痕，西墙也有一条柱痕，墙体局部可见有木头出露。见图4.12b

（3）墙体表面的泥皮已尽数剥落，内部建筑形制明显可见为土坯和夯土互层。土坯尺寸为40cm×25cm×10cm，夯土厚度约13~16cm。夯土中粒径小于2cm的砂砾含量约占36%，偶有粒径大于10cm的卵石出露。北墙墙体上可见诸多方形及圆形孔洞和柱孔，部分孔内尚存圆木；梁痕及柱痕亦清晰可辨。见图4.12c

（4）内部建筑形制为土坯与夯土互层。土坯厚度为16cm，夯土厚度为11cm。东墙上可见明显柱痕及梁洞，墙体东面发育有接茬裂隙。见图4.12d

（5）内部建筑形制为土坯与夯土互层。土坯尺寸为40cm×20cm×10cm，夯土厚度约8~16cm。东墙夯层较厚，厚度约为28cm；西墙上可见明显柱痕。见图4.12e

（6）内部建筑形制为土坯与夯土互层。土坯尺寸为40cm×20cm×（7~11）cm，夯土厚度不一，约3~22cm。见图4.12f

图4.12a

图4.12b

图4.12c

图4.12d

续表

图 4.12e　　　　　　　　　　　　　图 4.12f

4.2.3　墓地遗址建造技法

从东寺和西寺的盗墓（图 4.13a～图 4.13d）看，墓地遗址的建造技法为：①开挖墓穴；②在开挖好的墓穴四壁用大直径卵石砌筑，形成规则的方形或圆形；③安放尸体后，首先用颗粒较小的砂砾土回填，然后再用粒径较大的卵砾石覆盖，形成穹隆形状。

图 4.13a　　　　　　　　　　　　　图 4.13b

图 4.13c　　　　　　　　　　　　　图 4.13d

参 考 文 献

［1］ 王炜炜. 由山西佛寺建筑探讨佛寺形制在中国的建立及演变［J］. 安徽建筑, 2008, (5): 11-13.

［2］ 罗微, 乔云飞. 浅谈中国佛寺的营造文化与艺术［J］. 考古与文物, 2003, (1): 62-69.

［3］ 赵文斌. 中国佛寺布局演化浅论［J］. 华中建筑, 1996, 16 (1): 116-118.

［4］ 白化文. 汉化佛教与佛寺［M］. 北京: 北京出版社, 2003.

第5章

苏巴什佛寺遗址岩土特性室内试验及现场原位测试

5.1　岩土特性的取样位置及样品描述

根据试验目的与试验内容，本次样品取自苏巴什佛寺东寺 2 区及西寺 1、2、3、4 区城墙、殿堂、佛塔的不同方位和高度，包括原状土和扰动样共 61 组，其中原状样 28 组，扰动样 33 组。各样品的取样具体位置及样品描述见表 5.1。

表 5.1　新疆苏巴什土样描述

土样编号	取样位置	土样描述	备注
SE-1	东寺 2-1 区 12-N-2 北侧底部塌落处	土坯，土黄色，粉质黏土，结构致密，土质均一，块状，无裂隙发育，风化程度一般	原状样
SE-2	东寺 2-1 区 15-W-5 西侧底部塌落处	夯层，黄褐色含砂砾黏土，砾石粒径最大达 3～4cm，结构较为疏松，裂隙发育，局部有小孔洞	原状样
SE-3	东寺 2-1 区 16-W-1 西侧底部塌落处	抹泥层，黄褐色黏土，夹有大量麦秸秆，局部发育较大孔洞，块状结构，层理发育，风化较为严重	原状样
SE-4	东寺 2-1 区 16-S-1 南侧底部塌落处	土坯，青灰色，粉质黏土，块状结构，夹有少量碎石，结构较为致密，无裂隙，风化一般	原状样
SE-5	东寺 2-2 区 42-W 东侧底部塌落处	土坯，土黄色，粉质黏土，块状，结构较为致密，土质均一，少量裂隙发育，层理较为发育，风化一般	原状样
SE-6	东寺 2-2 区 36 墙东侧底部塌落处	土坯，土黄色，粉质黏土，块状结构，夹有少量碎石，风化一般，密布小孔洞	原状样
SE-7	东寺 2-3 区 58-E-2 东侧底部塌落处	土坯，黄褐色含砂砾层，砾石粒径最大达 1.2～1.5cm，中密，裂隙发育一般，风化一般	原状样
SE-8	东寺 2-3 区 90-N-2 南侧底部塌落处	土坯，黄褐色含砂砾层，砾石粒径最大达 2～3cm，结构致密，无裂隙发育，块状，风化一般	原状样
SE-9	东寺 2-3 区 90-N-2 南侧底部塌落处	土坯，黄褐色含砂砾层，砾石粒径最大达 9～10mm，结构较为疏松，裂隙发育，块状，局部有小孔洞	原状样
SE-10	东寺 2-3 区 90-N-2 南侧底部塌落处	抹泥层，灰白色黏土，结构破碎，风化严重，含有植物根系，麦秸秆等有机质	原状样
SE-11	东寺 2-2 区 36 墙东侧底部塌落处	夯层，黄褐色含砂砾层，砾石粒径最大达 8～9mm，结构较为疏松，裂隙发育，密布小孔洞，风化较为严重	原状样
SW-1	西寺 2-2 区 A-W-2 西侧地面以下 60cm 处	夯层，青灰色含砂砾层，砾石粒径最大达 1cm，结构破碎，风化严重	原状样
SW-2	西寺 2-2 区 W-1 东侧地面以下 20cm 处	夯层，黄褐色黏土，结构破碎，风化严重，疏松，富含砾砂，土质不均匀	原状样
SW-3	西寺 2-2 区 D-E-3 东侧底部塌落处	土坯，青色砂砾层与黄褐色黏土层互层，分层不明显，结构致密，无裂隙发育，块状结构	原状样

续表

土样编号	取样位置	土样描述	备注
SW-4	西寺 2-2 区 D-E-3 东侧底部塌落处	夯层，青色砂砾层与黄褐色黏土层互层，层与层之间分界不明显，砂层较为松散，中粗砂，黏土层厚度不一，结构较为致密，无裂隙发育，块状结构	原状样
SW-5-1	西寺 2-2 区 T-S 东顶部	土坯风化层，土黄色粉质黏土，土质均一，结构松散	扰动样
SW-5-2	西寺 2-2 区 T-S 东中部	土坯风化层，土黄色粉质黏土，土质均一，结构松散	扰动样
SW-5-3	西寺 2-2 区 T-S 东底部	土坯风化层，土黄色粉质黏土，土质均一，结构松散	扰动样
SW-6	西寺 2-2 区 N-2-S-9 南侧底部塌落处	夯层，青灰色含砂砾黏土，局部含钙质结核，结构破碎，较为疏松，裂隙发育，含砂量较多，风化严重	原状样
SW-7	西寺 2-3 区 17-2 西侧底部塌落处	夯层，青色砂砾层与黄褐色黏土层互层，砾石粒径最大达 8～9mm，黏土层厚度不一，结构较为致密，裂隙发育程度一般，块状结构	原状样
SW-8-1	西寺 2-3 区 17-2 南顶部	土坯风化层，黄褐色粉质黏土，含砂砾，结构松散	扰动样
SW-8-2	西寺 2-3 区 17-2 南中部	土坯风化层，黄褐色粉质黏土，含砂砾，结构松散	扰动样
SW-8-3	西寺 2-3 区 17-2 南底部	土坯风化层，黄褐色粉质黏土，含砂砾，结构松散	扰动样
SW-9	西寺 4-1 区 5-N-1 北侧底部塌落处	夯层，黄褐色含砂砾层，砾石最大粒径达 1.5cm，结构较为疏松，裂隙发育，局部有小孔隙，风化程度一般	原状样
SW-10	西寺 4-1 区 7-S-4 东南侧底部塌落处	抹泥层，土黄色粉质黏土，夹有大量麦秸秆，局部发育较大孔洞，结构致密，块状，层理发育，风化较严重	原状样
SW-11-1	西寺 4-1 区 7-S-4 东顶部	土坯风化层，土黄色粉质黏土，含少量小砂砾，结构松散	扰动样
SW-11-2	西寺 4-1 区 7-S-4 东中部	土坯风化层，土黄色粉质黏土，含少量小砂砾，结构松散	扰动样
SW-11-3	西寺 4-1 区 7-S-4 东底部	土坯风化层，土黄色粉质黏土，含少量小砂砾，结构松散	扰动样
SW-12	西寺 4-2 区 15-W-1-W 西南角底部塌落处	夯层，黄褐色含砂砾层，砾石最大粒径达 2cm，结构较为疏松，裂隙发育，局部有孔隙，风化程度一般	原状样
SW-13	西寺 4-2 区 15-W-1-W 西北角底部塌落处	抹泥层，土黄色粉质黏土，中间夹有大量麦秸秆，结构疏松，裂隙发育，风化较严重	原状样
SW-14-1	西寺 4-2 区 15-W-1-W 中间顶部	土坯风化层，土黄色粉质黏土，土质均一，结构松散	扰动样
SW-14-2	西寺 4-2 区 15-W-1-W 中间中部	土坯风化层，土黄色粉质黏土，土质均一，结构松散	扰动样
SW-14-3	西寺 4-2 区 15-W-1-W 中间底部	土坯风化层，土黄色粉质黏土，土质均一，结构松散	扰动样
SW-15	西寺 4-3 区 12-W-E 东侧底部塌落处	抹泥层，黄褐色含砂砾层，中间夹有大量麦秸秆和杂草，结构较为疏松，裂隙发育，局部有小孔隙，风化程度一般	原状样
SW-16-1	西寺 4-3 区 12-W-E 北顶部	抹泥层风化层，黄褐色，含砂砾，中间夹有麦秸秆和杂草，结构松散	扰动样
SW-16-2	西寺 4-3 区 12-W-E 北中部	抹泥层风化层，黄褐色，含砂砾，中间夹有麦秸秆和杂草，结构松散	扰动样

续表

土样编号	取样位置	土样描述	备注
SW-16-3	西寺4-3区12-W-E北底部	抹泥层风化层，黄褐色，含砂砾，中间夹有麦秸秆和杂草，结构松散	扰动样
SW-17-1	西寺2-1区8-W中间顶部	土坯风化层，土黄色粉质黏土，土质均一，结构松散	扰动样
SW-17-2	西寺2-1区8-W中间中部	土坯风化层，土黄色粉质黏土，土质均一，结构松散	扰动样
SW-17-3	西寺2-1区8-W中间底部	土坯风化层，土黄色粉质黏土，土质均一，结构松散	扰动样
SW-18	西寺4-4区10-N南侧底部塌落处	土坯，黄褐色粉质黏土，局部有裂隙发育，结构致密，块状，含少量砂石，风化程度一般	原状样
SW-19	西寺4-4区10-N南侧底部塌落处	夯层，黄褐色含砂砾层，砾石最大粒径达2cm，结构较为疏松，局部有小孔隙，风化程度一般	原状样
SW-20-1	西寺4-4区10-N东顶部	土坯风化层，黄褐色，含砂砾，结构松散	扰动样
SW-20-2	西寺4-4区10-N东中部	土坯风化层，黄褐色，含砂砾，结构松散	扰动样
SW-20-3	西寺4-4区10-N东底部	土坯风化层，黄褐色，含砂砾，结构松散	扰动样
SW-22-1	西寺3-5区8-1-N-N东顶部	土坯风化层，青灰色黏土，含砂砾，结构松散	扰动样
SW-22-2	西寺3-5区8-1-N-N东中部	土坯风化层，青灰色黏土，含砂砾，结构松散	扰动样
SW-22-3	西寺3-5区8-1-N-N东底部	土坯风化层，青灰色黏土，含砂砾，结构松散	扰动样
SW-23	西寺3-5区4-W-E-1东侧底部塌落处	土坯，黄褐色黏土层与青色砂层互层，层与层之间分界不明显，砂层较为松散，中粗砂，黏土层厚度不一，结构较为致密，无裂隙发育，块状结构	原状样
SW-24-1	西寺3-5区4-W-E-1中间顶部	土坯风化层，土黄色黏土，含中粗砂，结构松散	扰动样
SW-24-2	西寺3-5区4-W-E-1中间中部	土坯风化层，土黄色黏土，含中粗砂，结构松散	扰动样
SW-24-3	西寺3-5区4-W-E-1中间底部	土坯风化层，土黄色黏土，含中粗砂，结构松散	扰动样
SW-25	西寺3-3区3-7东侧地表塌落处	土坯，黄褐色粉质黏土，局部发育较大孔洞，结构致密，块状，风化程度一般	原状样
SW-26	西寺3-3区3-7-W东侧塌落处	抹泥层，黄褐色黏土，中间夹有大量麦秸秆，结构疏松，层理发育，块状结构，局部有小孔隙，风化严重	原状样
SW-27-1	西寺3-3区3-E-1南顶部	土坯风化层，土黄色粉土，夹有大块砾石，结构松散	扰动样
SW-27-2	西寺3-3区3-E-1南中部	土坯风化层，土黄色粉土，夹有大块砾石，结构松散	扰动样
SW-27-3	西寺3-3区3-E-1南底部	土坯风化层，土黄色粉土，夹有大块砾石，结构松散	扰动样
SW-28-1	西寺1区20-NW-2东顶部	土坯风化层，土黄色粉质黏土，夹有少量小砂砾，结构松散	扰动样
SW-28-2	西寺1区20-NW-2东中部	土坯风化层，土黄色粉质黏土，夹有少量小砂砾，结构松散	扰动样
SW-28-3	西寺1区20-NW-2东底部	土坯风化层，土黄色粉质黏土，夹有少量小砂砾，结构松散	扰动样
SW-30	西寺2-3区17-2西侧底部塌落处	土坯，黄褐色粉质黏土，局部发育较大孔洞，结构致密，块状，层理发育，风化严重	原状样

5.2 试验方案

为了给抢险加固设计提供可靠的参数，以及掌握遗址各种病害与土体的力学性能、易溶盐的迁移和含量变化之间的规律，针对不同方位、高度的易溶盐样品开展了不同的试验项目，具体情况见表 5.2。

表 5.2 试验布置方案

样品编号	颗分	液塑限	声波	抗拉	抗压	剪切	崩解	含水量	天然密度	比重	易溶盐
SE-1	■	■	■	■	■	■	■	■	■	■	■
SE-2	■	■	■				■	■	■	■	■
SE-3	■	■	■				■	■	■	■	■
SE-4	■	■	■				■	■	■	■	■
SE-5						■	■	■	■	■	■
SE-6	■	■	■	■	■		■	■	■	■	■
SE-7	■							■		■	
SE-8	■	■	■				■	■	■	■	■
SE-9	■	■	■				■	■	■	■	■
SE-10	■						■	■	■	■	■
SE-11	■	■	■				■	■	■	■	■
SW-1								■			
SW-2								■			■
SW-3	■	■	■	■	■		■	■	■	■	■
SW-4	■	■	■				■	■	■	■	■
SW-5-1											■
SW-5-2											■
SW-5-3											■
SW-6	■	■					■	■	■	■	■
SW-7	■	■	■	■	■		■	■	■	■	■
SW-8-1											■
SW-8-2											■
SW-8-3											■
SW-9	■	■	■				■	■	■	■	
SW-10	■						■	■	■	■	
SW-11-1											■
SW-11-2											■
SW-11-3											■

续表

样品编号	颗分	液塑限	声波	抗拉	抗压	剪切	崩解	含水量	天然密度	比重	易溶盐
SW-12	■	■	■	■	■		■	■	■	■	
SW-13	■						■	■	■	■	■
SW-14-1											■
SW-14-2											■
SW-14-3											■
SW-15	■						■	■	■	■	
SW-16-1											■
SW-16-2											■
SW-16-3											■
SW-17-1											■
SW-17-2											■
SW-17-3											■
SW-18	■	■	■	■	■	■	■	■	■	■	
SW-19	■	■	■				■	■	■	■	
SW-20-1											■
SW-20-2											■
SW-20-3											■
SW-22-1											■
SW-22-2											■
SW-22-3											■
SW-23	■	■	■	■	■	■	■	■	■	■	
SW-24-1											■
SW-24-2											■
SW-24-3											■
SW-25	■	■	■	■	■	■	■	■	■	■	
SW-26	■							■	■	■	
SW-27-1											■
SW-27-2											■
SW-27-3											■
SW-28-1											■
SW-28-2											■
SW-28-3											■
SW-30	■	■	■				■	■	■	■	■

5.3 试样制备

试样的制备可分为原状土的试样制备和扰动土的试样制备。对于原状土的试样制备主要包括土样的开启、描述、切取等程序;而扰动土的制备程序则主要包括风干、碾散、过筛、分样和贮存等预备程序,这些程序步骤的正确与否,都会直接影响到试验成果的可靠性,因此,试样的制备是土工试验工作的首要质量要素。本次试验样品制备的具体要求如下:

① 含水量试验:土样开启后立即称取代表性土样15~30g,装入铝盒。取两个试样进行平行测定。

② 天然密度试验:从原状土样中切取体积不小于30cm³的代表性试样,清除表面浮土与尖锐棱角,系上细线待测。

③ 声波试验:将原装土样的平行层面和垂直层面削平整,且使之互相平行,量取距离待测。

④ 直接剪切试验:根据试验要求确定环刀尺寸,并在环刀内壁涂一薄层凡士林,然后刃口向下放在原装土样上,将环刀垂直下压,同时用切土刀沿环刀外侧切削土样,边压边削直至土样高出环刀,制样时不得扰动土样。

⑤ 抗压抗拉强度试验:将原状土样用切土刀、钢锯、游标卡尺等工具切割成立方体或长方体,用纱布打磨使其表面光滑平整。风干待测。

⑥ 崩解试验:从原状土样中切取质量不小于30g的代表性试样待测。

⑦ 颗粒分析试验:粗颗分试验称取代表性风干试样200g采用筛析法测试,细颗分试验称取0.075mm筛下的代表性土样30g采用比重计法测试。

⑧ 土粒密度试验:将土样烘干后过5mm筛子,称取约15g装入比重瓶待测。

⑨ 界限含水率试验:将风干土样过0.5mm筛子,称取代表性土样200g,放在橡皮板上用纯水调成膏状,放入保湿器中静置24小时。

⑩ 易溶盐试验:称取代表性风干土样200g待测。

5.4 试验结果与分析

5.4.1 土的基本物理性质

(1) 土的含水率试验、密度试验

为了查明夯土、土坯、抹泥层和土坯之间夹泥的基本物理性质,开展了含水量测试、密度试验,并以此求得土的干密度和孔隙率。含水量试验采用烘干法,密度试验分为天然密度试验和土粒密度试验,天然密度试验采用蜡封法,土粒密度试验则采用比重瓶法。所得测试结果如表5.3、表5.4、图5.1。

表5.3 东寺含水量试验、密度试验结果

土样编号	含水量%	天然密度 g/cm³	颗粒密度 g/cm³	干密度 g/cm³	孔隙率%
SE-1	2.0	1.62	2.75	1.59	42.12
SE-2	1.6	1.63	2.75	1.6	41.75
SE-3	1.7	1.14	2.71	1.13	58.48
SE-4	1.2	1.60	2.74	1.58	42.38
SE-5	1.0	1.65	2.73	1.63	40.21
SE-6	1.3	1.57	2.72	1.55	42.9
SE-7	1.2		2.75		
SE-8	1.3	1.55	2.75	1.53	44.21
SE-9	1.0	1.55	2.71	1.54	43.32
SE-10	0.9	1.36	2.75	1.35	50.94
SE-11	0.7	1.92	2.72	1.91	29.89

表5.4 西寺含水量试验、密度试验结果

土样编号	含水量%	天然密度 g/cm³	颗粒密度 g/cm³	干密度 g/cm³	孔隙率%
SW-1	1.4				
SW-2	4.9				
SW-3	1.1	1.78	2.70	1.76	34.78
SW-4	1.4	1.75	2.73	1.73	36.76
SW-6	1.6	2.16	2.71	2.12	21.77
SW-7	1.6	1.83	2.70	1.80	33.34
SW-9	1.6	1.74	2.75	1.71	37.89
SW-10	1.5	1.45	2.72	1.43	47.60
SW-12	2.4	1.43	2.73	1.39	49.00
SW-13	1.6	1.25	2.75	1.23	55.30
SW-15	3.3	1.33	2.73	1.29	52.75
SW-18	1.2	1.59	2.70	1.57	41.68
SW-19	2.5	1.79	2.74	1.74	36.37
SW-23	1.3	1.74	2.72	1.72	36.78
SW-25	1.2	1.63	2.72	1.61	40.90
SW-26	1.3	1.48	2.72	1.46	46.37
SW-30	1.5	1.73	2.73	1.70	37.62

试验结果表明：由于苏巴什遗址所在区域气候干旱，蒸发量大于降雨量，土体含水量都不大，东寺主要在0.7%～2.0%之间，而西寺的分布范围相对较大，在1.1%～4.9%之间。其分布具有一定的规律，在水平方向上，东寺外墙土体含水量大于内墙，北墙、西墙土体含水量大

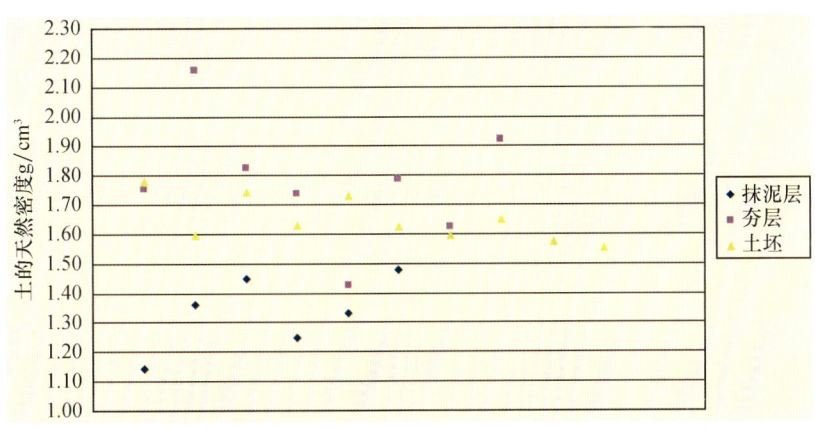

图 5.1　苏巴什佛寺土的天然密度

于东墙和南墙。西寺存在较多的积水区，靠近积水区的土样含水量有较明显的增大，夯层的含水量普遍大于土坯，这与夯层结构较为疏松且表面有较大的空隙率，而土坯结构较为致密，表面孔洞较少夯层较土坯更易吸收水分这一理论分析相吻合。

由于抹泥层中间夹有大量的麦秸秆且结构较为疏松，孔隙率在三者中最大，一般高于50%，密度小于 1.5g/cm³；土坯一般都有土颗粒组成，结构较为致密，密度一般在 1.55～1.65 之间（个别稍大）；夯层虽有较大的空隙，但含有大量的砂砾，由于土质的不均匀性，密度变化较大，但基本都不小于 1.7g/cm³。抹泥层、土坯、夯层土的密度依次增大。

（2）土的颗粒分析试验

土的颗粒大小和各种粒组所占的比例与土的物理力学性质有着一定关系。根据土的颗粒组成进行土的分类，进而可以判定土的透水性、可塑性、收缩性、膨胀性等物理力学性质，从而指导工程实践，如文物加固时 PS 喷洒的吸收性等等。本次颗粒分析试验中的粗颗分采用筛析法，筛子孔径分别为 10mm、5mm、2mm、1mm、0.5mm、0.25mm、0.1mm、0.075mm，研究区土体中的夯层，由于含有大粒径的砂砾，故试验取样质量为 400g，其他的试样粒径一般都小于 10mm，故试验取样质量为 200g。细颗分采用比重计法，所用比重计为甲种标准比重计。试验结果如表 5.5、表 5.6 及图 5.2 所示：

表 5.5　颗粒（粗）分析试验结果

土样编号	小于某粒径土的累积百分含量%									初步定名
	10	5	2	1	0.5	0.25	0.1	0.075	0.005	
SE-1		100	99.91	99.88	99.76	98.65	98.37	97.31	5.66	粉土
SE-2	97.97	96.25	94.96	94.65	93.78	92.63	91.14	89.24	13.63	粉质轻亚黏土
SE-3	100	98.21	96.67	96.23	94.5	93.8	92.17	91.71	17.11	粉质中亚黏土
SE-4	100	99.61	99.24	99.14	98.73	98.25	97.74	97.31	38.53	粉质轻黏土
SE-5	99.13	99.05	99.05	99.03	98.89	98.2	95.96	93.14	27.91	粉质重亚黏土
SE-6	97.12	96.91	96.29	96.15	95.7	94.94	92.92	90.24	35.99	粉质轻黏土
SE-7	74.57	65.9	57.29	55.14	48.6	42.23	39.34	35.37	3.66	粉土质砂
SE-8	100	96.52	94.16	93.5	91.88	90.4	89.88	89.22	44.09	粉质轻黏土

续表

土样编号	小于某粒径土的累积百分含量%									初步定名
	10	5	2	1	0.5	0.25	0.1	0.075	0.005	
SE-9	96.74	93.49	90.84	89.96	88.39	85.63	84.29	82.62	26.73	粉质重亚黏土
SE-10	100	99.8	99.7	99.63	99.19	98.76	98.4	98.39	29.5	粉质重亚黏土
SE-11	86.34	75.52	64.41	61.39	55.21	47.33	43.09	40.01	1.71	粉土质砂
SW-3	71.93	62.49	54.69	52.79	48.00	43.46	41.71	39.82	13.57	亚黏土质砂
SW-4	86.15	75.97	66.56	63.81	59.21	54.98	52.69	50.61	15.81	含砾中亚黏土
SW-6	80.97	67.43	54.94	51.52	46.15	42.01	39.09	36.32	1.61	粉土质砂
SW-7	85.73	68.97	52.54	48.54	40.88	34.82	31.23	29.00	2.60	粉土质砂
SW-9	88.34	78.85	69.96	67.88	62.54	57.03	52.45	45.81	2.09	粉土质砂
SW-10	97.31	91.30	86.51	85.71	83.68	81.49	80.57	79.63	21.18	粉质重亚黏土
SW-12	98.68	95.93	93.68	93.09	91.51	90.26	88.91	86.87	4.01	粉土
SW-13	100.00	99.35	98.36	98.19	97.38	97.06	96.39	95.44	5.25	粉土
SW-15	100.00	98.78	96.22	95.56	92.60	88.87	85.68	77.82	9.79	粉质亚砂土
SW-18		100.00	99.89	99.84	99.59	98.65	97.23	93.96	25.72	粉质重亚黏土
SW-19	86.67	71.47	55.61	51.79	42.90	38.48	36.06	34.23	2.95	粉土质砂
SW-23	100.00	98.89	98.22	98.01	97.58	95.65	88.59	83.17	28.16	粉质重亚黏土
SW-25		100.00	99.94	99.89	99.69	98.55	95.18	89.36	24.90	粉质重亚黏土
SW-26	100.00	99.27	97.86	96.74	94.95	92.95	91.55	88.97	30.86	粉质轻黏土
SW-30		100.00	99.94	99.89	99.69	98.55	95.18	89.36	4.07	粉土

表5.6 级配结果

土样编号	d60	d30	d10	Cu	Cc	级配
SE-1	0.0331	0.0259	0.0208	1.59	0.97	不良
SE-2	0.0224	0.0114	0.0034	6.59	1.71	良好
SE-3	0.0139	0.007	0.0031	4.48	1.14	不良
SE-4	0.011	0.0034	0.00094	11.70	1.12	良好
SE-5	0.0217	0.0055	0.001	21.70	1.39	良好
SE-6	0.0157	0.0047	0.00099	15.86	1.42	良好
SE-7	2.6719	0.0412	0.0094	284.24	0.07	不良
SE-8	0.0087	0.0028	0.001	8.70	0.90	不良
SE-9	0.0187	0.0057	0.0015	12.47	1.16	良好
SE-10	0.014	0.0051	0.0011	12.73	1.69	良好
SE-11	0.853	0.0383	0.0256	33.32	0.07	不良
SW-3	3.7513	0.0245	0.0031	1210.10	0.05	不良
SW-4	0.5646	0.0147	0.0025	225.84	0.15	不良
SW-6	2.9085	0.0445	0.0227	128.13	0.03	不良
SW-7	3.0379	0.0854	0.0287	105.85	0.08	不良

续表

土样编号	d60	d30	d10	Cu	Cc	级配
SW-9	0.3619	0.0381	0.026	13.92	0.15	不良
SW-10	0.0242	0.0082	0.0015	16.13	1.85	良好
SW-12	0.0372	0.0283	0.0235	1.58	0.92	不良
SW-13	0.0223	0.013	0.0091	2.45	0.83	不良
SW-15	0.0255	0.0127	0.0054	4.72	1.17	不良
SW-18	0.0164	0.006	0.0016	10.25	1.37	良好
SW-19	2.5757	0.0397	0.0239	107.77	0.03	不良
SW-23	0.0275	0.0056	0.0015	18.33	0.76	不良
SW-25	0.0198	0.0063	0.0018	11.00	1.11	良好
SW-26	0.0157	0.0048	0.0015	10.47	0.98	不良
SW-30	0.0344	0.0261	0.0156	2.21	1.27	不良

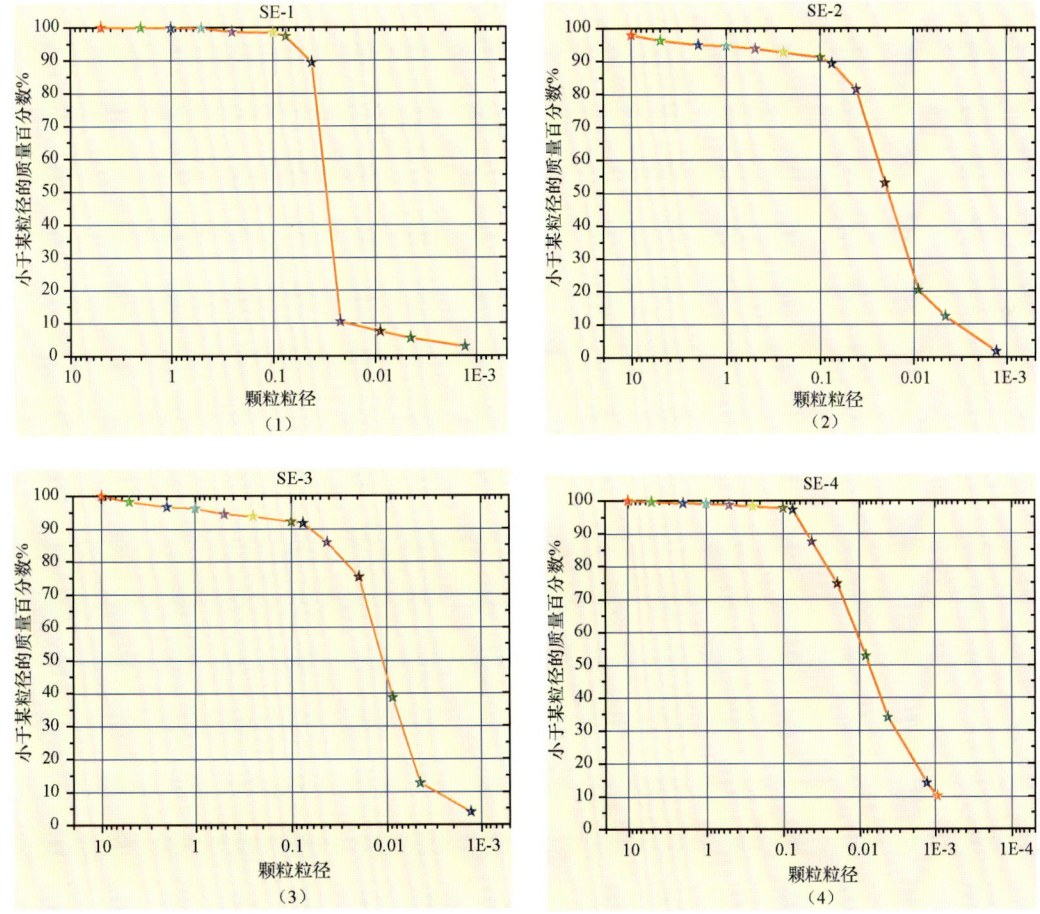

图 5.2　苏巴什佛寺遗址土样颗粒分析曲线（1）～（26）

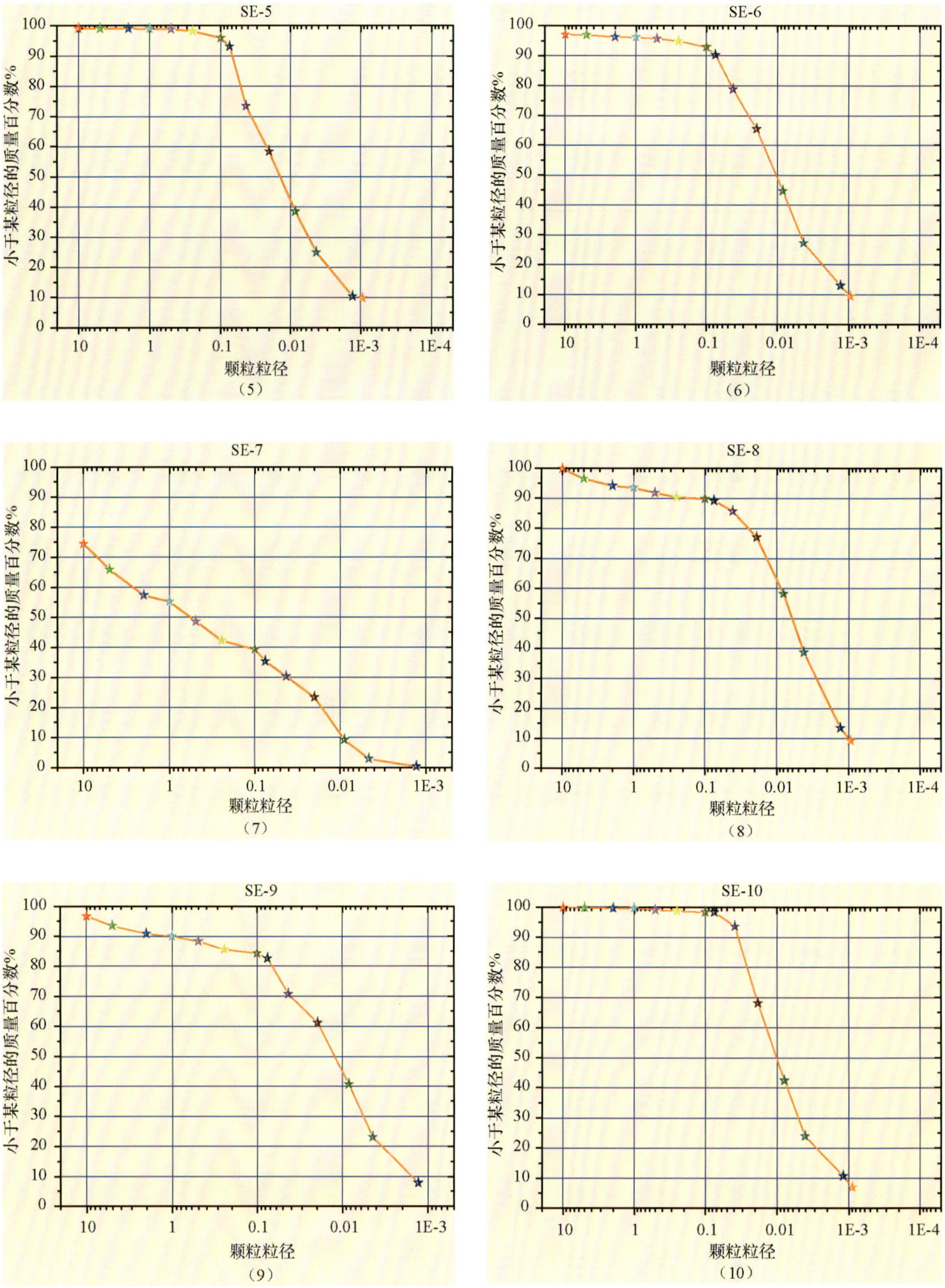

图 5.2 苏巴什佛寺遗址土样颗粒分析曲线（1）~（26）（续）

第 5 章
苏巴什佛寺遗址岩土特性室内试验及现场原位测试

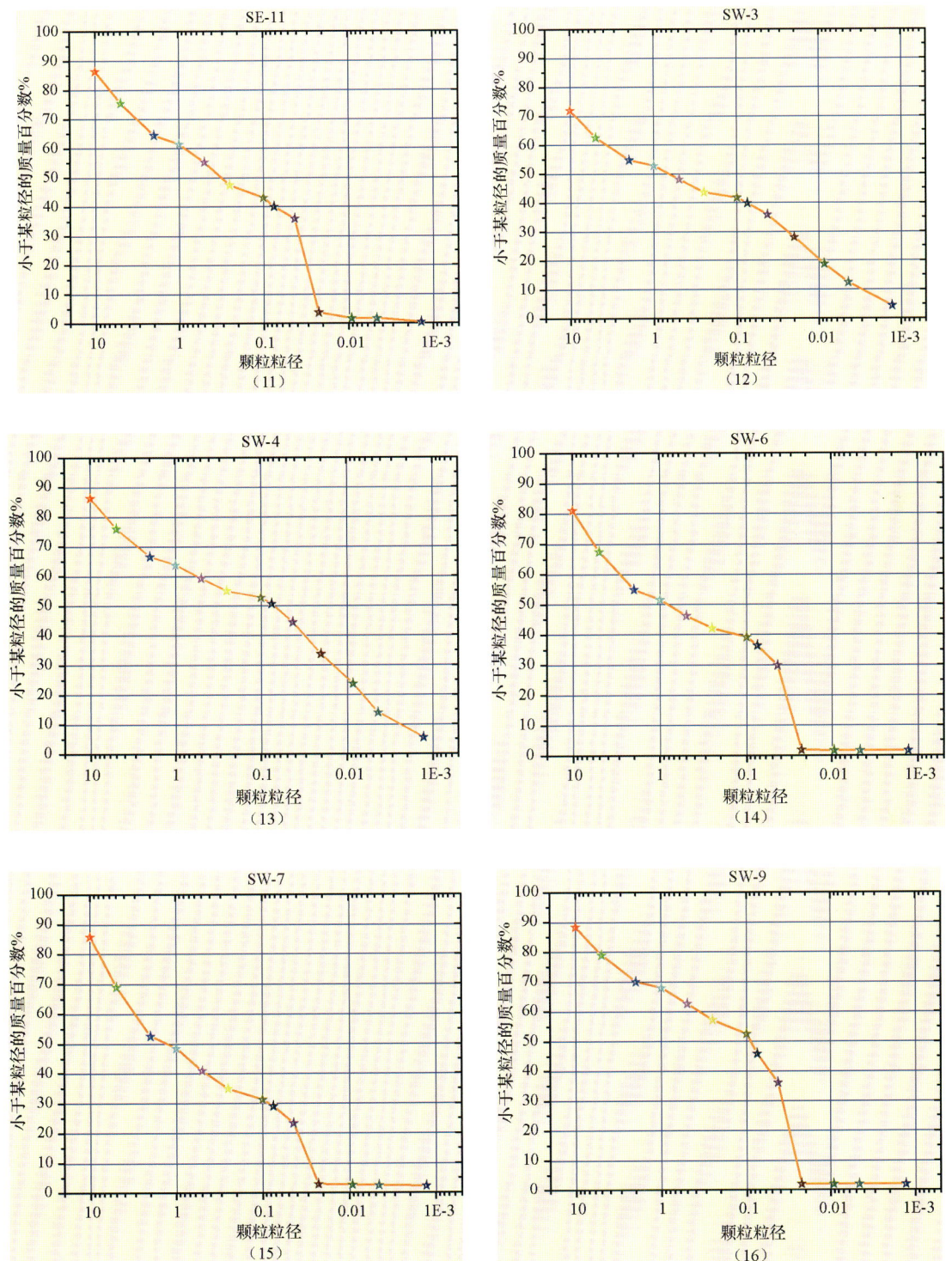

图 5.2 苏巴什佛寺遗址土样颗粒分析曲线（1）~（26）（续）

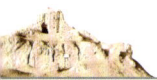

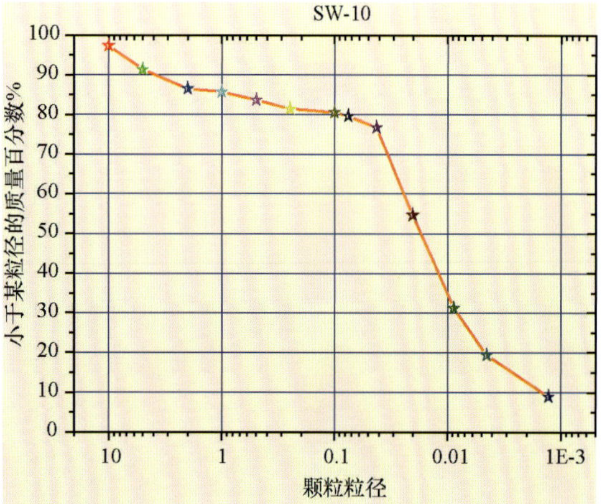

（17）

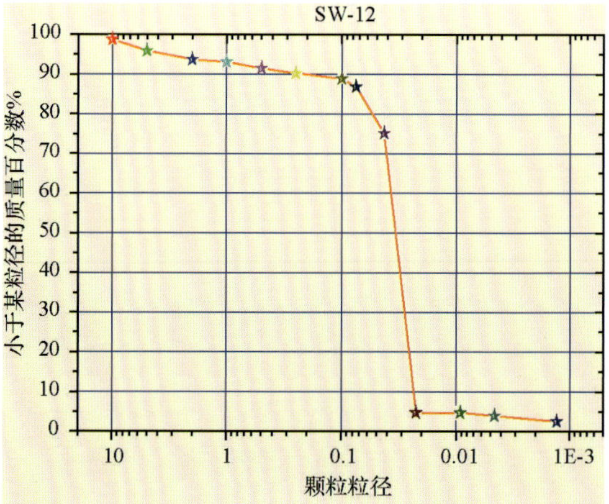

（18）

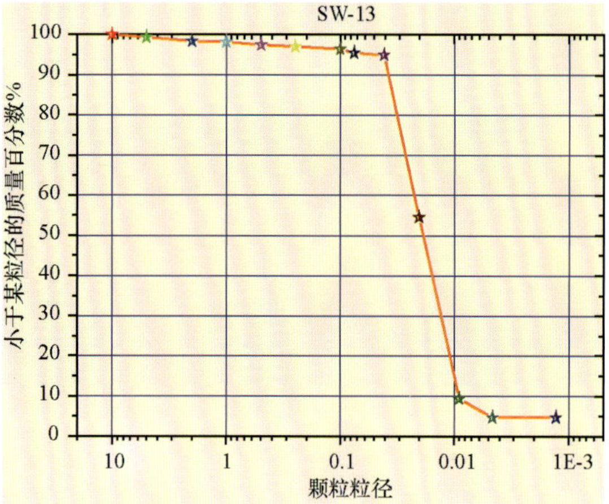

（19）

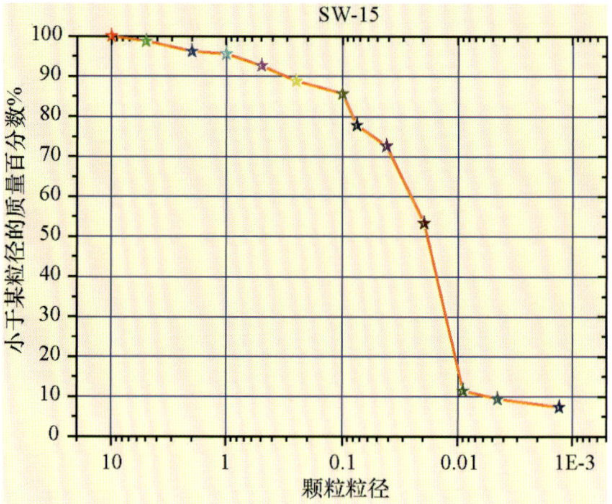

（20）

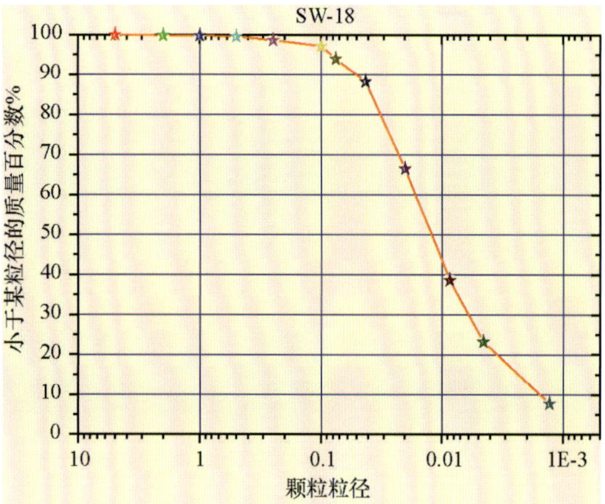

（21）

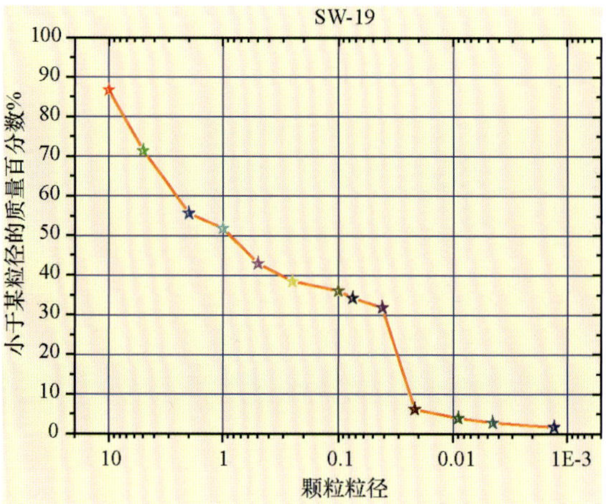

（22）

图 5.2 苏巴什佛寺遗址土样颗粒分析曲线（1）～（26）（续）

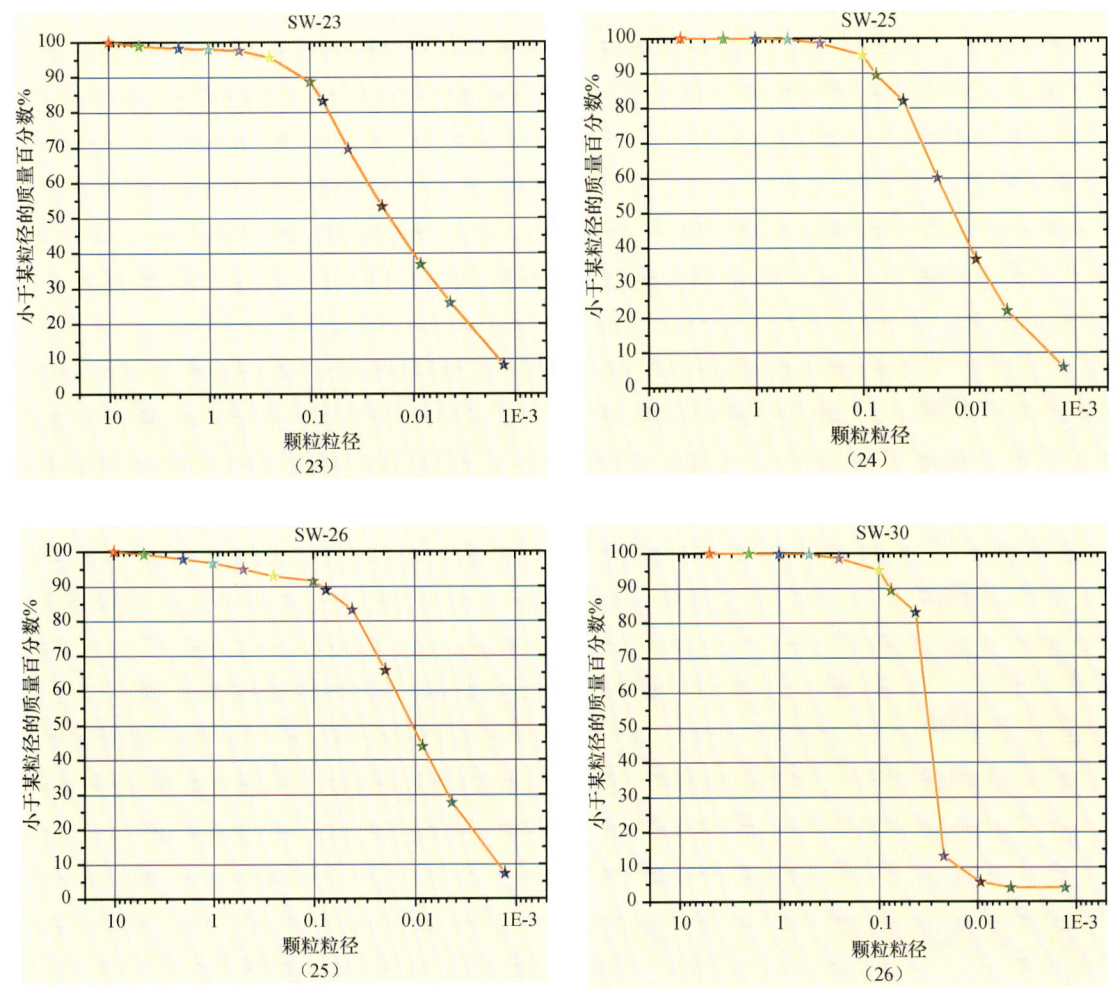

图 5.2 苏巴什佛寺遗址土样颗粒分析曲线（1）~（26）（续）

试验结果表明：由于苏巴什佛寺受雨水和风蚀的影响较大，土体遭到的破坏较为严重，故实验数据所呈现的规律性不强，但可以看出土坯和抹泥层的颗分曲线 0.075~0.005mm 段都比较陡，说明土体颗粒以粉粒为主，东寺土坯的粘粒含量比西寺要高，这是由于西寺所处的地理位置较低，受雨水汇集冲刷更为严重所致；夯层和土坯间夹泥的颗分曲线整体较缓和，说明土体粒度分布范围较大，土粒不均匀[1]。

土的粒度成分对土体强度的影响也是很大的，其影响主要是通过不均匀系数（C_u）和曲率系数（C_c）来反映。当 $C_u \geq 5$，$C_c = 1~3$ 时，为良好级配的土，即均粒土，表明土的各粒组的含量相差无几，大小颗粒混杂，孔隙比较小，抗破坏能力强。当不能同时满足上述两条件，则为不良级配的土。通过计算分析，苏巴什佛寺的大部分土体为级配不良土，东寺土体的级配较西寺要好些。

5.4.2 土的水理性质

（1）土的界限含水率试验

本试验采用锥式液限仪来测定液限与塑限，所得出的结果如表 5.7 所示：

表5.7 苏巴什佛寺遗址土体界限含水率试验结果

土样编号	塑限 W_p（%）	液限 W_L（%）	塑性指数	土样编号	塑限 W_p（%）	液限 W_L（%）	塑性指数
SE-1	16.60	31.47	14.87	SW-4	12.09	20.28	8.2
SE-2	17.67	31.27	13.61	SW-6	13.28	21.14	7.87
SE-3	20.31	34.41	14.10	SW-7	15.65	24.57	8.92
SE-4	18.64	30.33	11.70	SW-9	14.04	22.21	8.17
SE-5	15.95	25.95	10.00	SW-12	15.4	27.02	11.63
SE-6	16.25	28.17	11.93	SW-18	17.04	29.74	12.7
SE-8	16.27	28.76	12.49	SW-19	15.89	24.15	8.27
SE-9	19.47	30.07	10.60	SW-23	15.55	23.62	8.07
SE-11	14.48	22.80	8.32	SW-25	15.99	26.52	10.53
SW-3	15.69	25.46	9.77	SW-30	15.46	29.26	13.81

试验表明：东寺样品除SE-11外塑性指数均在10～15之间，属于粉土黏土，SE-11属粉土；西寺样品除SW-12、SW-25、SW-30外塑性指数均在8～10之间，属于粉土，SW-12、SW-25、SW-30属粉质黏土。由此可知：东寺土体含黏粒较多，可塑性较好，为中塑性土；西寺土体含粉粒较多，可塑性较差，为低塑性土。

（2）土的崩解试验

本试验从各组样品中选取两组平行土块，质量约30g左右，分别放在水中铁丝网上进行崩解，并对崩解过程进行监测描述，最后求出各个试样的平均崩解速度。实验结果如表5.8所示：

表5.8 苏巴什佛寺土体崩解试验结果

土样编号	土的质量（g）	崩解现象	崩解速度（g/min）	平均速度（g/min）
SE-1-1	24.03	0″开始冒泡，21″四周掉角，层状剥落，1′30″崩解加速，土块持续从四周崩落，3′58″倒塌，5′18″大块剥落，8′53″裂开，结构破坏，9′50″崩解结束，完全崩解	2.44	2.41
SE-1-2	33.58	0″冒泡，32″四周及底部呈絮凝状脱落，1′12″小块掉，2′15″四周出现裂纹，4′00″局部倒塌，8′40″崩解加速进行，9′53″从中间裂开，再次倒塌，13′05″结构破坏，裂成几块，14′10″崩解结束，完全崩解	2.37	

续表

土样编号	土的质量（g）	崩解现象	崩解速度（g/min）	平均速度（g/min）
SE-2-1	31.69	0″开始冒泡，30″四周层状剥落，1′35″崩解缓慢进行，4′50″开始掉角，剥落加快，8′06″掉块，9′28″大块掉落，16′03″大面积倒塌，19′00″崩解结束，完全崩解	1.67	1.88
SE-2-2	39	0″冒泡，40″四周呈层状剥落，1′06″四周迅速呈絮凝状剥落，1′48″小块掉角，7′10″掉块，12′00″中间出现裂缝以及局部倒塌，18′40″崩解结束，完全崩解	2.09	
SE-3-1	15.42	无崩解现象		
SE-3-2	12.04	无崩解现象		
SE-4-1	12.33	0″小气泡急剧上冒，4″四周絮状剥落，38″四周掉角，层状剥落，2′07″局部倒塌，3′25″大面积崩塌，3′45″滚动，4′15″开裂，崩解加速，4′56″再次滚动，6′51″崩解结束，完全崩解	1.80	1.87
SE-4-2	11.24	0″小气泡急剧上冒，3″四周及底部絮状剥落，45″掉角，57″顶面、四周出现裂纹，局部倒塌1′37″裂纹增多，大块剥落，2′14″滚动，再次倒塌，3′08″结构破坏，大面积倒塌，5′48″崩解结束，完全崩解	1.94	
SE-5-1	11.8	0″少量冒泡，14″四周絮状剥落，35″四周掉角，层状剥落，1′11″崩解加速进行，2′07″开裂，局部倒塌，2′49″大面积倒塌，3′02″从中间裂开，崩塌，3′38″崩解结束，完全崩解	3.25	2.86
SE-5-2	12.32	0″少量冒泡，18″四周絮状剥落，47″层状剥落，掉角，1′23″顶面四周出现裂纹，2′31″加快剥落，4′19″大面积倒塌，裂开，5′00″崩解结束，完全崩解	2.46	
SE-6-1	9.39	0″少量冒泡，18″四周絮状剥落，28″出现裂纹，层状剥落，57″四周掉角，1′55″开裂，大面积倒塌，2′52″大块剥落，3′13″从中间裂开，崩塌3′54″崩解结束，完全崩解	2.41	2.68
SE-6-2	9.74	0″少量冒泡，9″四周絮状剥落，41″四周掉角，层状剥落，1′24″开裂，局部倒塌，1′57″大面积倒塌，2′30″从中间裂开，崩塌，3′18″崩解结束，完全崩解	2.95	
SE-8-1	8.9	0″少量冒泡，16″四周层状剥落，1′14″四周掉角，1′59″大块剥落，3′42″大面积倒塌，4′29″崩解结束，完全崩解	1.99	1.78
SE-8-2	7.59	0″少量冒泡，10″四周絮状剥落，33″四周呈层状剥落，1′00″四周掉角，1′32″崩解加速，剥落加快，2′47″开裂，大面积倒塌，4′51″崩解结束，完全崩解	1.56	
SE-9-1	33.06	0″冒泡，8″四周絮状剥落，56″四周呈层状剥落3′26″掉角，大块剥落，9′42″从中间裂开，11′28″局部倒塌，12′15″从中间裂成两块，崩塌，14′10″崩解结束，完全崩解	2.33	2.29
SE-9-2	31.37	0″少量冒泡，5″四周絮状剥落，1′42″四周呈层状剥落，崩解缓慢进行，4′47″四周出现裂纹，掉角，7′58″局部倒塌，11′19″多处裂开，结构破坏，13′56″崩解结束，完全崩解	2.25	

续表

土样编号	土的质量（g）	崩解现象	崩解速度（g/min）	平均速度（g/min）
SE-11-1	28.91	0″冒泡，10″四周絮状剥落，24″小块掉角，31″局部倒塌，40″大面积倒塌，结核石块出露倾倒，1′18″崩解结束，完全崩解。所剩石块重10.64g，占试样的36.8%	22.24	19.25
SE-11-2	30.87	0″冒泡，10″四周絮状剥落，53″大块掉角，1′32″大面积倒塌，结核石块出露倾倒1′54″崩解结束，完全崩解。所剩石块重9.1g，占试样的29.5%	16.25	
SW-3-1	17.37	0″开始冒泡，17″四周及底部絮状剥落，1′06″局部小块掉角，2′26″四周出现裂缝，3′08″沿裂缝局部倒塌，3′31″连续倒塌，表面裂纹增多，5′13″大面积倒塌，结核石块出露倾倒，5′39″崩解结束，完全崩解。所剩石块重1.15g，占试样的6.6%	3.07	3.72
SW-3-3	33.48	0″开始冒泡，8″四周及底部絮状剥落，40″小块掉角，2′10″大块掉角，2′19″四周出现裂纹，3′23″沿裂缝局部倒塌，4′54″大面积倒塌，结核石块出露倾倒，7′40″崩解结束，完全崩解。所剩石块重4.23g，占试样的12.6%	4.37	
SW-4-1	16.35	0″开始冒泡，8″四周絮状剥落，36″小块掉角，1′04″大块掉角，2′33″局部倒塌，夹有小石块，2′42″大面积倒塌，结核石块出露倾倒，3′13″崩解结束，完全崩解。所剩石块重4.79g，占试样的29.3%	5.08	4.98
SW-4-2	13.49	0″开始冒泡，8″四周絮状剥落，22″小块掉角，44″大块掉角，1′29″局部倒塌，夹有小石块，1′56″大面积倒塌，结核石块出露倾倒，2′46″崩解结束，完全崩解。所剩石块重3.95g，占试样的29.3%	4.88	
SW-6-1	10.36	0″开始冒泡，7″四周絮状剥落，32″小块掉角，1′12″局部倒塌，夹有小石块，1′22″大面积倒塌，结核石块出露倾倒，1′31″崩解结束，完全崩解。所剩石块重1.61g，占试样的15.5%	6.83	5.58
SW-6-2	23.77	0″开始冒泡，7″四周絮状剥落，16″小块掉角，1′28″局部倒塌，夹有小石块，2′51″连续倒塌，结核石块出露倾倒，5′29″崩解结束，完全崩解。所剩石块重8.76g，占试样的36.9%	4.33	
SW-7-1	24.88	0″开始冒泡，16″四周絮状剥落，1′04″小块掉角，2′34″大块掉角，夹有小石块，3′12″局部倒塌，4′31″连续倒塌，6′03″大面积倒塌，结核石块出露，7′28″沿中间大石块表面土剥离，7′50″崩解结束，完全崩解。所剩石块重8.96g，占试样的36%	3.18	3.4
SW-7-2	33.58	0″开始冒泡，26″四周絮状剥落，1′21″局部掉角，夹有小石块，2′19″大块掉角，4′38″局部倒塌，5′53″连续倒塌，小石块滑落，7′54″大石块与土之间出现裂缝，8′07″沿裂缝处开裂，倒塌，结核石块出露，9′17″崩解结束，完全崩解。所剩石块重5.82g，占试样的17.3%	3.62	

续表

土样编号	土的质量（g）	崩解现象	崩解速度（g/min）	平均速度（g/min）
SW-9-1	18.06	0″开始冒泡，18″四周絮状剥落，52″小块掉角，1′25″大块掉角，石块滚落，1′40″局部倒塌，2′25″大面积倒塌，结核石块出露倾倒，2′59″崩解结束，完全崩解。所剩石块重1.96g，占试样的10.8%	6.06	5.66
SW-9-2	13.24	0″开始冒泡，18″四周絮状剥落，1′07″小块掉角，夹有小石头，1′57″大块掉角，结核石块出露，2′04″沿石块表面出现裂缝，2′09″大面积倒塌，大石块倾倒，2′31″崩解结束，完全崩解。所剩石块重3.08g，占试样的23.34%	5.26	
SW-10-1	17.73	0″开始冒泡，1′00″四周轻微絮状剥落，2′00″崩解缓慢进行，10′20″局部出现裂缝，14′00″表层泡软疏松，但未见明显反应，30分钟后仍无明显反应，但内部结构接近破坏	0.59	0.54
SW-10-2	14.77	0″少量冒泡，1′18″四周轻微絮状剥落，2′00″崩解缓慢进行，14′00″表层泡软疏松，但未见明显反应，30分钟后仍无明显反应，但内部结构接近破坏	0.49	
SW-12-1	10.69	0″快速冒泡，16″小块掉角，29″四周出现裂缝，51″大块掉角，2′38″局部倒塌，2′50″出现大量裂缝，3′08″大面积倒塌，3′26″崩解结束，完全崩解	3.11	3.26
SW-12-2	23.84	0″快速冒泡，34″四周絮状剥落，1′55″四周出现裂缝，2′58″局部开裂倒塌，4′40″局部倒塌，5′31″从中间裂开，大面积倒塌，7′00″崩解结束，完全崩解	3.41	
SW-13-2	5.9	0″少量冒泡，1′30″四周絮状剥落，20分钟后仍无明显反应，但内部结构已破坏	0.30	0.29
SW-13-3	5.44	0″少量冒泡，1′30″四周絮状剥落，20分钟后仍无明显反应，但内部结构已破坏	0.27	
SW-15-2	7.27	0″冒泡，4′00″缓慢层状剥落，30分钟后仍无明显反应，但内部结构接近破坏	0.24	0.24
SW-15-3	7.13	0″冒泡，10′00″缓慢絮状剥落，30分钟后仍无明显反应，但内部结构接近破坏	0.24	
SW-18-1	22.41	0″冒泡，6″四周层状剥落，2′16″局部掉角，5′40″局部倒塌，8′02″连续倒塌，崩解缓慢进行，10′12″大面积倒塌，13′00″崩解结束，完全崩解	1.72	1.89
SW-18-2	14.04	0″冒泡，6″四周层状剥落，46″小块掉角，1′27″大块掉角，2′23″四周出现裂纹，2′38″局部倒塌，3′39″沿裂纹处倒塌，4′28″连续倒塌，5′02″大面积倒塌，6′49″完全倒塌，崩解结束，完全崩解	2.06	

续表

土样编号	土的质量（g）	崩解现象	崩解速度（g/min）	平均速度（g/min）
SW-19-1	22.09	0″冒泡，6″四周絮状剥落，1′11″小块掉角，1′52″小石块滚落，2′46″大块掉角，4′02″局部倒塌，石块出露，4′18″出露石块倾斜，4′59″大面积倒塌，结构破坏，6′34″崩解结束，完全崩解。所剩石块重6.02g，占试样的28.7%	3.36	3.23
SW-19-2	24.47	0″冒泡，6″四周絮状剥落，54″小块掉角，2′54″大块掉角，4′26″石块掉落，6′58″大面积倒塌，7′54″连续倒塌，结构破坏，8′36″崩解结束，完全崩解。所剩石块重5.7g，占试样的23.3%	3.10	
SW-23-1	9.65	0″冒泡，11″四周絮状剥落，26″小块掉角，39″四周出现裂缝，48″局部倒塌，1′14″大面积倒塌，1′46″中间出现裂缝，2′00″崩解结束，完全崩解	4.83	4.67
SW-23-2	13.54	0″冒泡，11″四周絮状剥落，26″小块掉角，39″四周出现裂纹，53″大块掉角，1′25″开裂，倒塌，2′04″大面积倒塌，2′42″连续倒塌，3′00″崩解结束，完全崩解	4.51	
SW-25-1	24.31	0″冒泡，28″四周絮状剥落，1′39″四周出现裂缝，1′55″局部掉角，2′32″大块掉角，4′32″局部倒塌，5′46″连续倒塌，7′38″大面积倒塌，9′13″从中间裂开，9′26″完全倒塌，崩解结束，完全崩解	2.58	2.27
SW-25-2	21.47	0″冒泡，1′43″四周絮状剥落，3′00″崩解缓慢进行，4′39″大块掉角，7′00″局部倒塌9′47″，连续倒塌11′00″，崩解结束，完全崩解	1.95	
SW-30-1	7.55	0″快速冒泡，31″四周层状剥落，49″小块掉角，1′27″局部倒塌，2′04″从中间裂开，2′29″崩解结束，完全崩解	3.04	2.96
SW-30-2	12.35	0″快速冒泡，31″四周层状剥落，49″局部掉角，1′49″局部倒塌，2′40″中间出现裂缝，3′06″连续倒塌，3′56″大面积倒塌，4′17″崩解结束，完全崩解	2.88	

土因浸水而产生崩散的特性称为崩解性。土的崩解性从宏观上说明了土与水作用时的稳定程度，不同的崩解形式与土的矿物成分、粒度成分、颗粒形状、盐分及土的结构和胶结程度有关。崩解是由于土体没入水中后，水进入孔隙或裂隙中的情况不平衡，因而引起粒间扩散层增厚的速度也不平衡，以致粒间斥力超过吸力的情况也不平衡，故产生了应力集中，使土体沿着斥力超过吸力最大的面崩落下来。评价土的崩解性一般采用崩解速度这一指标。

试验结果表明：墙体的崩解速度偏小，其中抹泥层的崩解速度最小，土坯其次，夯层的崩解速度最大。这是由于抹泥层里含有大量的麦秸秆，起到加筋、加强粘结的作用；土坯的土质较均一，结构较为致密，但含有较多的孔洞，加速其崩解；夯层有较多的孔隙，且含有大量的砂砾，使得土体存在薄弱面，遇水容易开裂。

另外，西寺土体的崩解速度普遍高于东寺，这是由于东寺土体的粘粒含量较高，西寺土体则含较多的粉粒，西寺土体的粘结程度小于东寺，遇雨水易于崩解。

5.4.3 土的力学特性

(1) 土的抗拉、抗压强度试验

为了得到苏巴什佛寺土体的力学强度指标，为遗址土体的保护加固提供可靠的强度参数，力学试验分别制取做抗压试验试块15块，抗拉试块13块。采用WE-30型液压式万能材料试验机对原状样分别进行平行层面和垂直层面的力学强度测试。试验结果见表5.9：

表5.9 抗拉抗压试验结果

力学参数	抗压强度（MPa）		抗拉强度（MPa）	
	平行层面	垂直层面	平行层面	垂直层面
SE-1	1.48	1.54	0.21	0.18
SE-6	0.09	0.61	0.14	
SE-8	0.67	1.00	0.16	0.09
SW-3		0.10	0.06	
SW-4		0.16	0.11	
SW-7		0.16	0.07	
SW-12		0.13	0.03	
SW-18		0.54	0.06	
SW-23	0.63	0.96	0.17	0.14
SW-25	0.23	0.51	0.10	0.07

试验结果表明：夯层和土坯都具有明显的各向异性，表现为垂直方向的抗压强度高于水平方向的抗压强度；垂直方向的抗拉强度则低于水平方向的抗拉强度。另外，土坯的抗拉抗压强度明显高于夯层的抗拉抗压强度。这是由于土坯试块结构致密，材质均一，表面光滑、少孔；夯层试块表面粗糙、多孔，结构松散，且含有大量的砂砾，有裂隙发育。东寺的土坯试验的抗压抗拉强度普遍高于西寺，但SE-6强度很低，原因为此土坯样中夹有少量的小砂砾，且经长时间风化已变得结构疏松，多孔，并有多处裂隙发育，致使其强度降低。说明试样的结构对其力学性质启到决定性的作用。抗压强度试验结果为苏巴什佛寺的土体强度提供了较可靠的指标，为遗址的抢险加固工作提供了参考依据。

(2) 土的直接剪切试验

本试验是为了测定土的抗剪强度，从而提供强度和稳定性计算所用的基本指标，采用应变控制式直剪仪对7组土坯试样（东寺4组、西寺3组）进行了快速直接剪切试验，试验结果见表5.10：

表 5.10　土的直接剪切试验结果

试样编号	内聚力 C（kPa）	内摩擦角 φ（°）
SE-1	80.385	9.76
SE-5	3.56	23.47
SE-6	41.88	15.17
SE-8	36.3	16.81
SW-18	89.05	9.71
SW-23	57.425	14.58
SW-25	55.22	14.53

注：SE-5、SE-6 试样为两个，SE-8 为三个试样，所得的试验结果仅供参考。

试验结果表明：东寺 SE-5 虽然含有较多的粘粒，可含水量及孔隙率较大，且土体内有较明显的结构面，胶结差，因此内聚力较小，为 3.56kPa，内摩擦角较大，为 23.47°。

5.4.4　土的动力学特性

为查明遗址土的动力学特征，测试采用武汉岩土力学所（中国科学院武汉岩土力学研究所智能仪器研究室）制造的 RSM-SY5 声波仪对样品进行了波速试验，试验采用垂直穿透法：它是将声波发射换能器和接收换能器旋转在介质相对的两个表面上，根据声波穿透介质后波速和能量的变化来判断介质的质量[2]。声波仪发射频率：50kH，接收频率：50kH，采样间隔：1μs。实验分平行层面和垂直层面进行，其结果见表 5.11、表 5.12：

表 5.11　平行层面波速测试结果

试样编号	V_s（m/s）	V_p（m/s）	E_m（MPa）	G_m（MPa）	μ	ρ（g/m³）
SE-1		1381				1.623
SE-2		1033				1.626
SE-3		798				1.144
SE-4		1364				1.598
SE-5		1455				1.648
SE-6		1155				1.574
SE-8		1155				1.554
SE-9		1229				1.552
SE-11	904	1895	4248.2	1570.2	0.35	1.922
SW-3	640	1026	1722.3	729.1	0.18	1.780
SW-4	736	1111	2106.8	950.1	0.11	1.753
SW-7	510	870	1175.7	474.6	0.24	1.828
SW-9	709	1099	1996.2	873.2	0.14	1.736
SW-12	664	1163	1581	628.2	0.26	1.426

续表

试样编号	V_s (m/s)	V_p (m/s)	E_m (MPa)	G_m (MPa)	μ	ρ (g/m³)
SW-18	784	1096	1912	980.5	0	1.594
SW-19	703	1182	2164.6	882.4	0.23	1.787
SW-23	943	1429	3450.1	1549.5	0.11	1.741
SW-25	918	1406	3096.2	1372.2	0.13	1.627
SW-30	642	1029	1410.1	596.8	0.18	1.447

表 5.12 垂直层面波速测试结果

试样编号	V_s (m/s)	V_p (m/s)	E_m (MPa)	G_m (MPa)	μ	ρ (g/m³)
SE-1		1233				1.623
SE-2		705				1.626
SE-3		543				1.144
SE-4		856				1.598
SE-5		1162				1.648
SE-6		1187				1.574
SE-8		483				1.554
SE-9		955				1.552
SE-11	914	1600	4040.9	1606.6	0.26	1.922
SW-3	692	1161	2089	853.1	0.22	1.78
SW-4	819	1443	2967.6	1175	0.26	1.753
SW-7	688	1238	2208.4	864.8	0.28	1.828
SW-9	728	1204	2229.6	919.7	0.21	1.736
SW-12	642	1206	1528.8	586.8	0.3	1.426
SW-18	664	1107	1711.5	701.7	0.22	1.594
SW-19	749	1250	2446.2	1002.7	0.22	1.787
SW-23	862	1436	3149.9	1292.3	0.22	1.741
SW-25	759	1224	2226.2	937.7	0.19	1.627
SW-30	557	1037	1165.3	449.2	0.3	1.447

目前采用的弹性波测试主要是纵波波速，其次是横波波速，并开始注意研究它们的振幅特性和频率特性。波速测试结果显示：样品不同层面的波速具有各相异性，由于结构面的存在，使得声速降低，垂直于结构面方向声速低，平行于结构面方向声速高；土坯、夯层、抹泥层的波速依次减小，这是由于波振幅与土体特性有关。当岩体较破碎、节理裂隙发育时，声波振幅小，反之，声波振幅较大。

5.4.5 土的易溶盐试验

本试验对所取得土样和水样进行了易溶盐含量测试，对样品的易溶盐含量、矿化度进行了定量定性分析[3-5]。本试验共测试土样样品 52 组。试验结果如表 5.13：

表 5.13 土的易溶盐试验结果

试样编号	天然含水率（%）	pH值	阴离子含量（mg/kg）			阳离子含量（mg/kg）				易溶盐总量（mg/kg）
			CO_3^{2-}	HCO_3^-	SO_4^{2-}	Cl^-	Ca^{2+}	Mg^{2+}	Na^++K^+	NH_3-N	
Se-1	1.43	7.83	0	368	13449	7051	2857	473	6979	未检出	31450
Se-2	1.2	7.86	0	383	6957	1238	2073	138	1638	未检出	12449
Se-3	1.5	7.84	0	370	10241	4369	2243	264	3245	未检出	20875
Se-6	0.92	7.82	0	305	1784	1762	672	32	1281	未检出	5753
Se-8	1.24	7.74	0	326	1957	2045	736	54	1397	未检出	6421
Se-9	1.36	7.7	0	349	2345	2354	1069	50	1876	未检出	7976
Se-10	0.67	7.63	0	366	7908	1776	2526	63	2058	未检出	14799
Se-11	0.7	7.72	0	370	9236	2345	2647	72	2149	未检出	16953
SW-2	5.19	7.52	0	190	9321	5987	2485	131	5319	未检出	23626
SW-3	1.07	7.66	0	197	1663	848	673	32	588	未检出	3942
SW-4	1.53	7.42	0	183	20940	15962	4161	315	15080	未检出	57327
SW-5-1	0.54	8.07	15	212	864	87	113	19	397	未检出	1619
SW-5-2	1.20	7.76	0	213	5416	441	1348	125	1176	未检出	8765
SW-5-3	1.64	7.41	0	183	13477	9321	4165	158	7491	未检出	35218
SW-6	1.35	7.55	0	182	7466	3894	2959	95	2595	未检出	17537
SW-7	0.96	7.56	0	206	8693	3078	3096	123	2346	未检出	17863
SW-8-1	1.03	7.62	0	206	1569	247	521	52	503	未检出	3057

续表

试样编号	天然含水率（%）	pH值	阴离子含量（mg/kg）				阳离子含量（mg/kg）				易溶盐总量（mg/kg）
			CO_3^{2-}	HCO_3^-	SO_4^{2-}	Cl^-	Ca^{2+}	Mg^{2+}	$Na^+ + K^+$	NH_3-N	
SW-8-2	0.50	7.53	0	181	7649	3371	1750	187	3555	未检出	17045
SW-8-3	0.87	7.45	0	176	14766	8796	4872	204	6753	未检出	35948
SW-10	1.24	7.58	0	307	9789	3269	3248	163	2587	未检出	19628
SW-11-1	1.41	7.92	0	196	924	106	134	28	442	未检出	1793
SW-11-2	0.76	7.84	0	204	2876	395	684	46	871	未检出	5076
SW-11-3	0.84	7.71	0	197	4703	3347	1446	63	2720	未检出	12465
SW-13	0.84	7.58	0	366	9656	1673	3099	156	1995	未检出	17245
SW-14-1	0.94	7.66	0	166	11152	8375	3102	314	6682	未检出	30103
SW-14-2	1.06	7.60	0	160	15697	9247	3687	342	7569	未检出	37084
SW-14-3	0.88	7.54	0	153	24369	11632	4635	371	8046	未检出	49537
SW-15	1.21	7.56	0	316	7546	2169	2879	121	2347	未检出	15724
SW-16-1	0.78	7.77	0	197	3539	159	1239	62	331	未检出	5543
SW-16-2	1.00	7.64	0	214	6489	513	1567	120	1189	未检出	10243
SW-16-3	0.83	7.60	0	186	14368	8756	4531	162	7864	未检出	36128
SW-17-1	0.74	7.66	0	182	5346	876	621	51	407	未检出	7591
SW-17-2	1.25	7.59	0	167	9073	4509	2801	126	3881	未检出	20800
SW-17-3	0.94	7.48	0	160	18435	10473	4168	306	5476	未检出	39342

续表

试样编号	天然含水率（%）	pH值	阴离子含量（mg/kg）			阳离子含量（mg/kg）				易溶盐总量（mg/kg）
			CO_3^{2-}	HCO_3^-	SO_4^{2-}	Cl^-	Ca^{2+}	Mg^{2+}	$Na^+ + K^+$	NH_3-N	
SW-18	1.34	7.52	0	217	6325	2698	2458	142	2978	未检出	15123
SW-20-1	1.64	7.64	0	176	10697	12475	5463	427	10765	未检出	40307
SW-20-2	3.33	7.41	0	158	23108	28905	7152	662	20416	未检出	81370
SW-20-3	2.03	7.41	0	154	24697	30476	7249	714	19786	未检出	83572
SW-22-1	1.08	7.65	0	182	10175	5650	2847	94	5161	未检出	24444
SW-22-2	1.00	7.68	0	190	21364	12497	3578	149	6423	未检出	44501
SW-22-3	0.97	7.53	0	180	22678	18765	4589	341	16475	未检出	63349
SW-24-1	0.71	7.95	0	226	798	30	97	26	350	未检出	1453
SW-24-2	0.92	7.90	0	220	1421	845	168	126	511	未检出	3241
SW-24-3	0.63	7.82	0	212	2815	1054	825	125	929	未检出	5917
SW-25	0.89	7.54	0	182	5573	3894	2171	63	2654	未检出	14731
SW-27-1	0.67	8.11	15	224	812	43	106	32	417	未检出	1607
SW-27-2	0.59	7.91	0	212	3703	2636	1030	62	2263	未检出	9999
SW-27-3	1.34	7.74	0	190	10436	9021	1243	436	8421	未检出	30041
SW-28-1	0.66	8.07	15	212	938	36	144	13	374	未检出	1661
SW-28-2	0.79	7.75	0	197	6681	2112	1548	251	2393	未检出	13345
SW-28-3	2.02	7.66	0	184	12527	8467	1045	952	8561	未检出	32047
SW-30	1.10	7.44	0	182	16383	14127	2848	157	13513	未检出	47927

试验结果分析：可以看出，不管是从总体上还是个体上来看，易溶盐中阴离子主要以 SO_4^{2-} 和 Cl^- 含量最高，CO_3^{2-} 和 HCO_3^- 含量很少，阳离子以碱金属离子 Na^+、K^+ 和 Ca^{2+} 含量最高，Mg^{2+} 次之，未检测出 NH_3-N。所以研究区内易溶盐主要成分为 Na_2SO_4、K_2SO_4、$MgSO_4$、$CaCl_2$、$NaCl$、KCl 以及少量的 $NaHCO_3$、$KHCO_3$、$CaHCO_3$ 等。总体来讲，SO_4^{2-}、Cl^-、Ca^{2+}、Mg^{2+}、Na^+、K^+ 易溶盐总量具有相同的分布规律，从同一面墙不同高度所取得扰动样试验结果可知：从上往下各种易溶盐含量有逐渐增大趋势；从同一面墙所取的不同材质试样的试验结果可知：抹泥层中的易溶盐含量最大，夯层其次，土坯的含盐量最少。东西寺各种易溶盐含量具体分布规律如下：

SO_4^{2-}：东西寺的 SO_4^{2-} 含量最大，约占阴离子总量的 50% 左右，东寺各墙的含量一般在 2mg/g～13mg/g 之间，差异较大。西寺的各墙墙底的含量一般大于 10mg/g，中部次之，顶部最小。

Cl^-：Cl^- 的含量分布规律与 SO_4^{2-} 一致，东寺各墙的含量在 1.2mg/g～4.4mg/g 之间，SE-3 墙的含量最大。西寺的各墙墙底的含量一般为 3.3mg/g～30.5mg/g，顶部与中部土样含量在 0.030mg/g～28.9mg/g 之间，且中部含量大于顶部含量。

HCO_3^-：其含量很小，东寺各墙的含量都在 0.3mg/g 左右。西寺墙体的含量普遍小于东寺，在 0.2mg/g 左右且大部分墙顶的含量最多，略大于中部和底部。

CO_3^{2-}：除西寺个别墙体的顶部含 0.015mg/g 外，其他都未检测出。

Ca^{2+}、Mg^{2+}：Ca^{2+}、Mg^{2+} 含量与 SO_4^{2-} 分布规律一致，相同部位 Ca^{2+} 含量一般大于 Mg^{2+} 含量，约为 Mg^{2+} 含量的 1～10 倍。

Na^+、K^+：Na^+、K^+ 总含量约占阳离子总量的 50% 左右，西寺各墙以墙底部含量最大，且远远大于中部和顶部。

易溶盐总量：研究区易溶盐总量与其他离子分布规律基本一致，墙底部易溶盐总量最大，土体腐蚀性最强，中部次之，底部最小。东寺各墙的易溶盐总量平均为 14.6mg/g，西寺墙底的易溶盐总含量最大，平均含量 38.5mg/g，中部含量平均 22.9mg/g，顶部含量平均 10.8mg/g，西寺其他各墙的易溶盐总量平均为 22.7mg/g。总体来说，东西寺都具有较强的腐蚀性，且西寺的腐蚀性强于东寺。

pH 值：研究区内土体的 pH 值分布比较均匀，pH 值范围在 7.41～8.11 之间，具有弱碱性。

参照《岩土工程勘察规范》（GB50021-2001）（2009 年版），苏巴什佛寺遗址土的腐蚀性等级为微腐蚀性。

5.5　原位测试

台地砂砾石层地层结构在空间的发育特征具有特殊性，加之处于遗址区，常规有损的探测手段如大型的破坏性钻探和坑探工程不能运用，而多瞬道面波技术在不对文物体造成破坏的前提下，可以较为准确地判别出这类地层大概的厚度范围、岩层波速等数值，从而为苏巴什佛寺遗址保护工程提供科学的依据。

5.5.1 面波测试原理与仪器性能

5.5.1.1 瞬态瑞利波的特征及其勘探原理

瑞利波（面波）是1887年由英国学者Rayleigh在研究弹性介质的波动时发现的，20世纪70年代初美国F. K. Chang和R. F. Ballard等人利用瞬态激振产生的瑞利波来研究浅部地质问题。20世纪80年代初，日本VIC株式会社研制出GR810左藤式全自动稳态面波仪，我国也引进过该套设备。但由于其价格昂贵、设备笨重，没有得到进一步推广。20世纪90年代随着瞬态面波仪的问世和资料解释理论及实测技术的发展，其在工程中得到了广泛的应用[6-7]。瞬态瑞利面波法是一种新兴的岩土工程原位测试方法。它可用于解决诸如工程地质勘察、地下空洞及掩埋物探测、地基加固处理效果评价、岩土的物理参数原位测试、公路、机场跑道质量无损检测、饱和砂土的液化判别等岩土工程问题。

5.5.1.2 瞬态瑞利波的特征

对均匀弹性半空间介质，在表面竖向激振时，介质中将产生纵波、横波和面波。在一次冲击产生的能量中，面波占67%，横波占26%，纵波占7%。可见面波占全部能量的2/3，这是体波无法比拟的。并且在表面，随着波传播距离 r 的增大，纵波、横波的位移振幅以 $1/r$ 的比例衰减。而面波则以 $1/r^{1/2}$ 衰减。因此面波的衰减要比体波慢得多，因而在地表振动中以面波为主。面波的垂直振幅和水平振幅随着介质深度的增加而迅速衰减，当深度达到一个波长时，垂直振幅仅为地表的20%，即其能量主要集中在一个波长范围内。因而，一般认为瑞利波的穿透深度约为一个波长。在均匀介质中瑞利波无频散性，即在均匀介质条件下，瑞利波的速度 V_R 与振动频率 f（即与波长 λ_R）无关，而在非均匀介质中瑞利波具有频散性。瑞利波某一波长的速度主要与深度小于该波长一半的地层物性有关，这一特性就是瑞利波勘探的物理基础。

5.5.1.3 瞬态瑞利波的原理

稳态瑞利波是通过改变震源的激振频率来得到不同波长的瑞利波在地层表层的传播速度，而瞬态面波是通过在地表施加瞬态振动信号，该信号包含有丰富的频率成分，然后用傅氏变换分析，来获取不同波长的瑞利波在地层表层的传播速度。面波的传播速度是由瞬态激振所产生的一定频带宽度的不同频率成分的面波所合成的群速度，为了获取相速度的频散曲线，就必须对时间域的面波作必要的数学处理（图5.3）[8-9]。

第一步将时间域转换为频率域，设在地面上沿测线方向布置 n 道检波器，且相邻道间距为 Δx，瞬时激励后，地震仪记录此信号，若信号为 $x_1(t)$、$x_2(t) \cdots x_n(t)$，利用傅氏变换得到其频

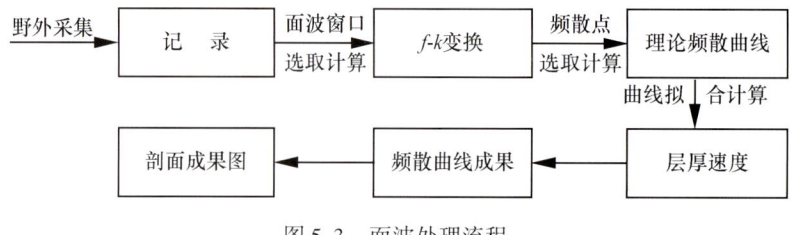

图5.3 面波处理流程

谱为 $X_j(f) = \int_{-\infty}^{\infty} x_j(t) e^{-i2\pi ft} dt$。

第二步求互功率谱和相位谱，取任意两相邻道 $x_{(j-1)}(t)$、$x_j(t)$，其自功率谱为 $S_{jj}(f) = X_j(f) \cdot X_j^*(f)$、$S_{(j-1)(j-1)}(f) = X_{(j-1)}(f) \cdot X_{(j-1)}^*(f)$，其互功率谱为 $S_{j(j-1)}(f) = X_j(f) \cdot X_{(j-1)}^*(f) = |X_j(f)| \cdot |X_{(j-1)}(f)| e^{i\Delta\psi(f)}$，可以看出互功率谱的相位谱反映了包含在面波中的相应单频波的相位差。

第三步瞬态面波的质量评价函数，在实际传播中因干扰和系统的非线性使信号的质量降低，互功率谱函数中并非对各频率 f 都有效的，可以通过相干函数 $C(f) = (S_{j(j-1)}(f) \cdot S_{j(j-1)}^*(f))/(S_{(j-1)(j-1)}(f) \cdot S_{jj}(f))$ 的实部进行质量评价，看所计算的频段内面波在两相邻检波器传播过程中是否具有良好的相关性，即该频段的质量好不好。在实践中一般选 $C(f)$ 大于 0.8 的频段计算面波速度。

第四步求瞬态瑞利波的相速度，因瑞利波为直线传播，可通过 $V_R(f) = \Delta x/t(f) = (2\pi f \Delta x)/(\Delta \Psi(f))$ 求出频率为 f 的面波平均相速度。

通过上述前三步，可得记录的功率谱、互功率谱的相位谱数据、相干函数值、所需频段内选择相干函数大于 0.8 的频率 f 的相位谱数据及此频率面波在二检波器间传播的相位差。再通过第四步可得出频率为 f 的面波平均相速度。

选择新的频率值并重复上述步骤就得到了勘探点的一条 V_R-f 曲线，即所谓的频散曲线。V_R-f 曲线可转换为 $V_R-\lambda_R$ 曲线，该曲线的变化规律与地下地质条件存在着内在联系，可以反演地下分层厚度和速度结构，当理论频散曲线和实测频散曲线有差异时，可改变地下模型，采用阻尼最小二乘法达到最佳拟合。

5.5.1.4 仪器性能

本次地震勘探采用的设备为北京市水电物探研究所研制 SWS 型多波列数字图像工程勘探与工程检测仪（图 5.4、图 5.5），该仪器放大器的通道数最大为 24 道，其通频带低频端为 0.5Hz，高频端为 4000Hz，仪器的动态范围为 120dB，模数转化（A/D）位数为 16 位。

图 5.4　面波仪 1

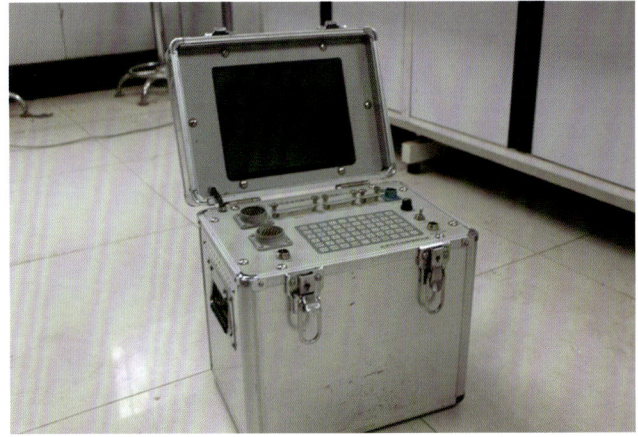

图 5.5　面波仪 2

5.5.2　仪器的一致性检测和干扰波实测记录

工作前，首先对仪器各道进行一致性检查，以确保仪器放大器各通道的幅度和相位一致，其次对检波器进行一致性检查，以确保同一排列的检波器之间的自然频率差小于 0.1Hz，灵敏度和阻尼系数差别在 10% 以内；第三要保证仪器通道和检波器的频响与幅度在探测需要频率范围内满足一致性要求；最后要对干扰波进行调查，以便在采集和成果处理中进行适当的矫正，同时，要保证激发能量的要求。

5.5.3　面波资料整理、分析与解释

根据规范、场地条件和本次勘察任务，共布置测点 24 个，其中西寺 13 个，东寺 11 个（图 5.6、图 5.7、表 5.14、表 5.15）。

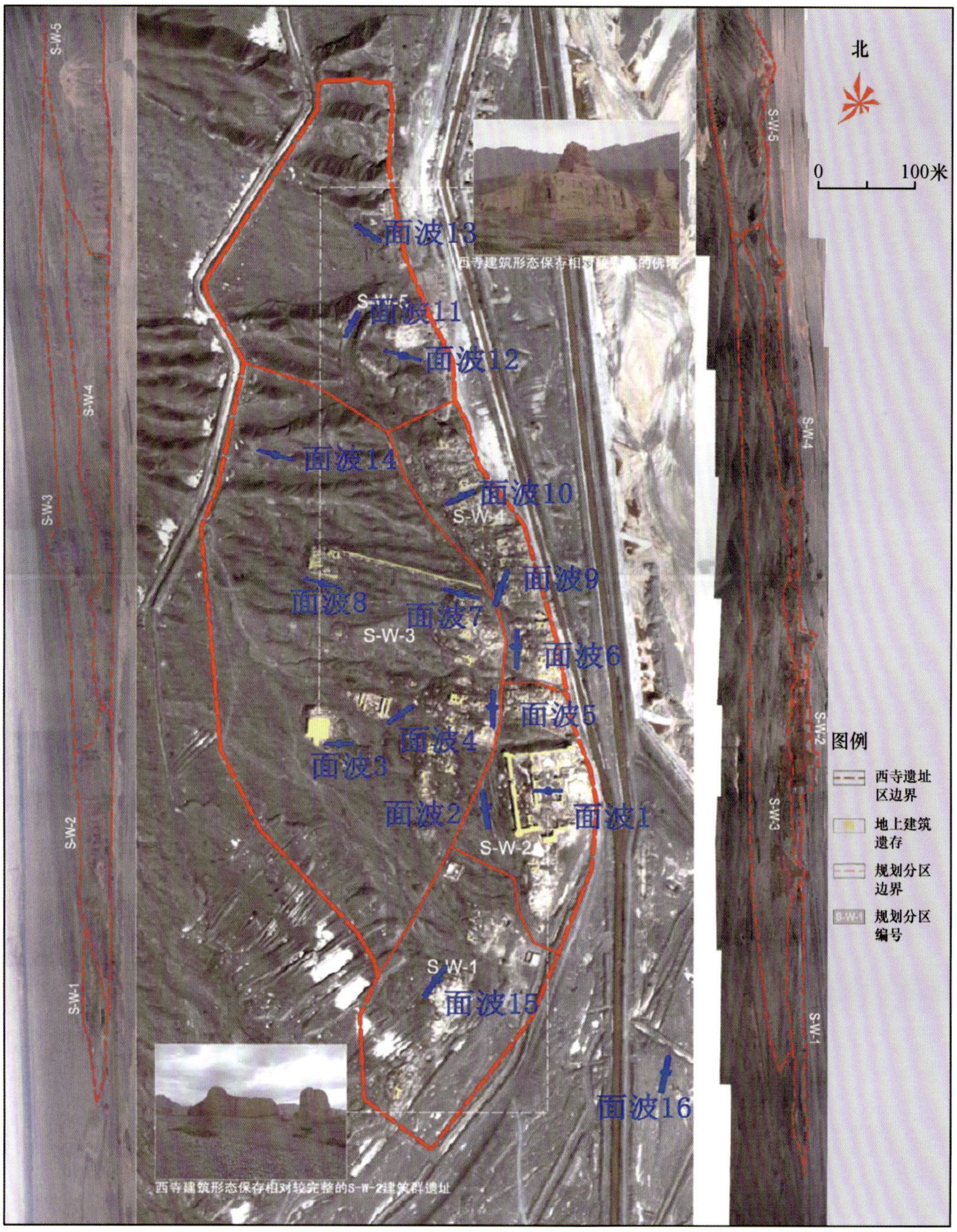

图 5.6　西寺面波测点

第 5 章
苏巴什佛寺遗址岩土特性室内试验及现场原位测试

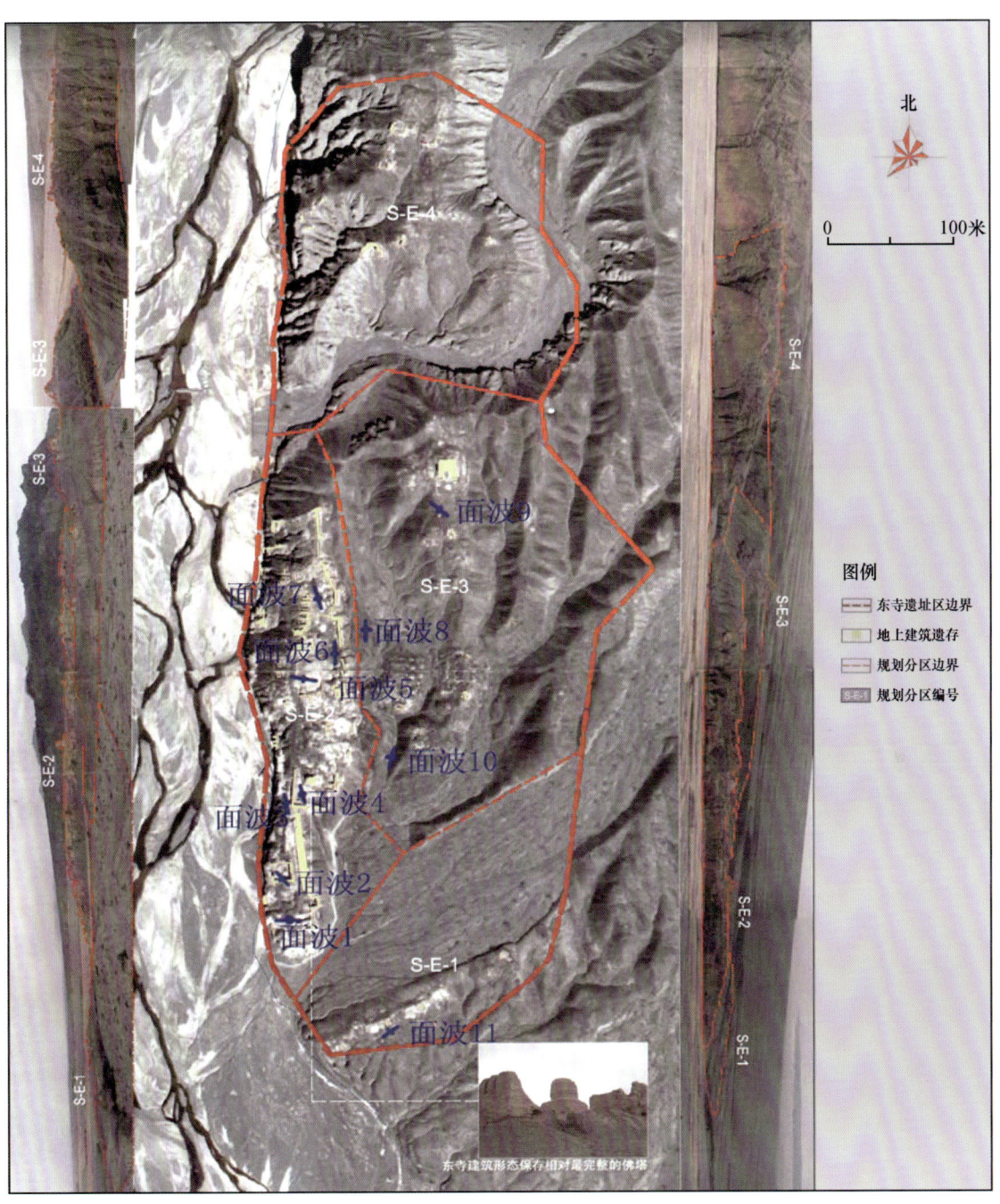

图 5.7　东寺面波测点

表5.14 西寺各测点采集参数

测点号	测点位置	测线走向(°)	偏移距(m)	采集道数(道)	采样点数(个)	采样间隔(ms)	检波器频率(Hz)	道间距(m)	激震方式
1	殿堂正中	272	10	12	2048	0.2	4	2	小锤
			10	12	2048	0.2	4	2	小锤
			10	12	2048	0.2	10	2	小锤
2	殿堂西侧路上	334	10	12	2048	0.2	10	2	小锤
			10	12	2048	0.2	4	2	小锤
3	佛堂南侧	180	5	12	2048	0.2	4	2	小锤
			5	12	2048	0.2	10	2	小锤
4	佛塔东北方向平坦处	215	5	12	2048	0.2	4	1	小锤
			5	12	2048	0.2	10	1	小锤
5	殿堂西北侧道路	351	5	12	2048	0.2	4	2	小锤
			5	12	2048	0.2	10	2	小锤
6	S-W-4-1 西侧	275	5	12	2048	0.2	4	2	小锤
			5	12	2048	0.2	10	2	小锤
7	S-W-3-6 长墙前方	139	5	12	2048	0.2	4	2	小锤
			5	12	2048	0.2	10	2	小锤
8	S-W-3-6 西南侧长墙尾一条长沟处	271	5	12	2048	0.2	4	2	小锤
			5	12	2048	0.2	10	2	小锤
9	S-W-4-2	1	5	12	2048	0.2	4	2	小锤
			5	12	2048	0.2	10	2	小锤

续表

测点号	测点位置	测线走向 (°)	偏移距 (m)	采集道数 (道)	采样点数 (个)	采样间隔 (ms)	检波器频率 (Hz)	道间距 (m)	激震方式
10	S-W-4-2 与 S-W-4-3 分界处一沟底	56	5	12	2048	0.2	4	2	小锤
			5	12	2048	0.2	10	2	小锤
11	S-W-5, 1-11 石窟两侧路中间	294	5	12	2048	0.2	4	2	小锤
			5	12	2048	0.2	10	2	小锤
12	S-W-5, 11 石窟南侧河沟旁	276	5	12	2048	0.2	4	2	小锤
			5	12	2048	0.2	10	2	小锤
13	S-W-5, 14 石窟北	145	5	12	2048	0.2	4	2	小锤
			5	12	2048	0.2	10	2	小锤
14	规划中的观景台	71	5	12	2048	0.2	4	2	小锤
			5	12	2048	0.2	10	2	小锤
15	一区宣传牌东南约 25 米处	208	5	12	2048	0.2	4	2	小锤
			5	12	2048	0.2	10	2	小锤
16	管理站南 100 米公路东侧	192	5	12	2048	0.2	4	2	小锤
			5	12	2048	0.2	10	2	小锤

表 5.15 东寺各测点采集参数

测点号	测线走向（°）	偏移距（m）	采集道数（道）	采样点数（个）	采样间隔（ms）	检波器频率（Hz）	道间距（m）	激震方式
1	85	5	12	2048	0.2	10	2	小锤
		5	12	2048	0.2	4	2	小锤
2	139	4	12	2048	0.2	10	2	小锤
		4	12	2048	0.2	4	2	小锤
3	7	5	12	2048	0.2	10	2	小锤
		5	12	2048	0.2	4	2	小锤
4	162	5	12	2048	0.2	10	1	小锤
		5	12	2048	0.2	4	1	小锤
5	95	5	12	2048	0.2	10	2	小锤
		5	12	2048	0.2	4	2	小锤
6	6	5	12	2048	0.2	10	2	小锤
		5	12	2048	0.2	4	2	小锤
7	330	5	12	2048	0.2	10	2	小锤
		5	12	2048	0.2	4	2	小锤
8	5	5	12	2048	0.2	10	2	小锤
		5	12	2048	0.2	4	2	小锤
9	314	5	12	2048	0.2	10	2	小锤
		5	12	2048	0.2	4	2	小锤
10	192	5	12	2048	0.2	10	2	小锤
		5	12	2048	0.2	4	2	小锤
11	40	5	12	2048	0.2	10	2	小锤
		5	12	2048	0.2	4	2	小锤

5.5.3.1 资料整理

首先对面波数据资料进行预处理，对每个勘测点，依照道的完整、基阶波组分及干扰波的发育情况，挑选出质量好的记录参与后续处理，其次对挑选出的记录进行频散曲线的提取，但必须为基阶面波选用合理的时间—空间窗口，在对记录进行 FFT 变换后，提取频散点时必须遵循收敛的原则，同时，也必须得在可能的探测深度范围内提取频散点；在此基础之上，依据提取的频散曲线的曲率及疏密变化，对其进行分层并反演出剪切波层速度和层厚，其结果为检波器排列中点位置竖直方向地层的综合信息[10]。各测点的频散曲线详见图 5.8～图 5.61。各点解译成果如下：

（1）西寺 1 号测点（图 5.8、图 5.9）

西寺 1 号测点位于西寺 S-W-2-2 殿堂正中，走向 272°，分别采用 4Hz 和 10Hz 检波器。由下图可以看出，4Hz 检波器能够揭露 6.75～15m 深度的地层，波速范围在 791m/s～1214m/s，速度近线性增长。10Hz 检波器能够揭露 6.75～15m 深度的地层，波速范围在 903m/s～1151m/s，速度近线性增长。

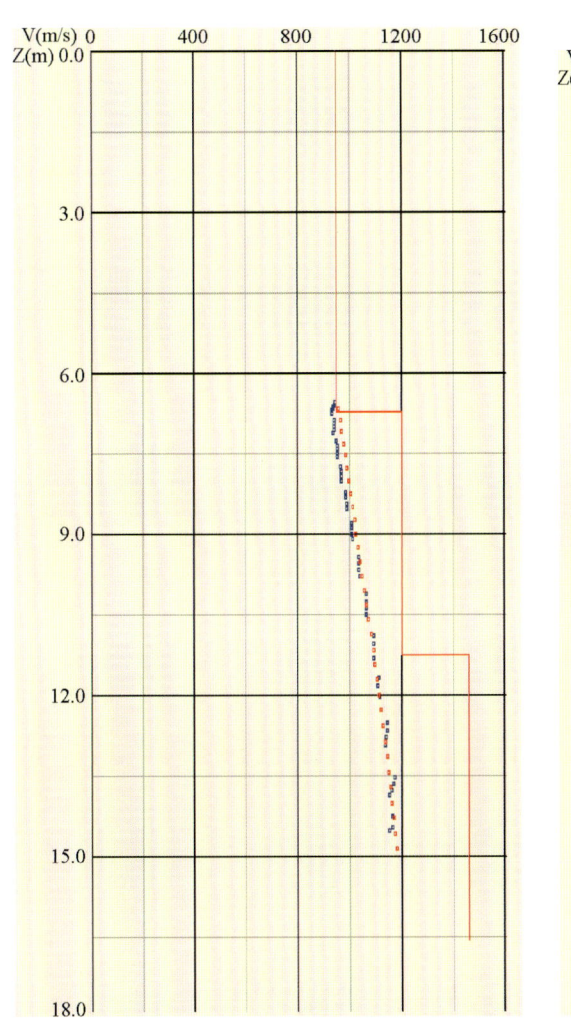
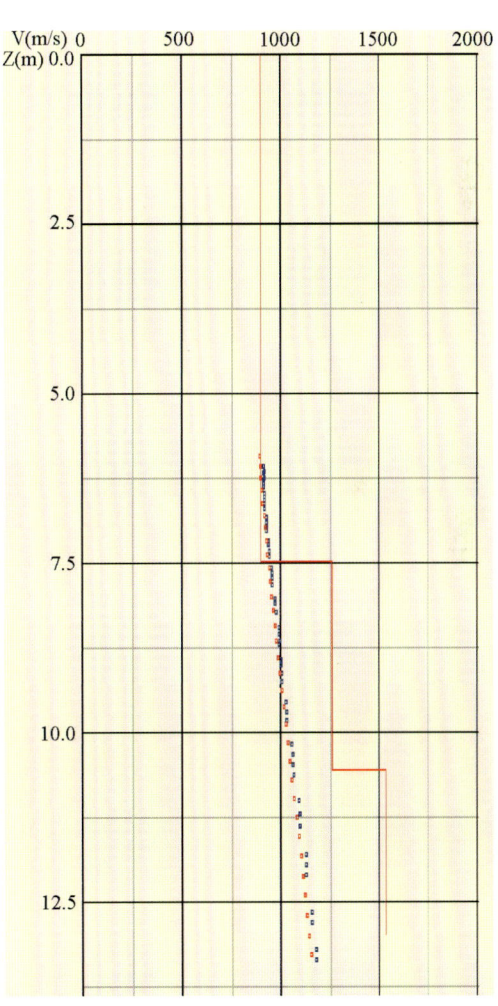

图 5.8　西寺 1 号测点 4Hz 频散曲线　　　图 5.9　西寺 1 号测点 10Hz 频散曲线

(2) 西寺 2 号测点（图 5.10、图 5.11）

西寺 2 号测点位于西寺 S-W-2-2 殿堂西侧路上，走向 334°，分别采用 4Hz 和 10Hz 检波器。由下图可以看出，4Hz 检波器能够揭露 2.8～17.9m 深度的地层，波速范围在 432m/s～797m/s，速度近线性增长。10Hz 检波器能够揭露 2.4～20m 深度的地层，波速范围在 454m/s～908m/s，速度近线性增长。

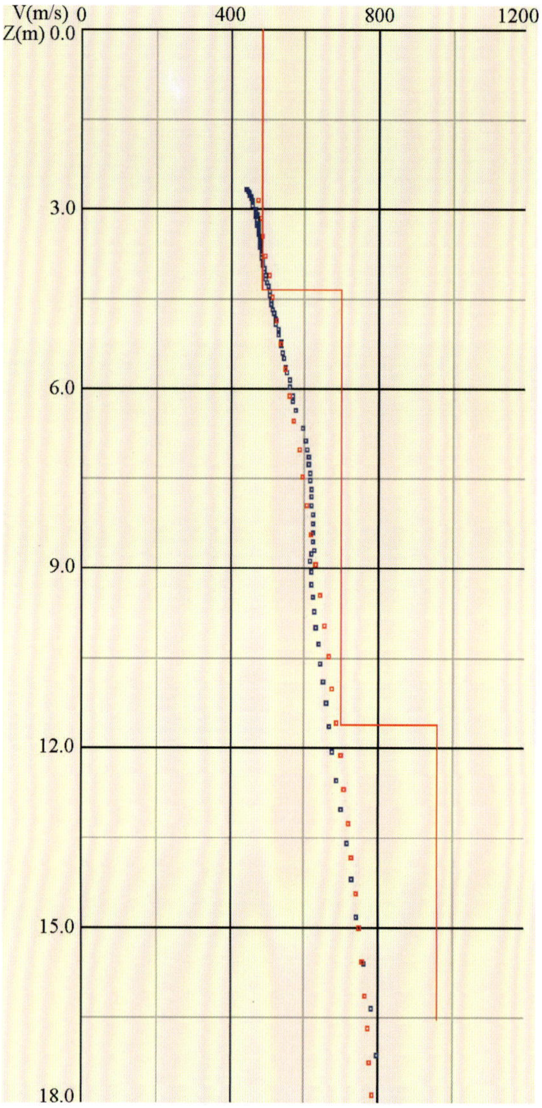

图 5.10　西寺 2 号测点 4Hz 频散曲线 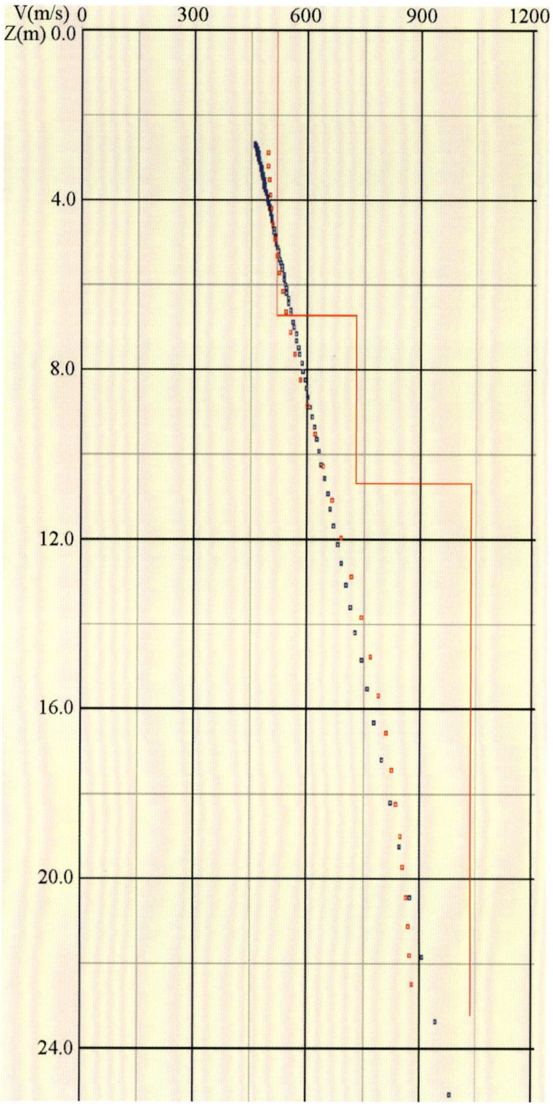　　　　图 5.11　西寺 2 号测点 10Hz 频散曲线

(3) 西寺 3 号测点（见图 5.12、图 5.13）

西寺 3 号测点位于佛塔南侧，走向 180°，分别采用 4Hz 和 10Hz 检波器。由下图可以看出，4Hz 检波器能够揭露 1.6~12.5m 深度的地层，波速范围在 241m/s~757m/s，速度近线性增长。10Hz 检波器能够揭露 1.8~8m 深度的地层，波速范围在 272m/s~504m/s，速度近线性增长。

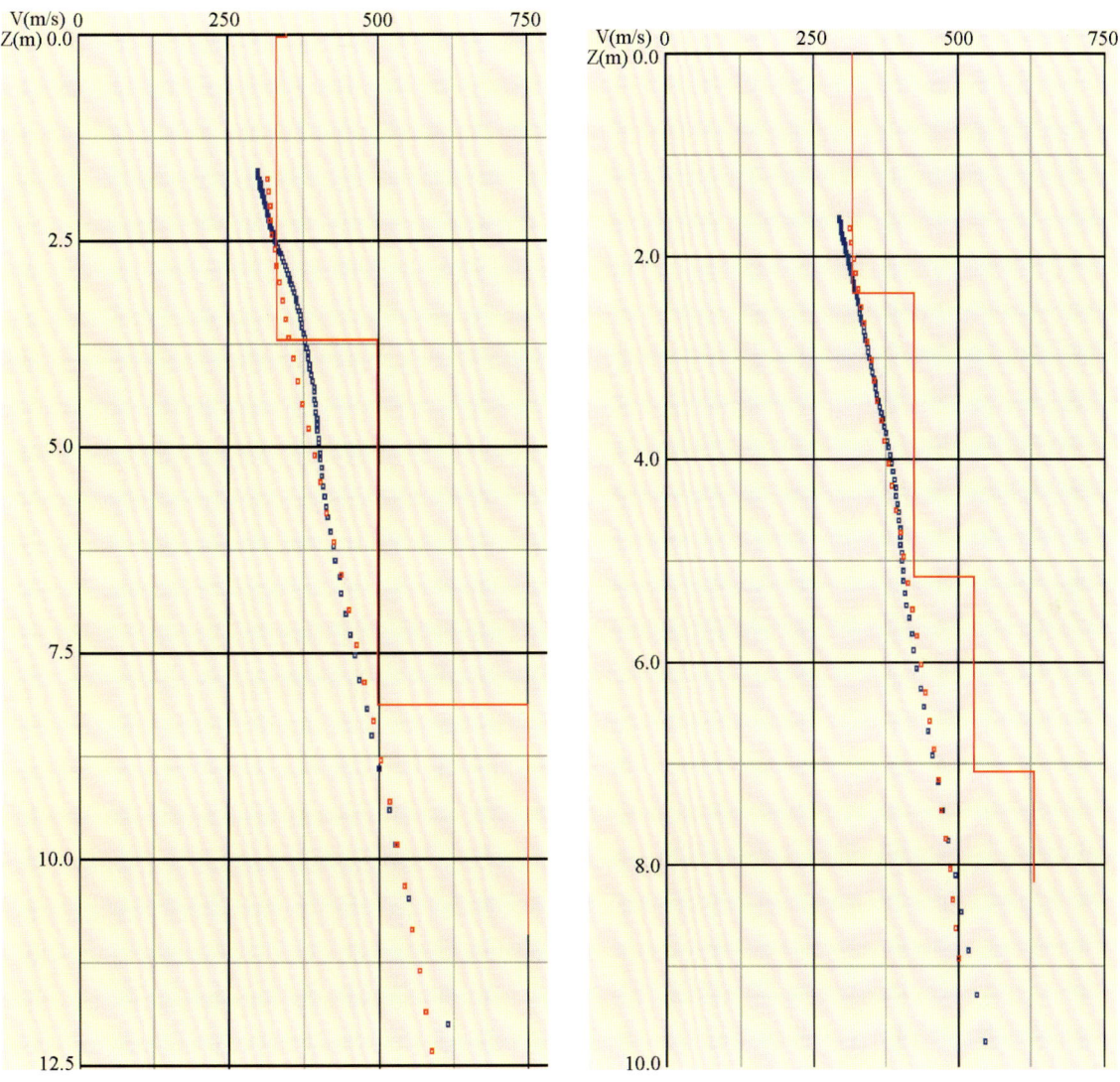

图 5.12　西寺 3 号测点 4Hz 频散曲线　　　图 5.13　西寺 3 号测点 10Hz 频散曲线

（4）西寺 4 号测点（见图 5.14、图 5.15）

西寺 4 号测点位于西寺佛塔东北方向平坦处，走向 215°，分别采用 4Hz 和 10Hz 检波器。由下图可以看出，4Hz 检波器能够揭露 1.4～14.6m 深度的地层，波速范围在 372m/s～789m/s，速度近线性增长。10Hz 检波器能够揭露 1.5～7.5m 深度的地层，波速范围在 203m/s～511m/s，速度近线性增长。

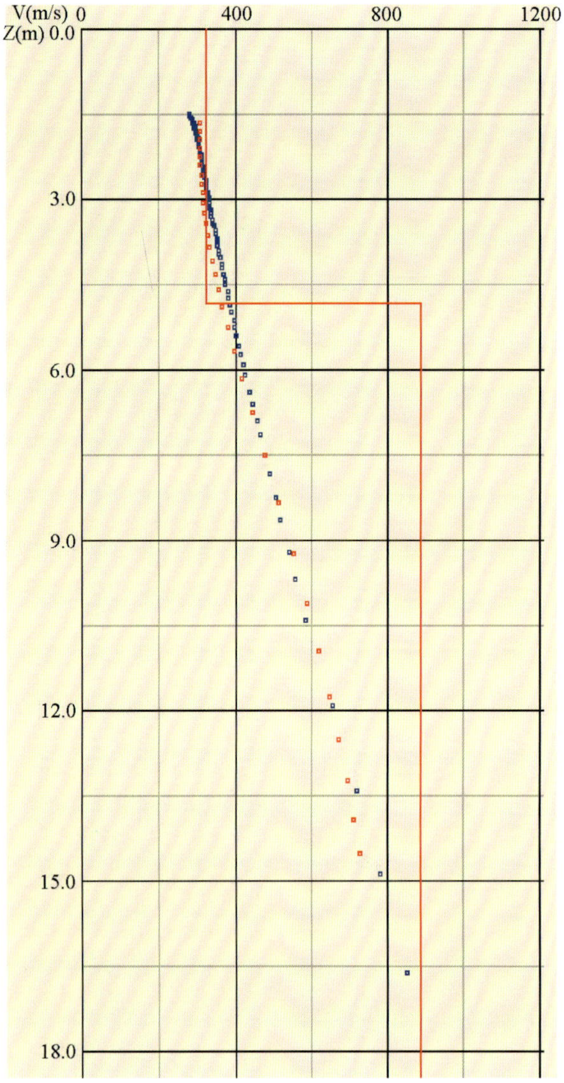

图 5.14　西寺 4 号测点 4Hz 频散曲线 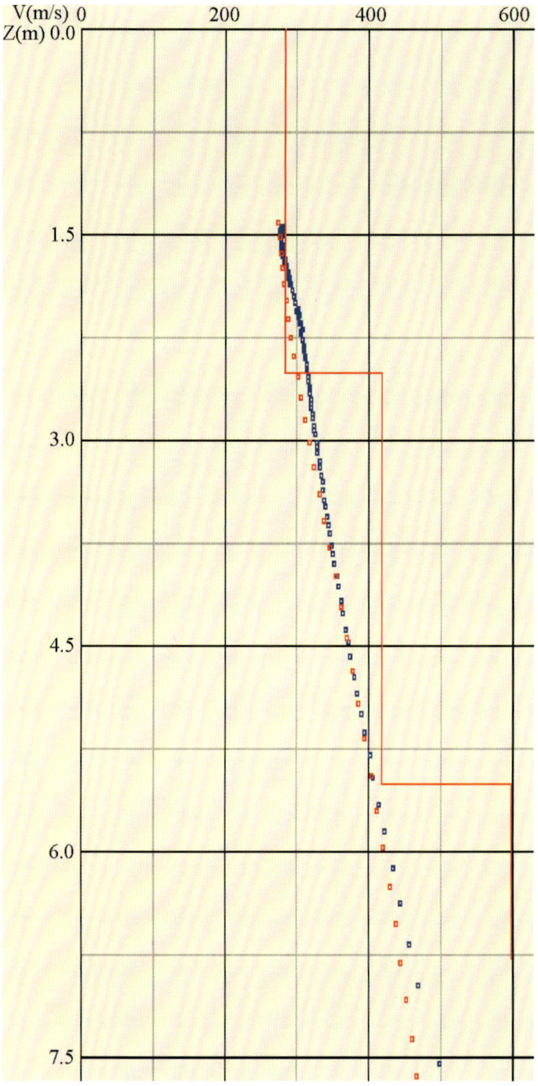　　　图 5.15　西寺 4 号测点 10Hz 频散曲线

（5）西寺 5 号测点（见图 5.16、图 5.17）

西寺 5 号测点位于西寺殿堂西北侧道路，走向 351°，分别采用 4Hz 和 10Hz 检波器。由下图可以看出，4Hz 检波器能够揭露 3.2~10m 深度的地层，波速范围在 503m/s~994m/s，速度近线性增长。10Hz 检波器能够揭露 3.75~11m 深度的地层，波速范围在 583m/s~991m/s，速度近线性增长。

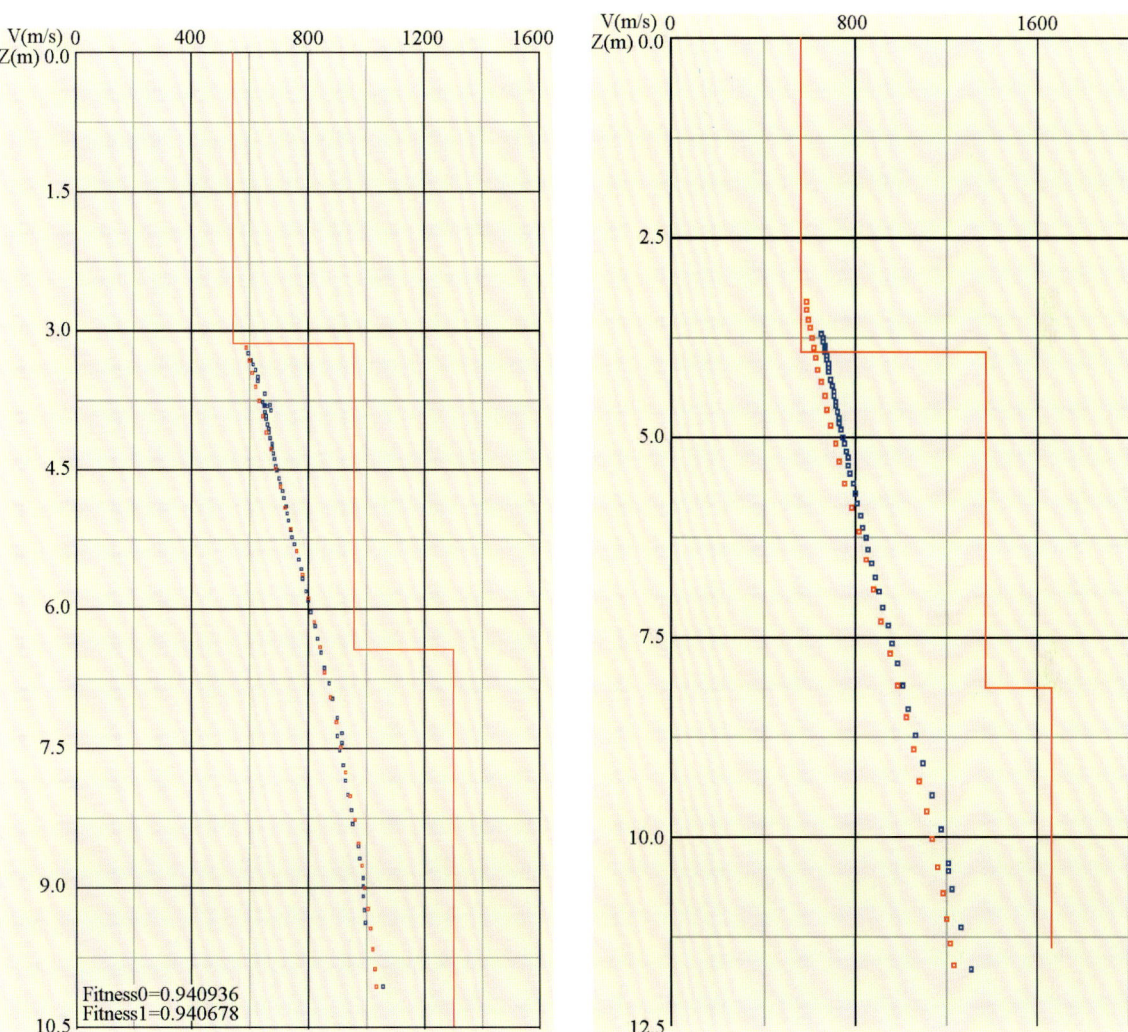

图 5.16　西寺 5 号测点 4Hz 频散曲线　　　　图 5.17　西寺 5 号测点 10Hz 频散曲线

（6）西寺6号测点（见图5.18、图5.19）

西寺6号测点位于S-W-4-1西侧，走向275°，分别采用4Hz和10Hz检波器。由下图可以看出，4Hz检波器能够揭露3.75~12m深度的地层，波速范围在592m/s~821m/s，速度近线性增长。10Hz检波器能够揭露4.5~19m深度的地层，波速范围在689m/s~902m/s，速度近线性增长。

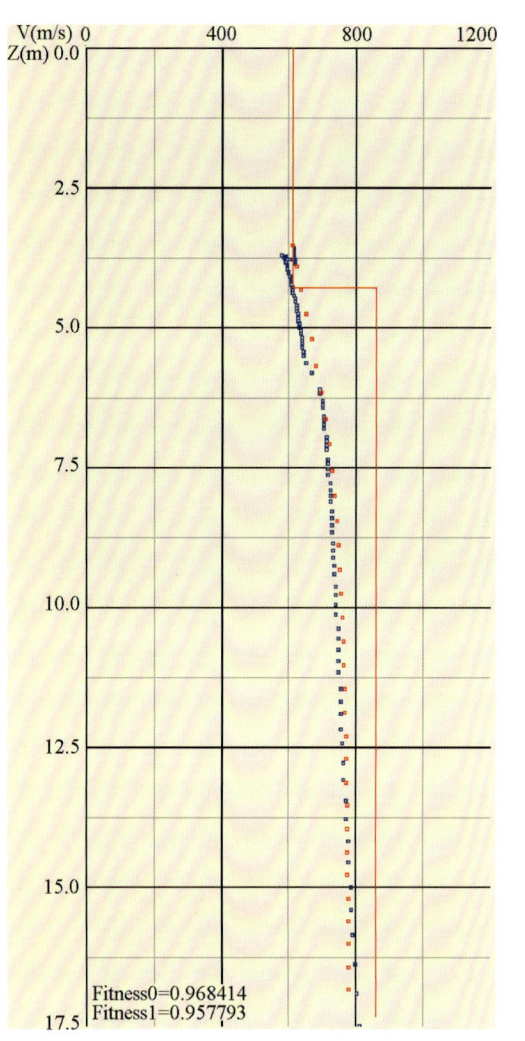
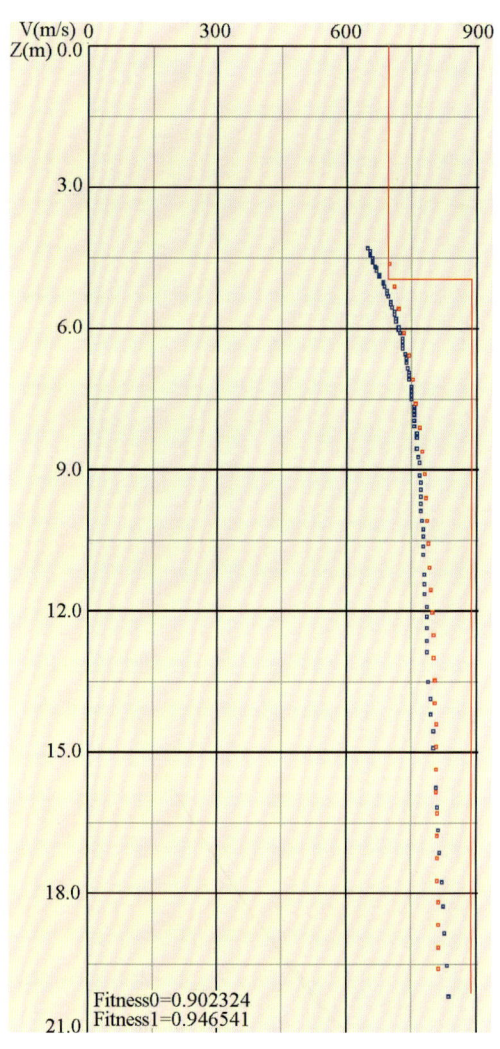

图5.18　西寺6号测点4Hz频散曲线　　　图5.19　西寺6号测点10Hz频散曲线

(7) 西寺 7 号测点（见图 5.20、图 5.21）

西寺 7 号测点位于 S-W-3-6 长墙前方，走向 139°，分别采用 4Hz 和 10Hz 检波器。由下图可以看出，4Hz 检波器能够揭露 3.1~9m 深度的地层，波速范围在 579m/s~993m/s，速度近线性增长。10Hz 检波器能够揭露 1.5~6m 深度的地层，波速范围在 281m/s~624m/s，速度近线性增长。

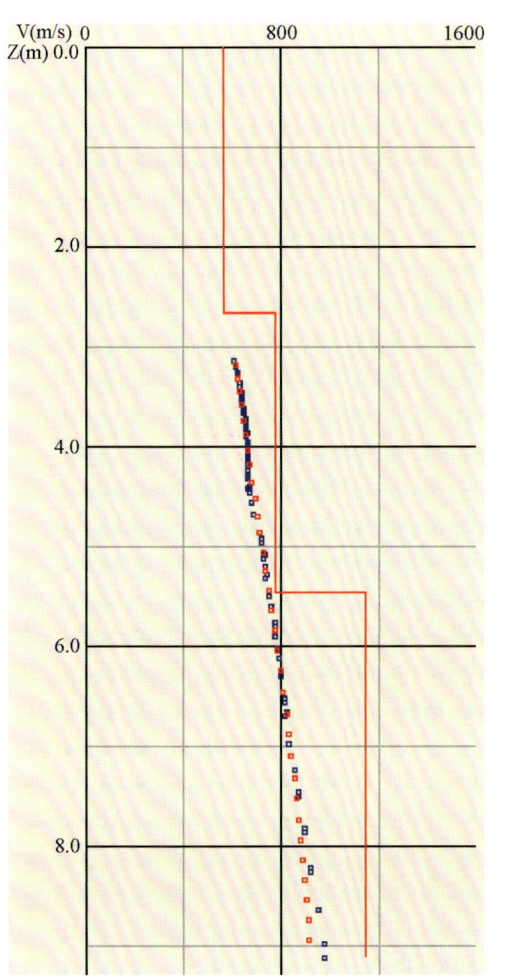

图 5.20　西寺 7 号测点 4Hz 频散曲线

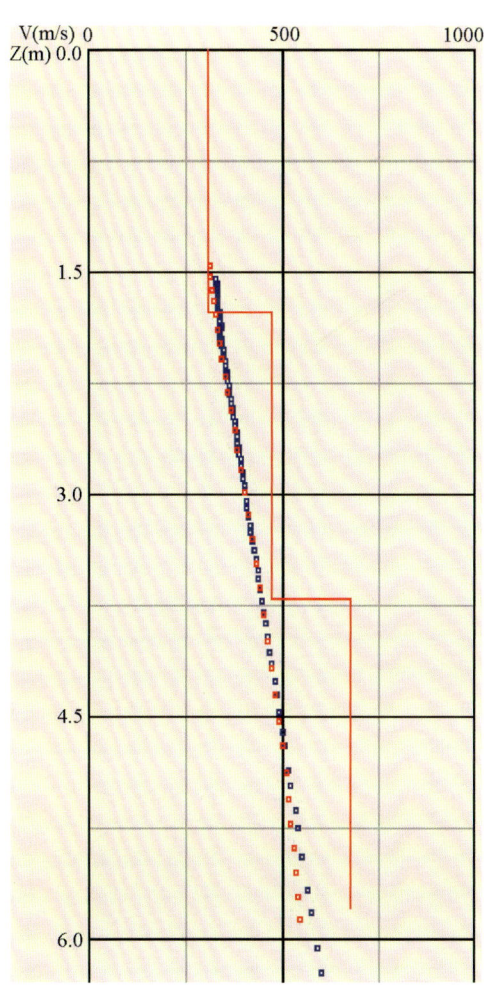

图 5.21　西寺 7 号测点 10Hz 频散曲线

（8）西寺8号测点（见图5.22、图5.23）

西寺8号测点位于S-W-3-6西南侧长墙尾一条长沟处，走向271°，分别采用4Hz和10Hz检波器。由下图可以看出，4Hz检波器能够揭露2.1~9.8m深度的地层，波速范围在493m/s~978m/s，速度近线性增长。10Hz检波器能够揭露2.8~7.5m深度的地层，波速范围在684m/s~1012m/s，速度近线性增长。

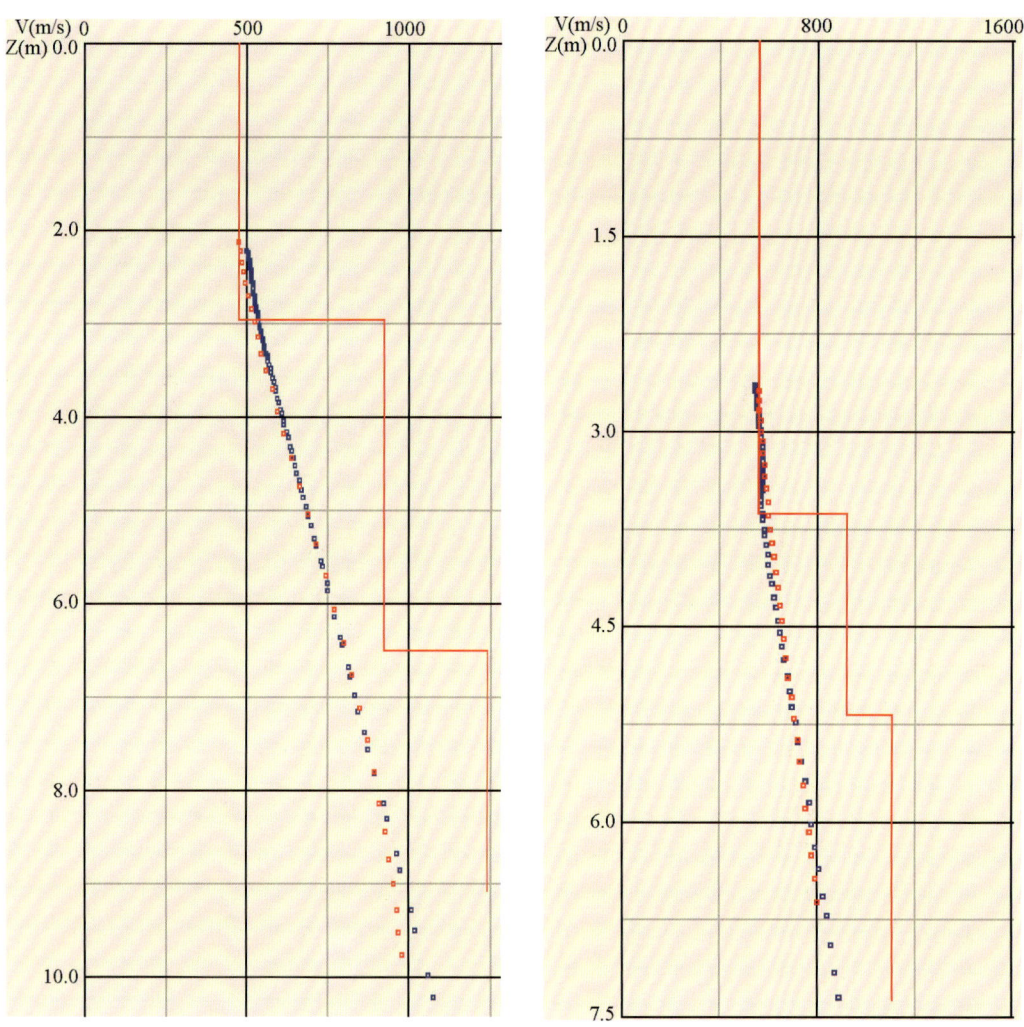

图5.22　西寺8号测点4Hz频散曲线　　图5.23　西寺8号测点10Hz频散曲线

(9) 西寺 9 号测点（图 5.24、图 5.25）

西寺 9 号测点位于 S-W-4-2，走向 1°，分别采用 4Hz 和 10Hz 检波器。由下图可以看出，4Hz 检波器能够揭露 2.8～7m 深度的地层，波速范围在 482m/s～1504m/s，速度近线性增长。10Hz 检波器能够揭露 2.8～7.5m 深度的地层，波速范围在 511m/s～1243m/s，速度近线性增长。

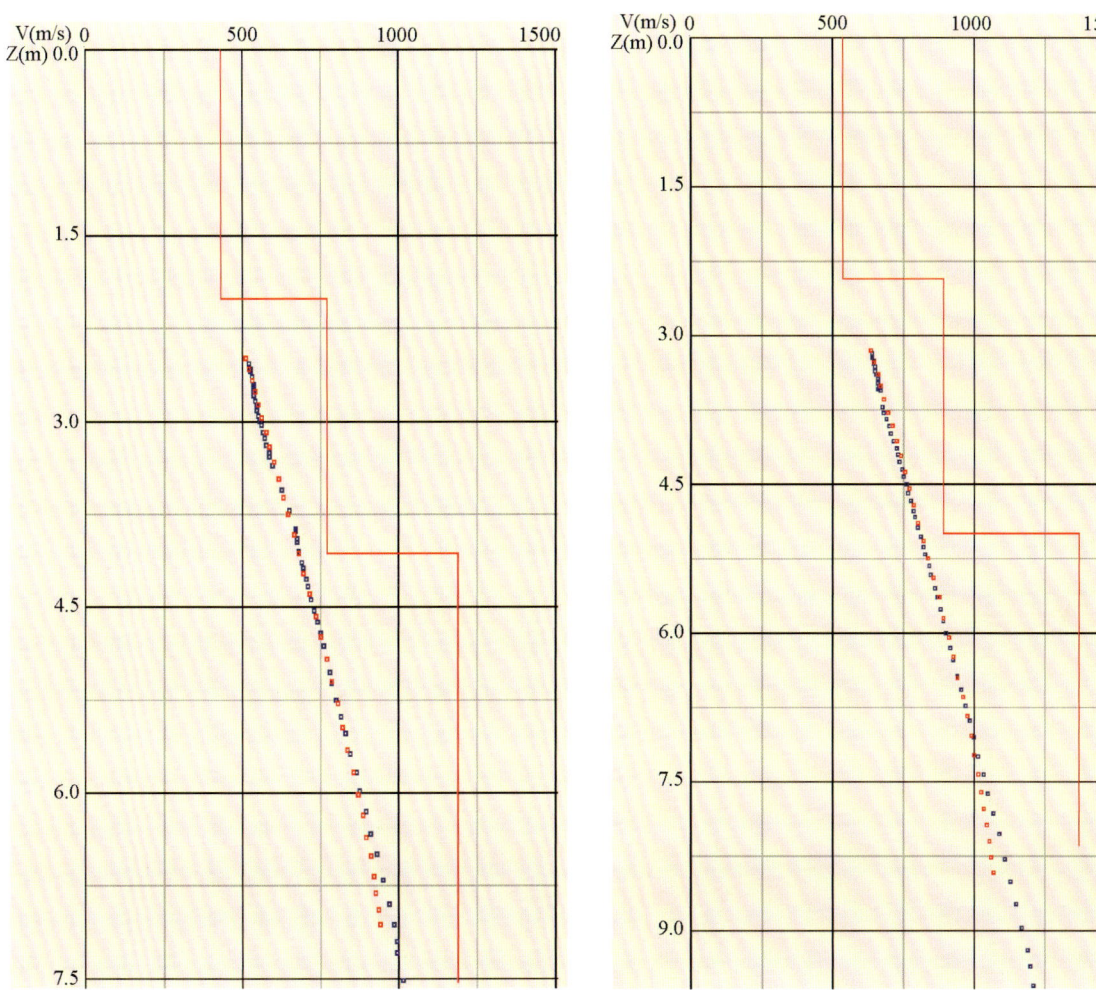

图 5.24　西寺 9 号测点 4Hz 频散曲线　　　图 5.25　西寺 9 号测点 10Hz 频散曲线

（10）西寺 10 号测点（图 5.26、图 5.27）

西寺 10 号测点位于 S-W-4-2 与 S-W-4-3 分界处一沟底，走向 56°，分别采用 4Hz 和 10Hz 检波器。由下图可以看出，4Hz 检波器能够揭露 2.1～15m 深度的地层，波速范围在 311m/s～1242m/s，速度近线性增长。10Hz 检波器能够揭露 2.5～12.5m 深度的地层，波速范围在 403m/s～1008m/s，速度近线性增长。

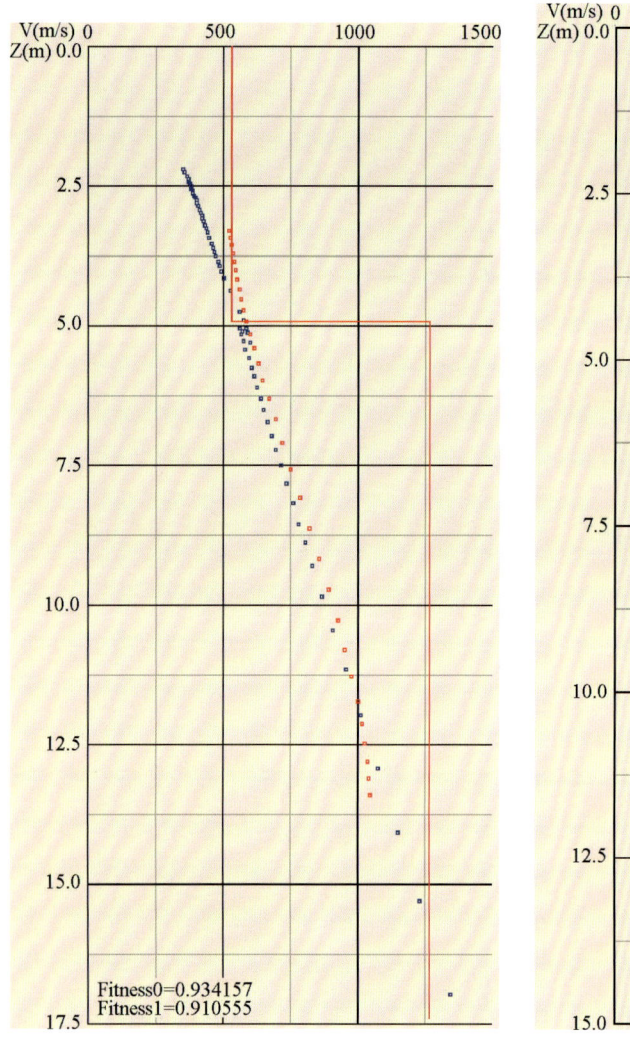

图 5.26　西寺 10 号测点 4Hz 频散曲线

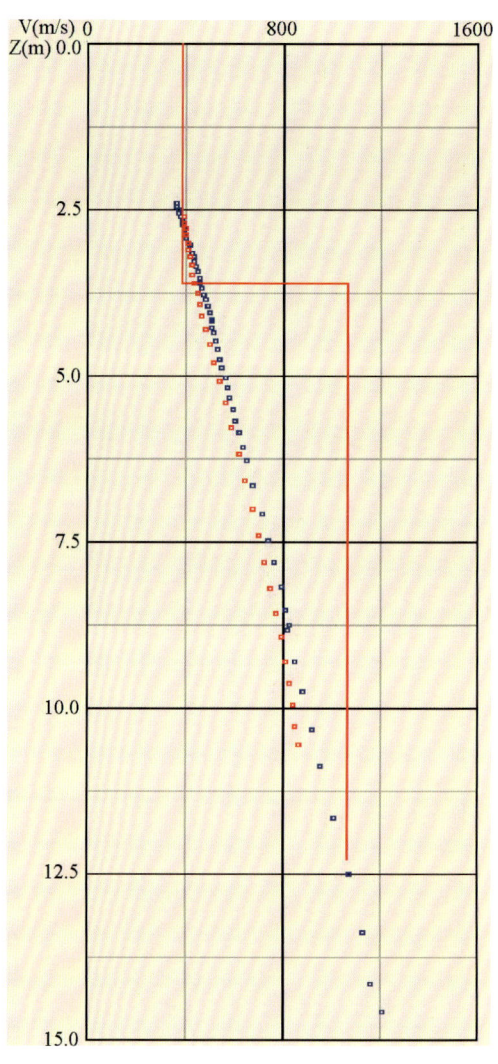

图 5.27　西寺 10 号测点 10Hz 频散曲线

(11）西寺 11 号测点（图 5.28、图 5.29）

西寺 11 号测点位于 S-W-5，1-11 石窟两侧路中间，走向 294°，分别采用 4Hz 和 10Hz 检波器。由下图可以看出，4Hz 检波器能够揭露 1.9~11m 深度的地层，波速范围在 313m/s~796m/s，速度近线性增长。10Hz 检波器能够揭露 2.1~9m 深度的地层，波速范围在 317m/s~675m/s，速度近线性增长。

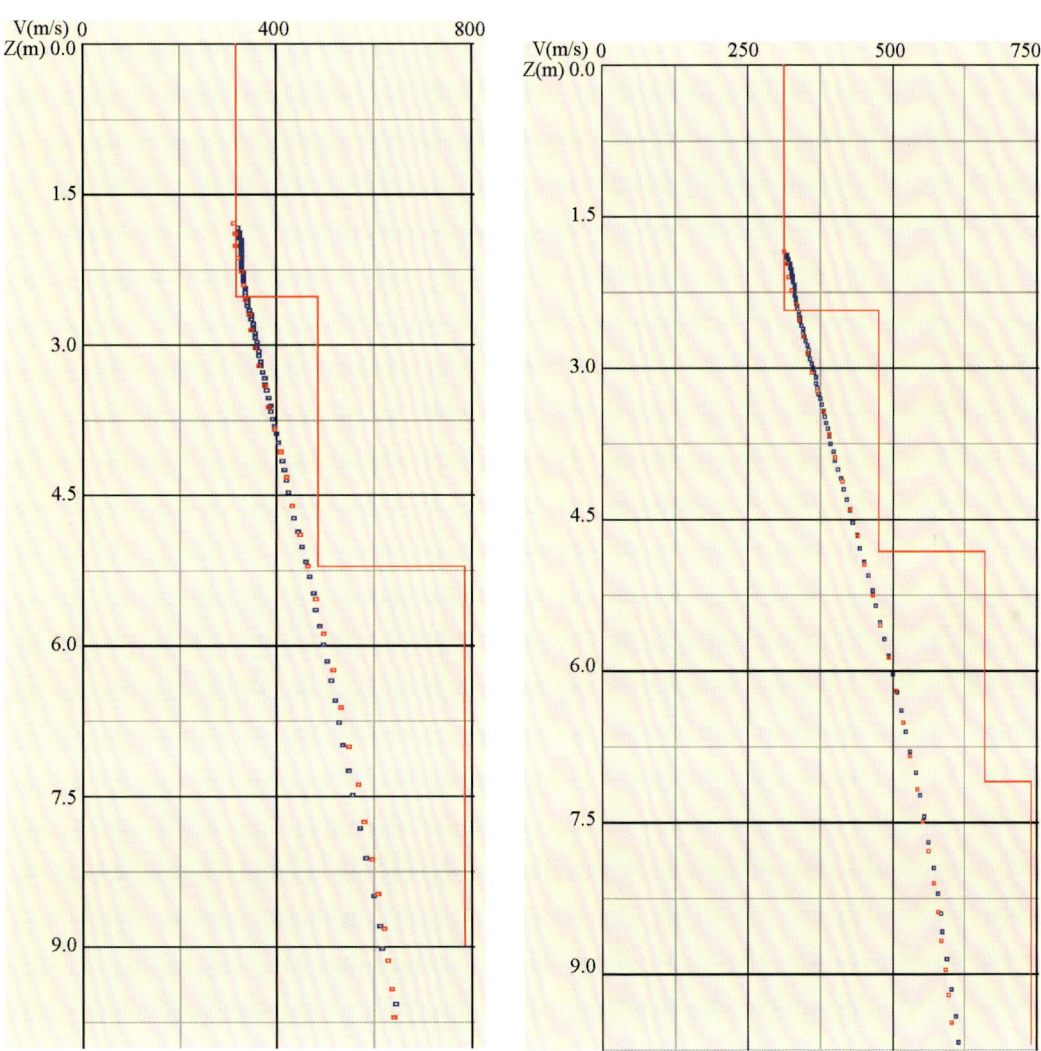

图 5.28　西寺 11 号测点 4Hz 频散曲线　　　图 5.29　西寺 11 号测点 10Hz 频散曲线

(12) 西寺 12 号测点（图 5.30、图 5.31）

西寺 12 号测点位于 S-W-5，11 石窟南侧河沟旁，走向 276°，分别采用 4Hz 和 10Hz 检波器。由下图可以看出，4Hz 检波器能够揭露 2~16m 深度的地层，波速范围在 382m/s~999m/s，速度近线性增长。10Hz 检波器能够揭露 2.8~8.1m 深度的地层，波速范围在 319m/s~608m/s，速度近线性增长。

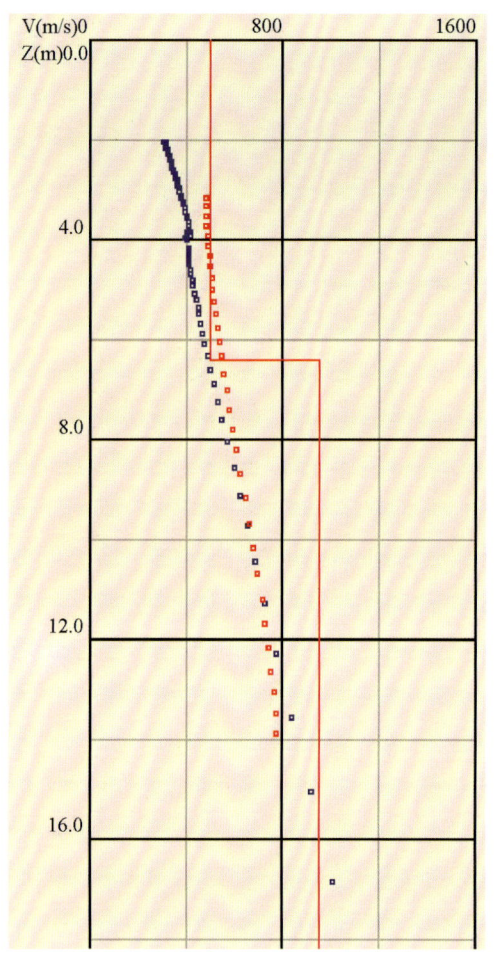
图 5.30　西寺 12 号测点 4Hz 频散曲线

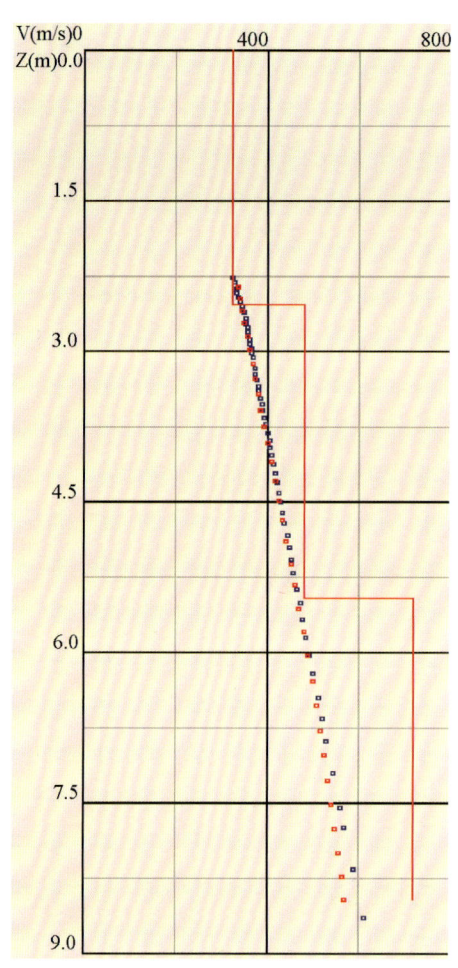
图 5.31　西寺 12 号测点 10Hz 频散曲线

(13) 西寺 13 号测点（图 5.32、图 5.33）

西寺 13 号测点位于 S-W-5，14 石窟北，走向 145°，分别采用 4Hz 和 10Hz 检波器。由下图可以看出，4Hz 检波器能够揭露 3.6~12m 深度的地层，波速范围在 482m/s~943m/s，速度近线性增长。10Hz 检波器能够揭露 2.8~8.1m 深度的地层，波速范围在 314m/s~663m/s，速度近线性增长。

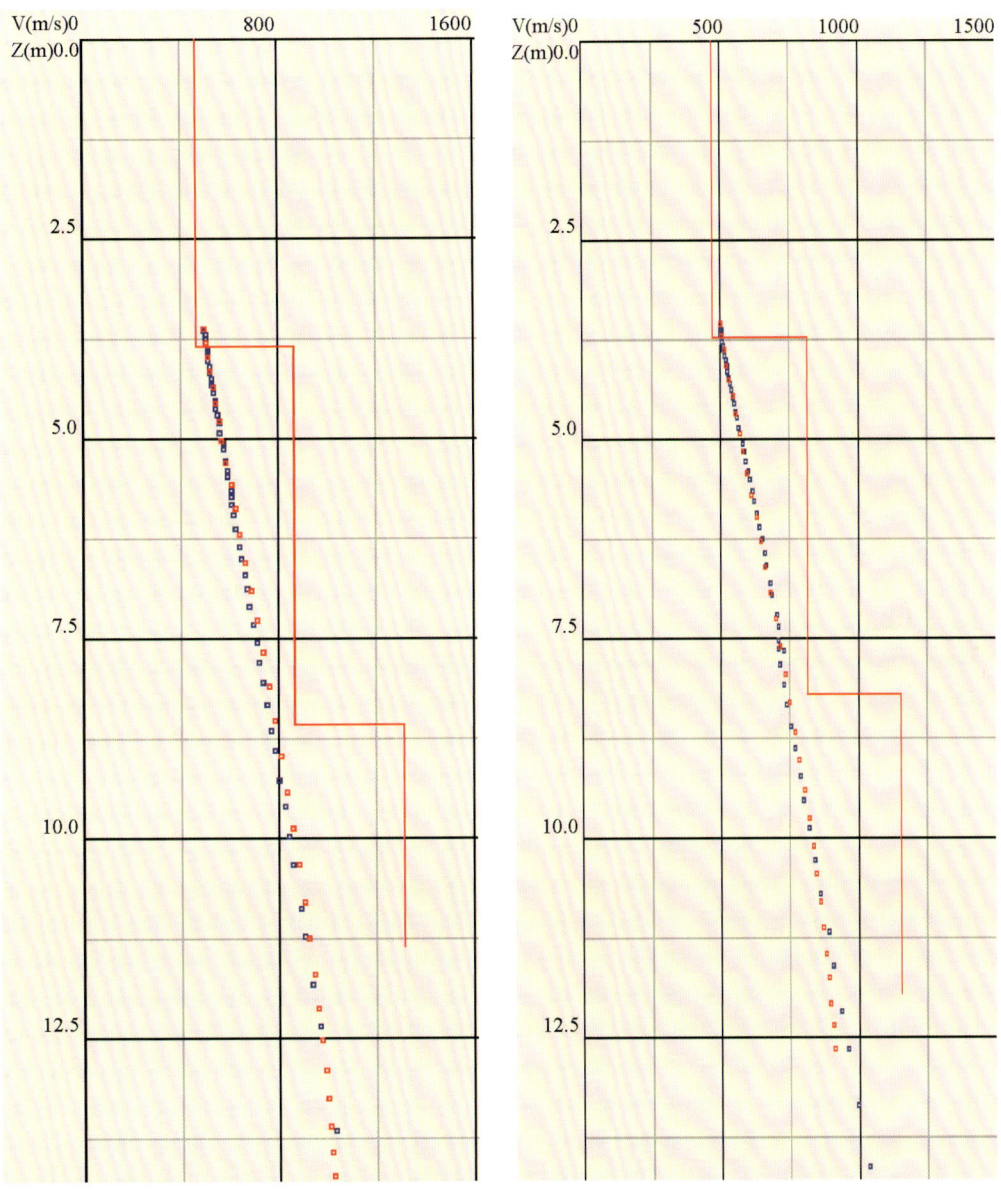

图 5.32　西寺 13 号测点 4Hz 频散曲线　　　图 5.33　西寺 13 号测点 10Hz 频散曲线

(14) 西寺 14 号测点（图 5.34、图 5.35）

西寺 14 号测点位于规划中的观景台，走向 71°，分别采用 4Hz 和 10Hz 检波器。由下图可以看出，4Hz 检波器能够揭露 2.1~6m 深度的地层，波速范围在 501m/s~712m/s，速度近线性增长。10Hz 检波器能够揭露 1.5~8m 深度的地层，波速范围在 481m/s~823m/s，速度近线性增长。

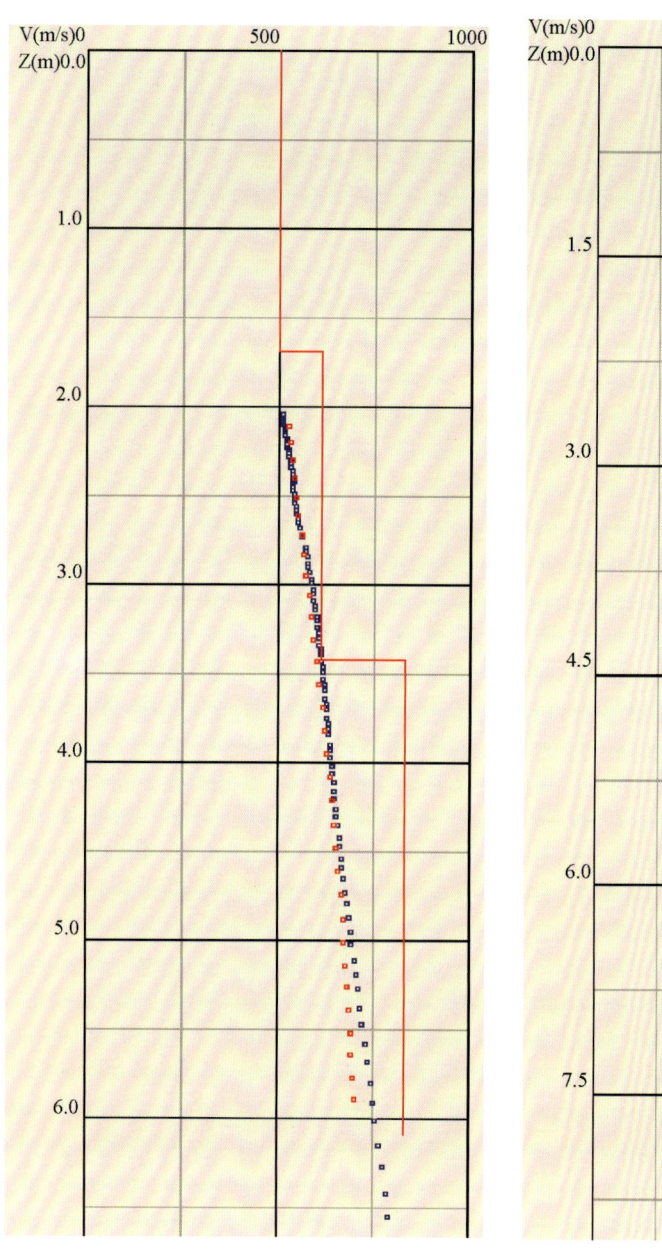
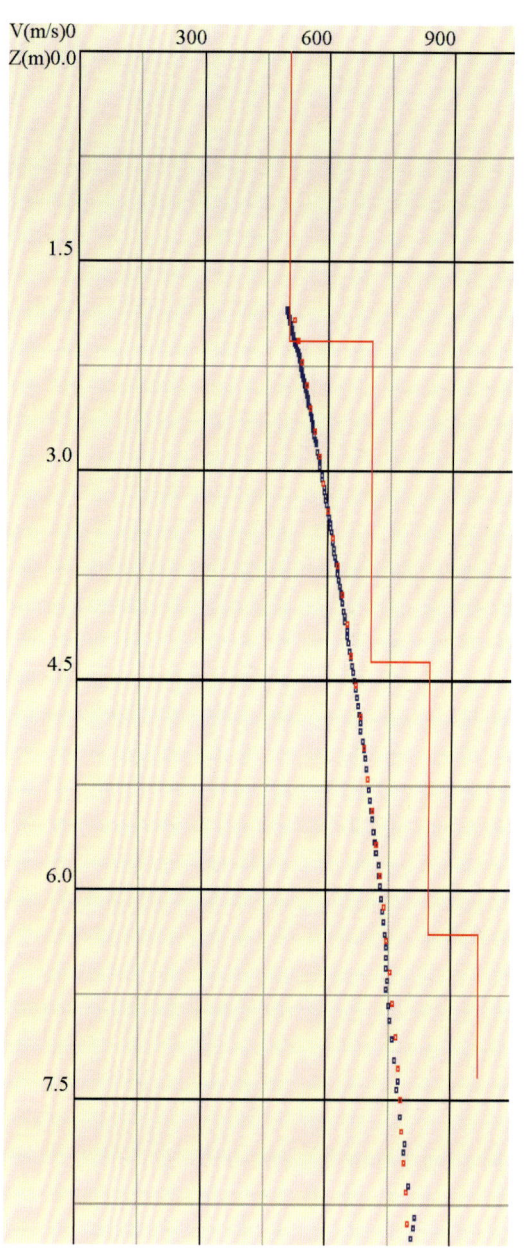

图 5.34　西寺 14 号测点 4Hz 频散曲线　　　图 5.35　西寺 14 号测点 10Hz 频散曲线

（15）西寺 15 号测点（图 5.36、图 5.37）

西寺 15 号测点位于 S-W-1 宣传牌东南约 25m，走向 208°，分别采用 4Hz 和 10Hz 检波器。由下图可以看出，4Hz 检波器能够揭露 2.4~9.7m 深度的地层，波速范围在 412m/s~803m/s，速度近线性增长。10Hz 检波器能够揭露 2.3~11.9m 深度的地层，波速范围在 446m/s~1147m/s，速度近线性增长。

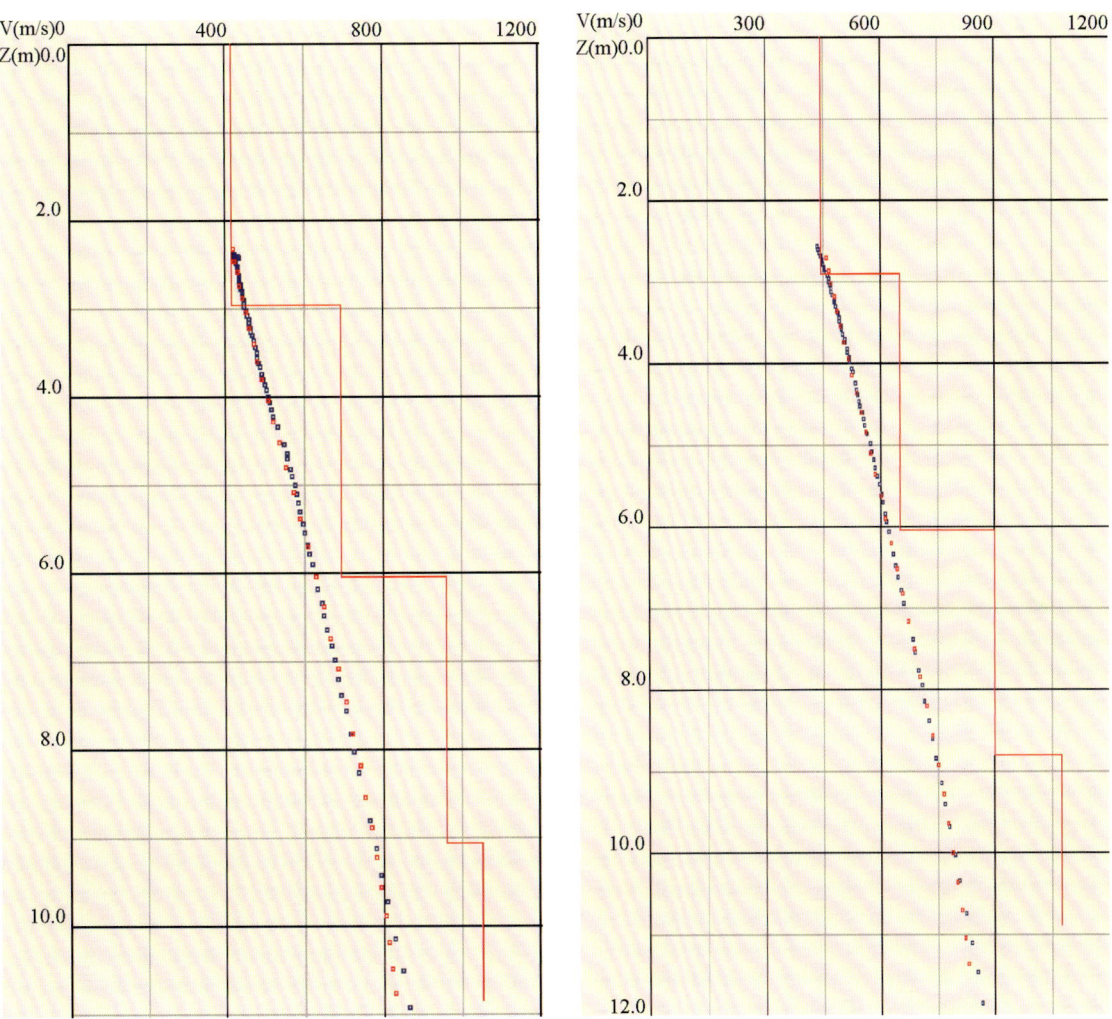

图 5.36　西寺 15 号测点 4Hz 频散曲线　　　图 5.37　西寺 15 号测点 10Hz 频散曲线

(16）西寺16号测点（图5.38、图5.39）

西寺16号测点位于S-E-2四号墙体附近，走向85°，分别采用4Hz和10Hz检波器。由下图可以看出，4Hz检波器能够揭露1.8～11.4m深度的地层，波速范围在284m/s～492m/s，速度近线性增长。10Hz检波器能够揭露2.1～11.8m深度的地层，波速范围在286m/s～597m/s，速度近线性增长。

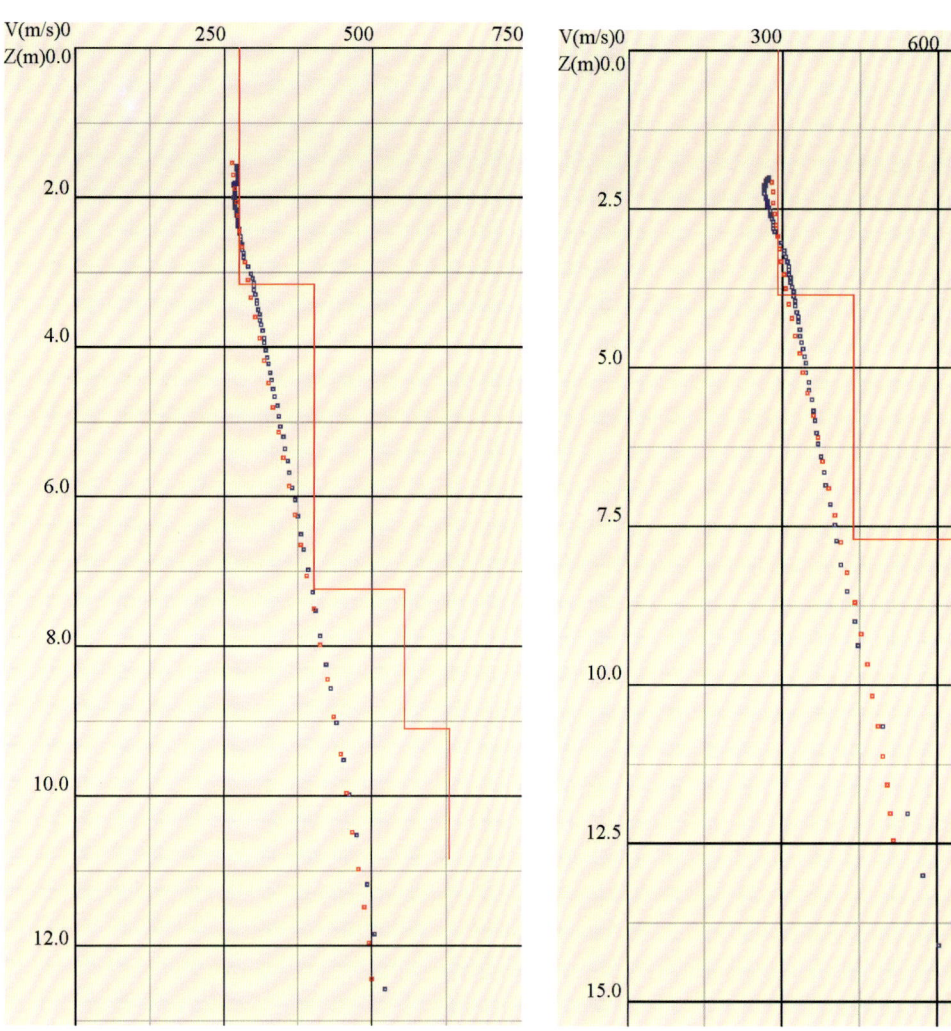

图5.38　西寺16号测点4Hz频散曲线　　图5.39　西寺16号测点10Hz频散曲线

（17）东寺 1 号测点（图 5.40、图 5.41）

东寺 1 号测点位于 S-E-2 四号墙体附近，走向 85°，分别采用 4Hz 和 10Hz 检波器。由下图可以看出，4Hz 检波器能够揭露 2.6~8.3m 深度的地层，波速范围在 421m/s~994m/s，速度近线性增长。10Hz 检波器能够揭露 2~9.2m 深度的地层，波速范围在 431m/s~1127m/s，速度近线性增长。

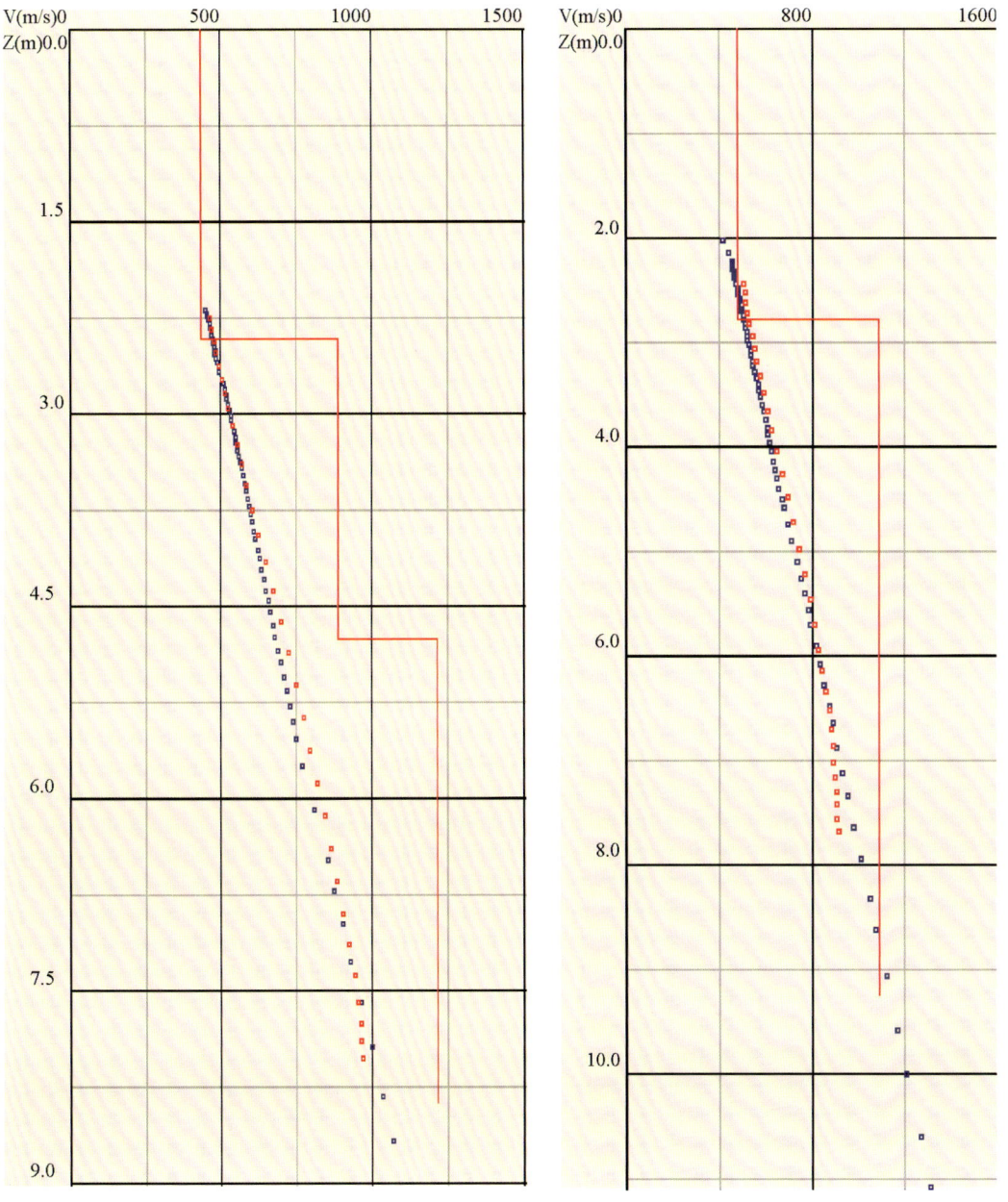

图 5.40　东寺 1 号测点 4Hz 频散曲线　　图 5.41　东寺 1 号测点 10Hz 频散曲线

(18) 东寺 2 号测点 (图 5.42、图 5.43)

东寺 2 号测点位于 S-E-2, 12 号墙体内, 走向 139°, 分别采用 4Hz 和 10Hz 检波器。由下图可以看出, 4Hz 检波器能够揭露 2~5.5m 深度的地层, 波速范围在 521m/s~609m/s, 速度近线性增长。10Hz 检波器能够揭露 2.2~5.3m 深度的地层, 波速范围在 532m/s~721m/s, 速度近线性增长。

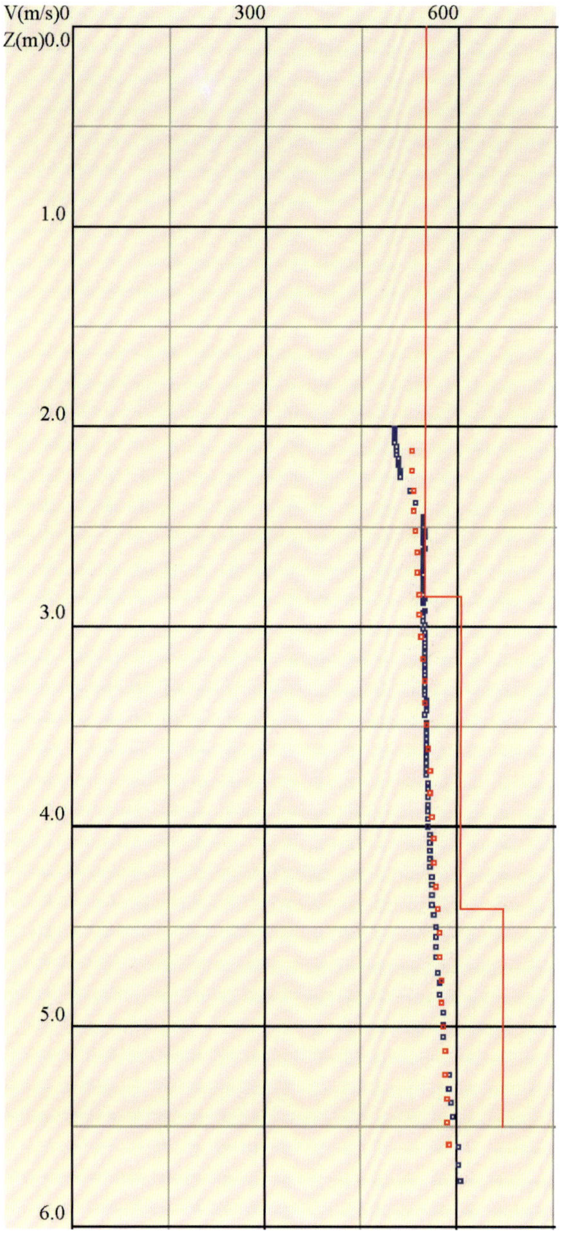

图 5.42　东寺 2 号测点 4Hz 频散曲线 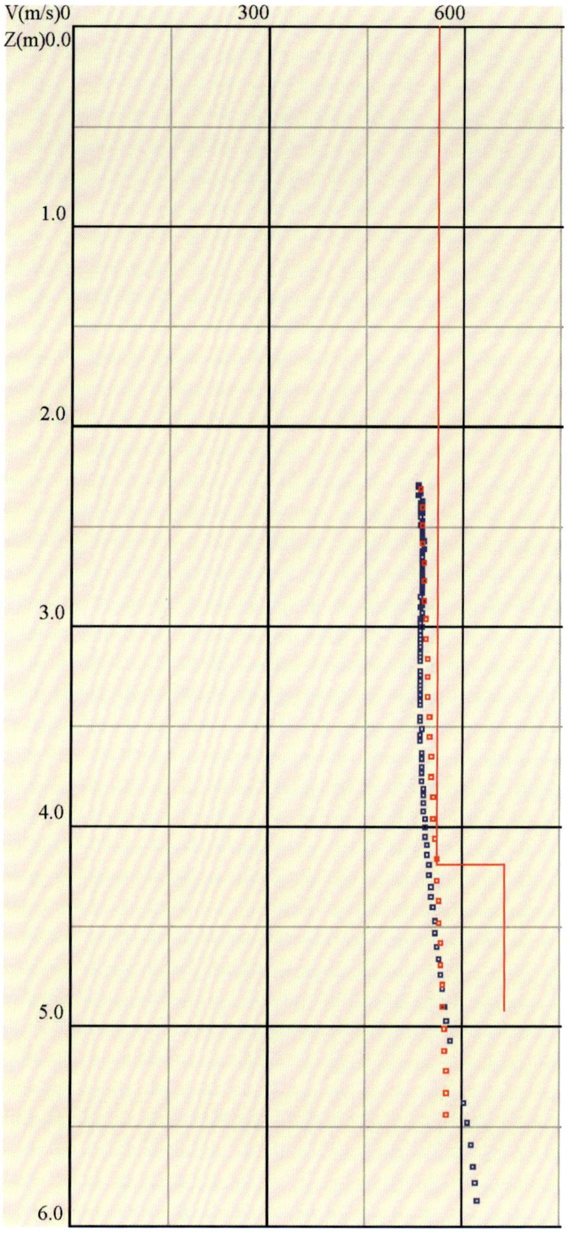　　图 5.43　东寺 2 号测点 10Hz 频散曲线

(19) 东寺 3 号测点（图 5.44、图 5.45）

东寺 3 号测点位于 S-E-2，15、16 号墙体中间，走向 7°，分别采用 4Hz 和 10Hz 检波器。由下图可以看出，4Hz 检波器能够揭露 3.2~17.9m 深度的地层，波速范围在 603m/s~1597m/s，速度近线性增长。10Hz 检波器能够揭露 3.8~17.9m 深度的地层，波速范围在 600m/s~1601m/s，速度近线性增长。

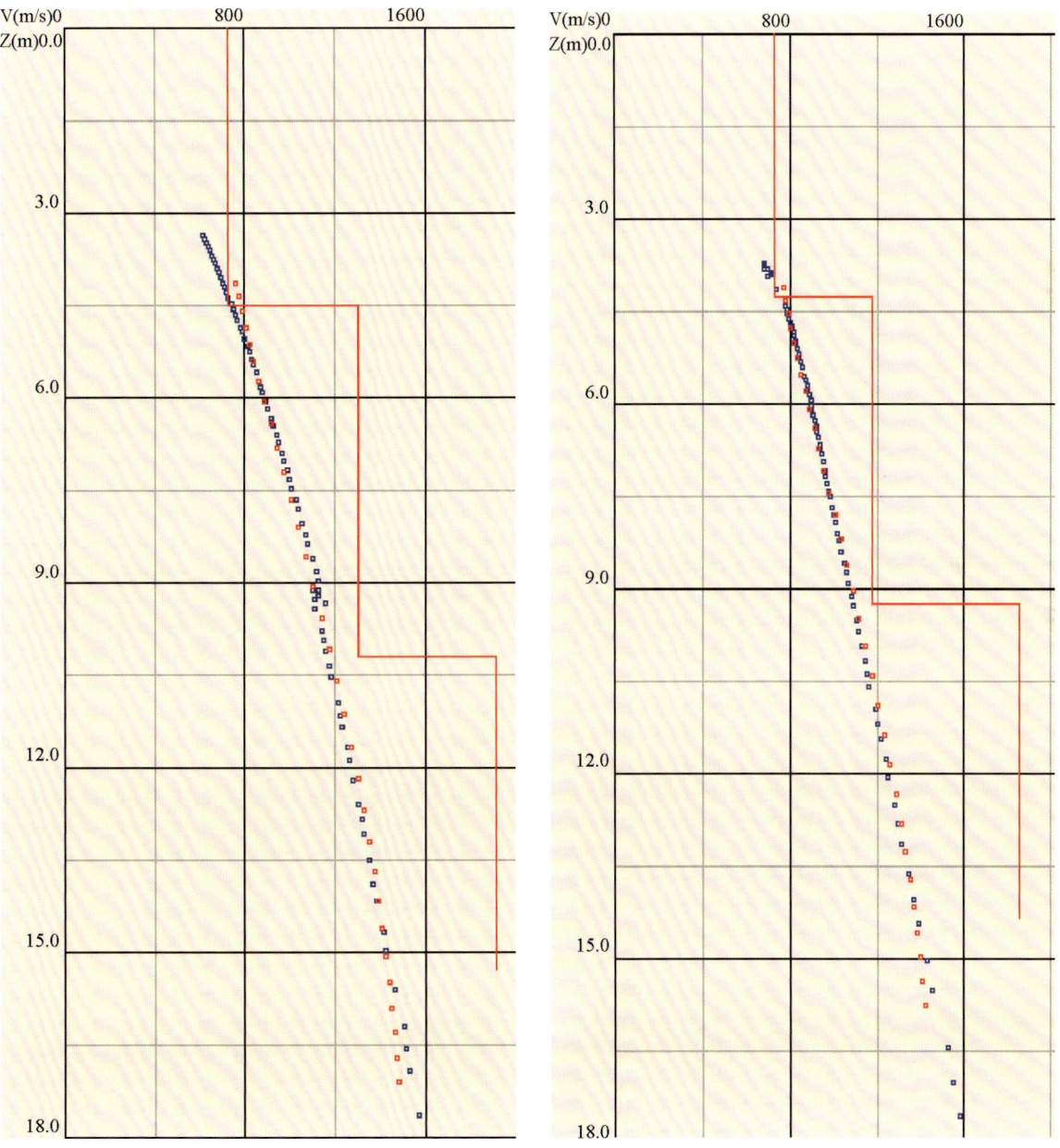

图 5.44　东寺 3 号测点 4Hz 频散曲线　　　　图 5.45　东寺 3 号测点 10Hz 频散曲线

(20) 东寺 4 号测点（图 5.46、图 5.47）

东寺 4 号测点位于 S-E-2，佛塔西南侧，走向 162°，分别采用 4Hz 和 10Hz 检波器。由下图可以看出，4Hz 检波器能够揭露 2.3～7.6m 深度的地层，波速范围在 362m/s～693m/s，速度近线性增长。10Hz 检波器能够揭露 1.4～7.6m 深度的地层，波速范围在 326m/s～601m/s，速度近线性增长。

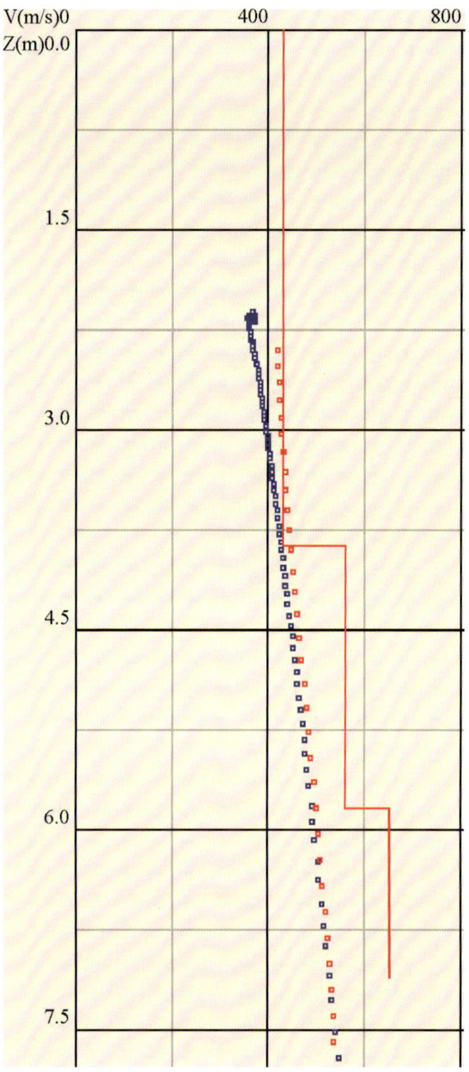

图 5.46　东寺 4 号测点 4Hz 频散曲线 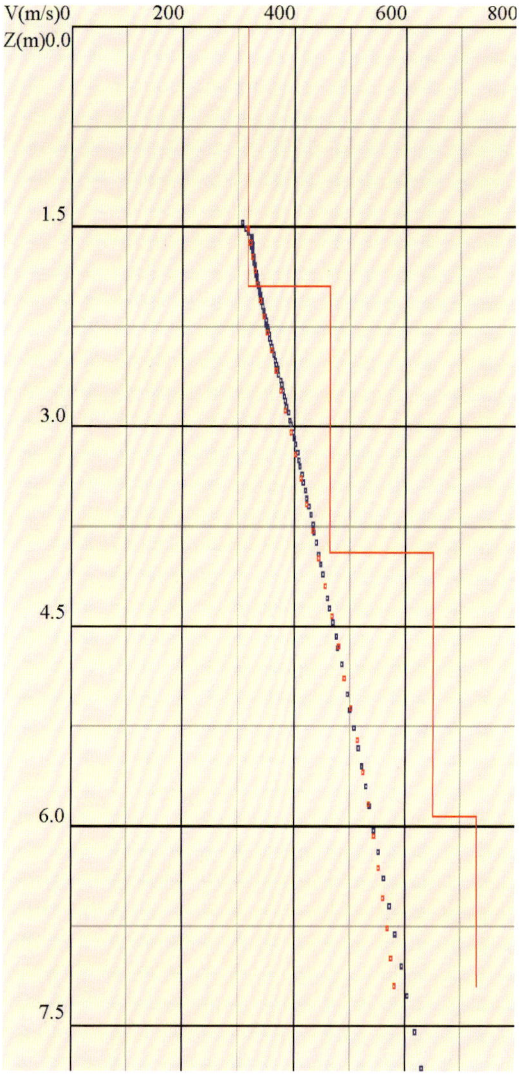　　图 5.47　东寺 4 号测点 10Hz 频散曲线

（21）东寺 5 号测点（图 5.48、图 5.49）

东寺 5 号测点位于 S-E-2，横贯 38 墙，走向 95°，分别采用 4Hz 和 10Hz 检波器。由下图可以看出，4Hz 检波器能够揭露 3.6~15.3m 深度的地层，波速范围在 506m/s~711m/s，速度近线性增长。10Hz 检波器能够揭露 1.7~15.6m 深度的地层，波速范围在 520m/s~1263m/s，速度近线性增长。

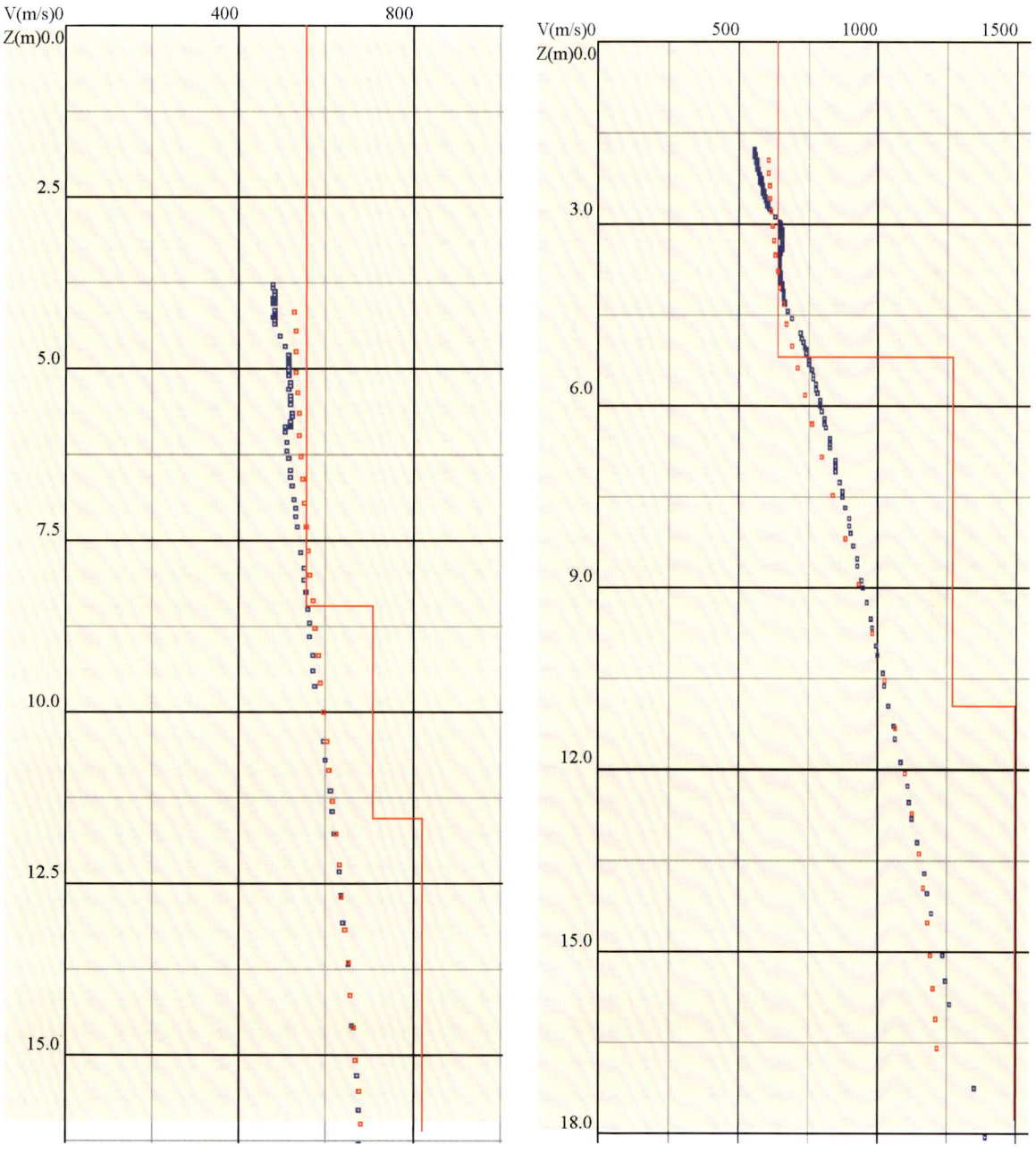

图 5.48　东寺 5 号测点 4Hz 频散曲线　　　　图 5.49　东寺 5 号测点 10Hz 频散曲线

（22）东寺 6 号测点（图 5.50、图 5.51）

东寺 6 号测点位于 S-E-2，72 墙西侧，走向 6°，分别采用 4Hz 和 10Hz 检波器。由下图可以看出，4Hz 检波器能够揭露 3.2～16.6m 深度的地层，波速范围在 782m/s～1023m/s，速度近线性增长。10Hz 检波器能够揭露 2.8～8.7m 深度的地层，波速范围在 542m/s～1031m/s，速度近线性增长。

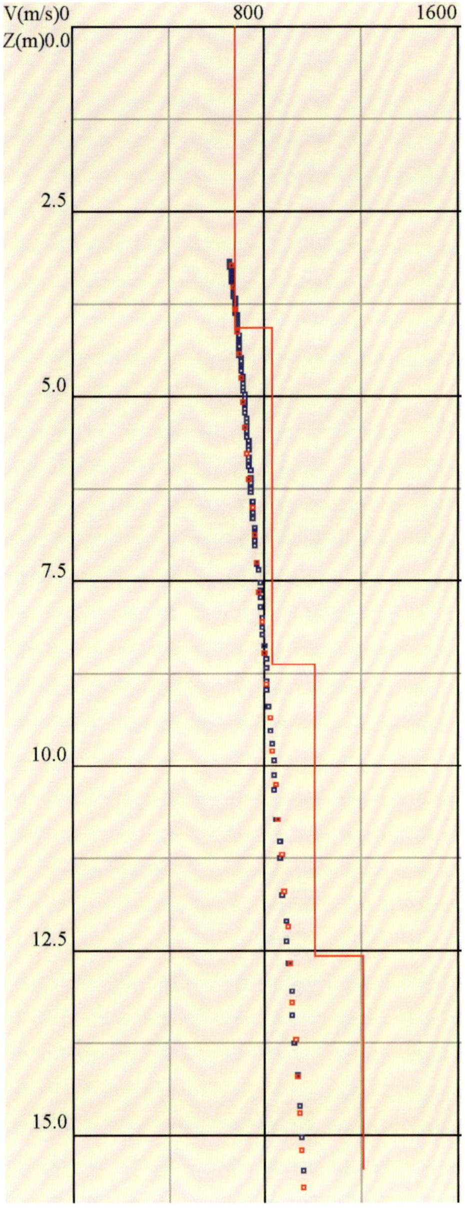

图 5.50　东寺 6 号测点 4Hz 频散曲线 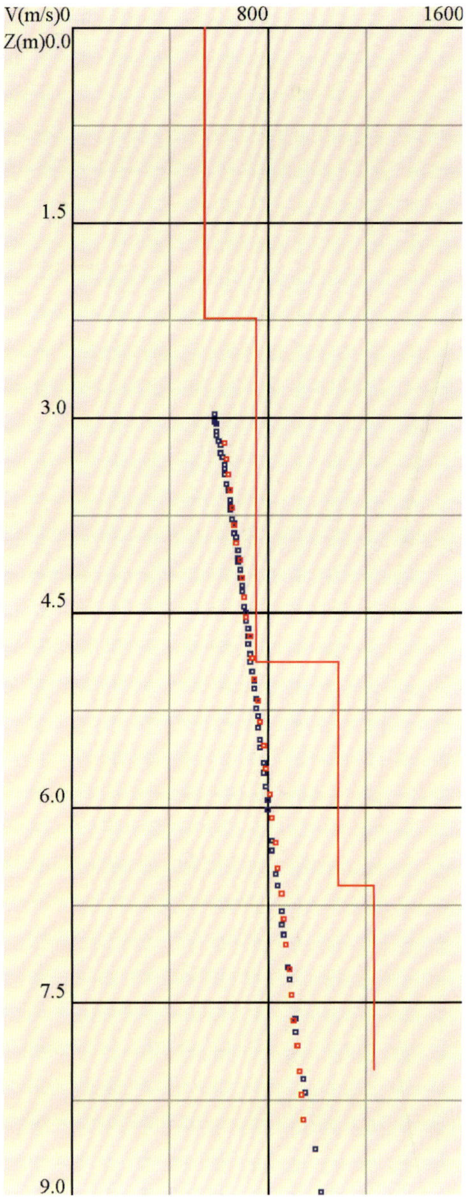　　　图 5.51　东寺 6 号测点 10Hz 频散曲线

(23) 东寺 7 号测点（图 5.52、图 5.53）

东寺 7 号测点位于 S-E-2，58 墙东侧，走向 330°，分别采用 4Hz 和 10Hz 检波器。由下图可以看出，4Hz 检波器能够揭露 3.6~8.7m 深度的地层，波速范围在 783m/s~981m/s，速度近线性增长。10Hz 检波器能够揭露 2.3~12.1m 深度的地层，波速范围在 594m/s~1194m/s，速度近线性增长。

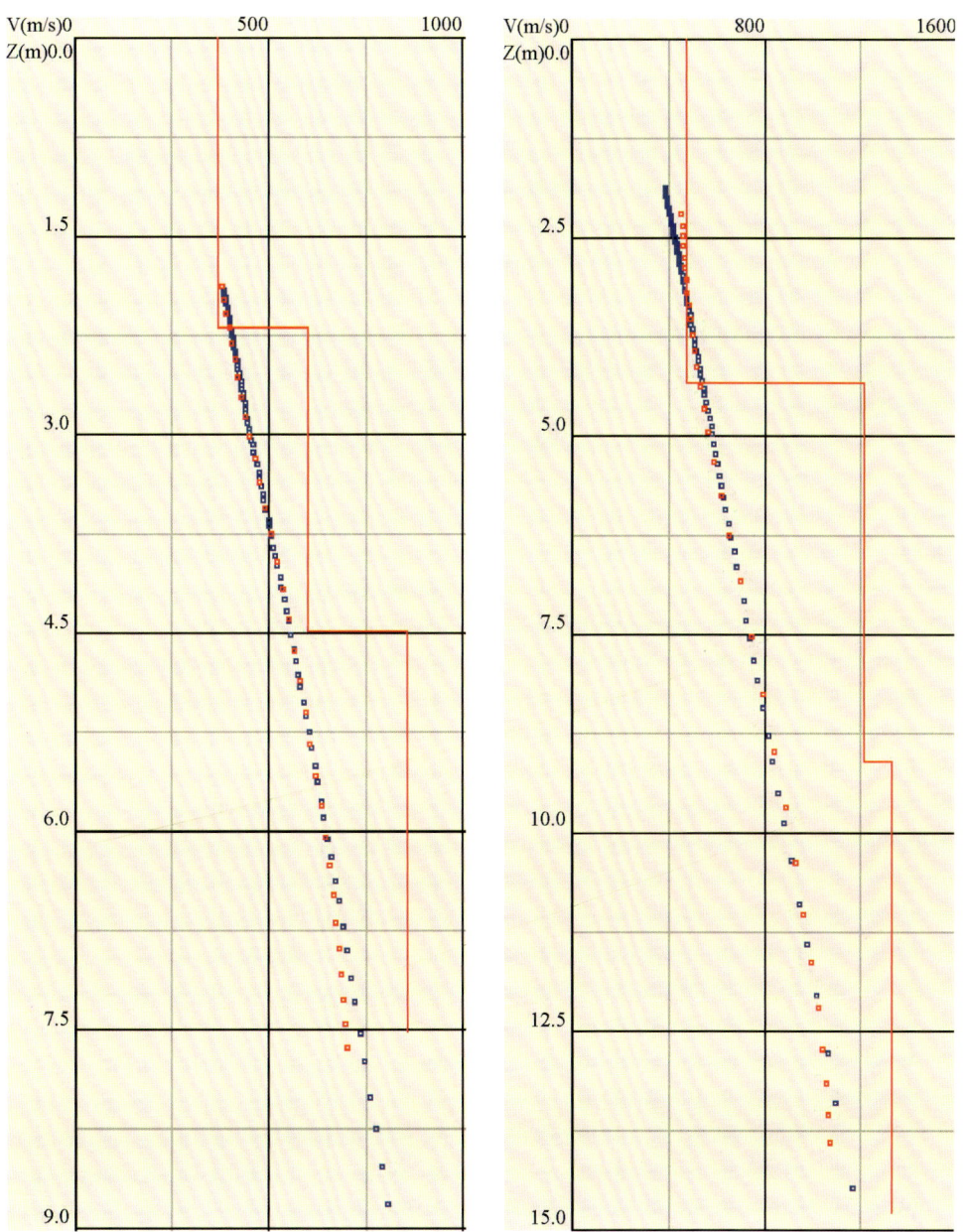

图 5.52　东寺 7 号测点 4Hz 频散曲线　　图 5.53　东寺 7 号测点 10Hz 频散曲线

(24) 东寺 8 号测点（图 5.54、图 5.55）

东寺 8 号测点位于 S-E-2，72 墙西侧，走向 5°，分别采用 4Hz 和 10Hz 检波器。由下图可以看出，4Hz 检波器能够揭露 2.2~8.7m 深度的地层，波速范围在 434m/s~736m/s，速度近线性增长。10Hz 检波器能够揭露 2.3~6.2m 深度的地层，波速范围在 327m/s~762m/s，速度近线性增长。

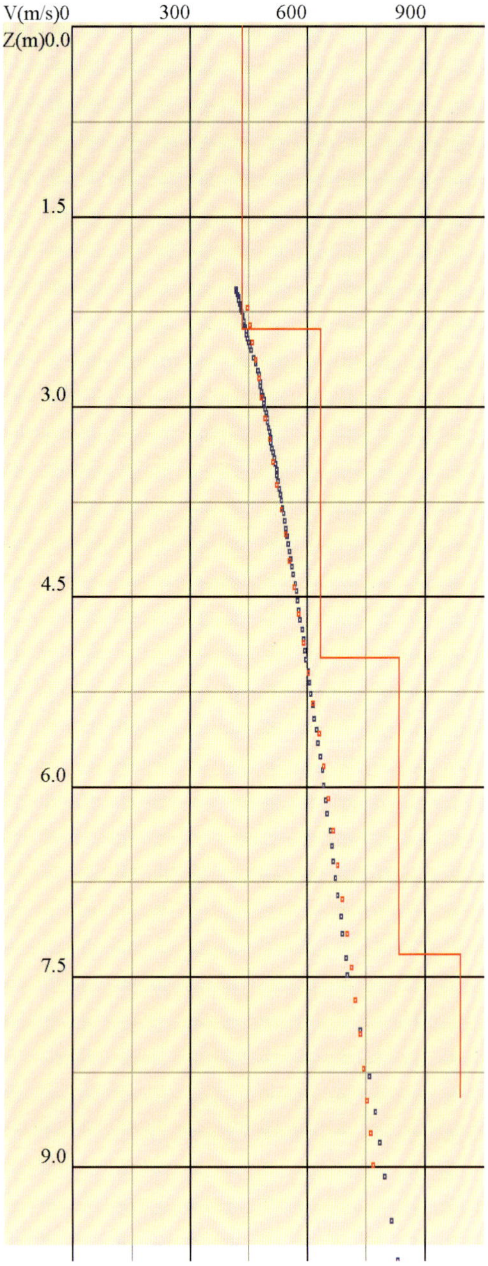

图 5.54　东寺 8 号测点 4Hz 频散曲线 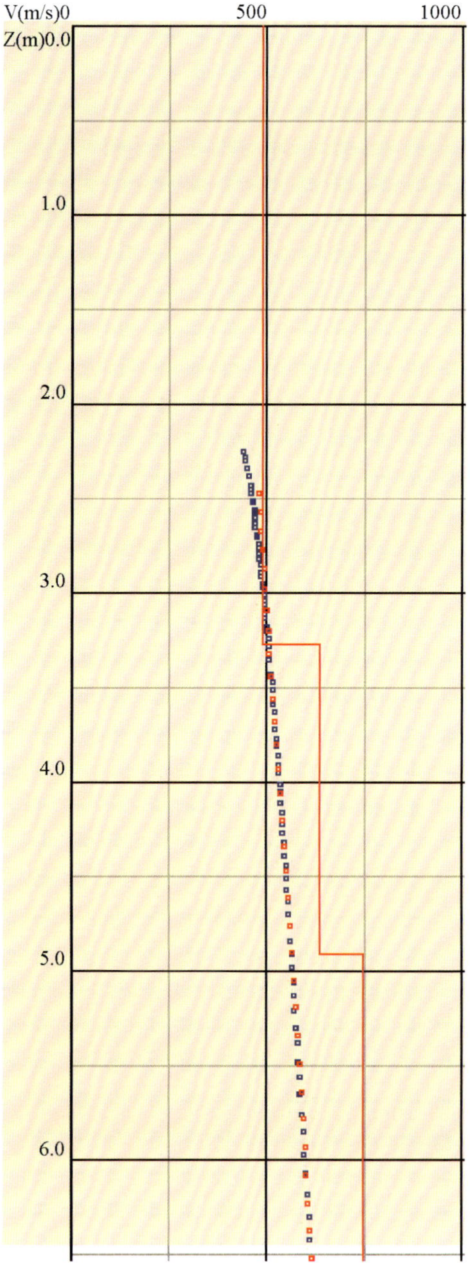　　图 5.55　东寺 8 号测点 10Hz 频散曲线

(25) 东寺 9 号测点（图 5.56、图 5.57）

东寺 9 号测点位于 S-E-3，26 墙西南侧，走向 314°，分别采用 4Hz 和 10Hz 检波器。由下图可以看出，4Hz 检波器能够揭露 3.1~10.3m 深度的地层，波速范围在 481m/s~943m/s，速度近线性增长。10Hz 检波器能够揭露 2.8~9.3m 深度的地层，波速范围在 462m/s~694m/s，速度近线性增长。

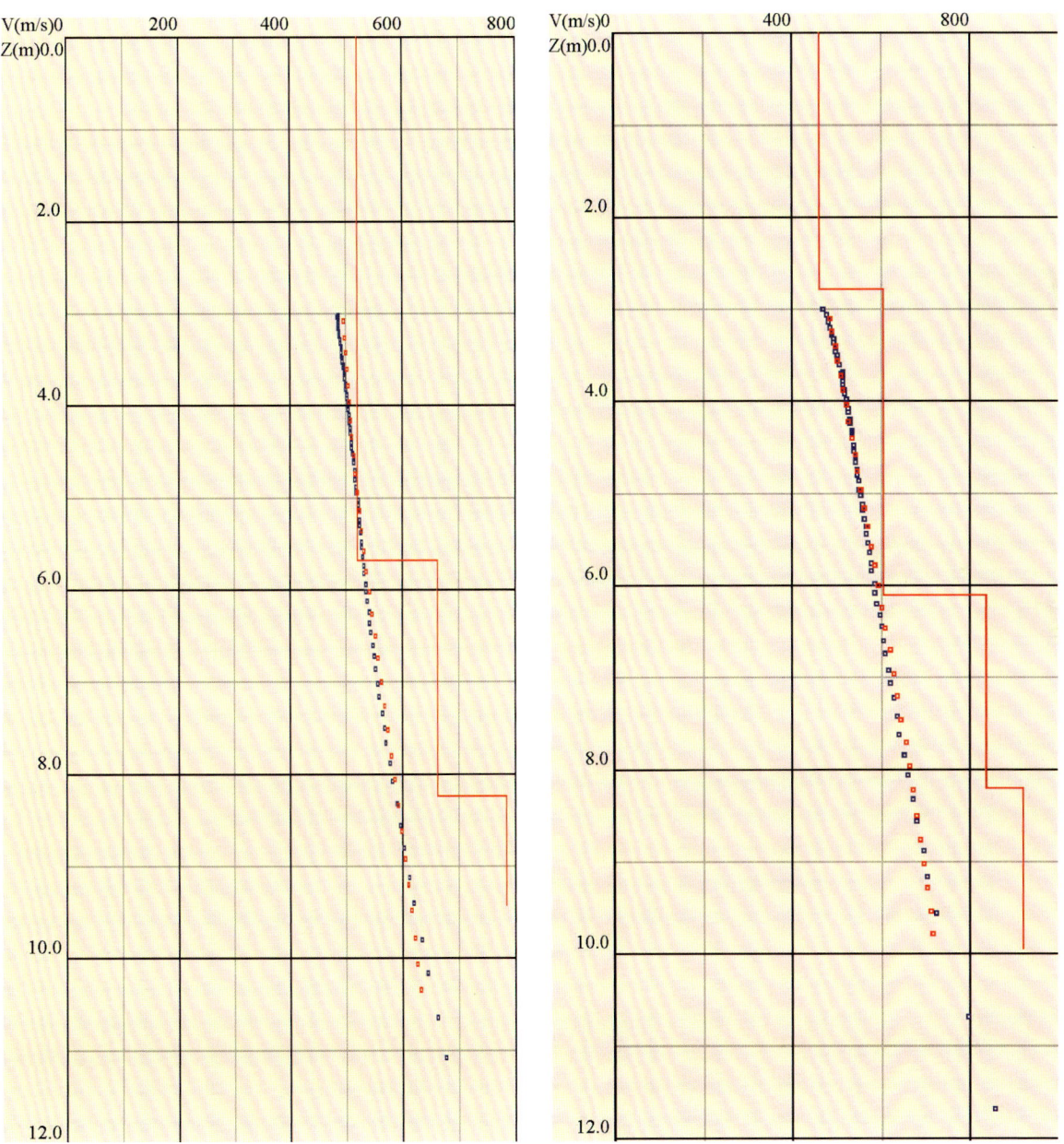

图 5.56　东寺 9 号测点 4Hz 频散曲线　　　图 5.57　东寺 9 号测点 10Hz 频散曲线

(26) 东寺 10 号测点（图 5.58、图 5.59）

东寺 10 号测点位于 S-E-2，22 墙东侧，走向 192°，分别采用 4Hz 和 10Hz 检波器。由下图可以看出，4Hz 检波器能够揭露 3.2~12m 深度的地层，波速范围在 701m/s~1243m/s，速度近线性增长。10Hz 检波器能够揭露 2.6~10.2m 深度的地层，波速范围在 523m/s~1269m/s，速度近线性增长。

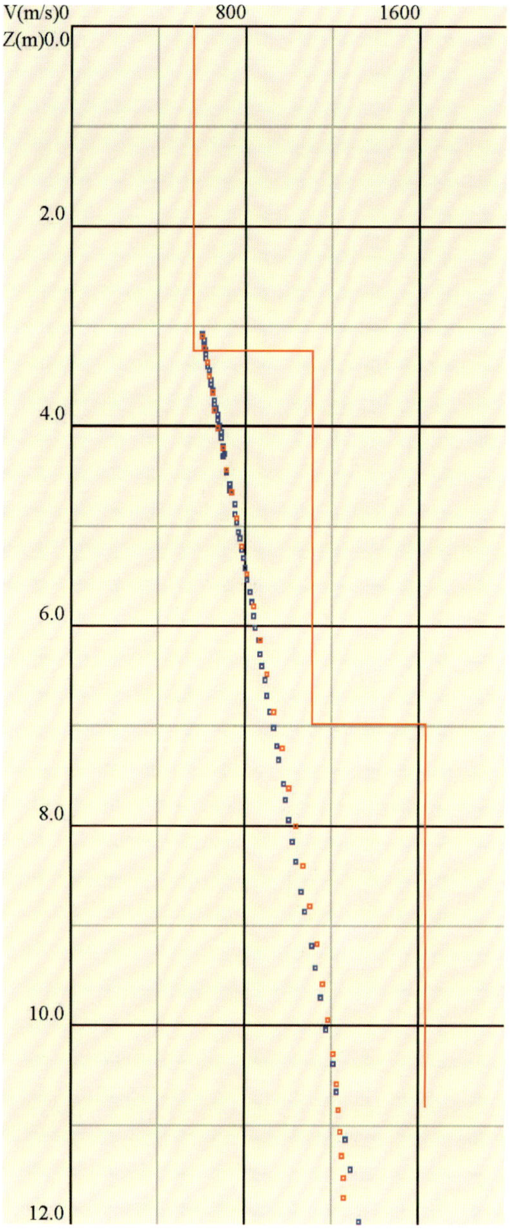

图 5.58　东寺 10 号测点 4Hz 频散曲线 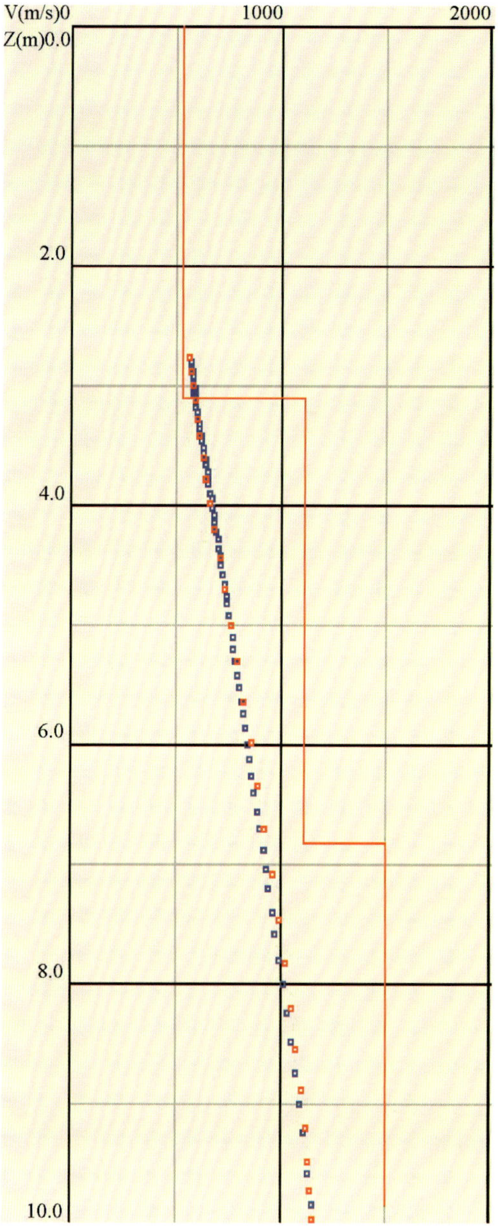　　图 5.59　东寺 10 号测点 10Hz 频散曲线

第5章 苏巴什佛寺遗址岩土特性室内试验及现场原位测试

(27) 东寺 11 号测点（图 5.60、图 5.61）

东寺 11 号测点位于 S-E-1，7 墙东南侧，走向 40°，分别采用 4Hz 和 10Hz 检波器。由下图可以看出，4Hz 检波器能够揭露 3.8～12.6m 深度的地层，波速范围在 616m/s～940m/s，速度近线性增长。10Hz 检波器能够揭露 4.7～15.3m 深度的地层，波速范围在 812m/s～1607m/s，速度近线性增长。

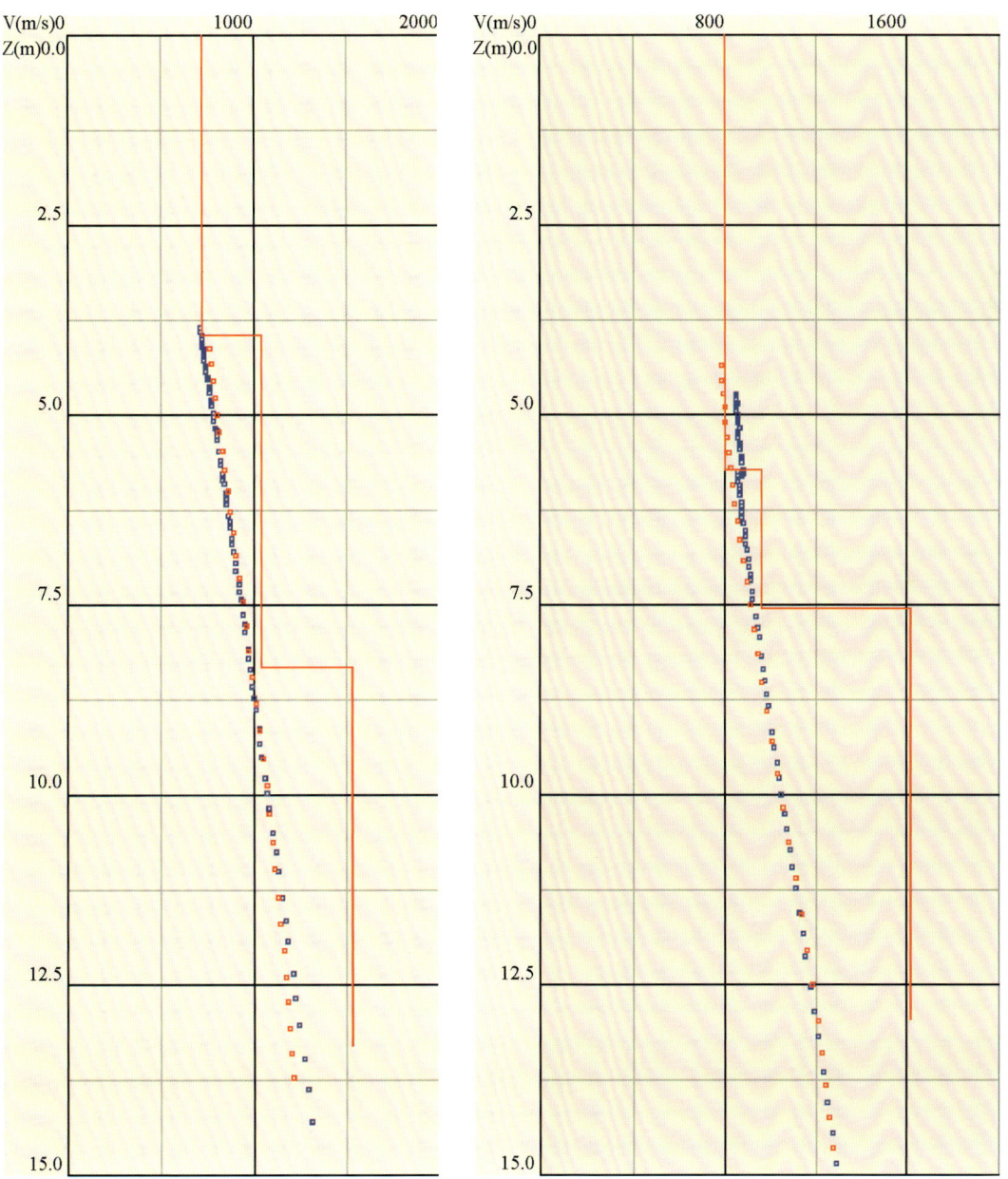

图 5.60　东寺 11 号测点 4Hz 频散曲线　　图 5.61　东寺 11 号测点 10Hz 频散曲线

5.5.3.2 资料解释与对比分析

原位测试不同频率的检波器具有不同的特点[10-16]。分析面波资料发现，4Hz 检波器所检测的结果能更好反映实际地层状况，故都采用 4Hz 检波器进行数据分析。结合剖面地质资料和面波解译数据，将东西寺崖体地层进行划分。东西寺皆为冲洪积物地层，但位于库车河两岸，故其沉积状况不尽相同。

（1）西寺地层（自上而下）

第一层为松散卵砾、砂砾层。相应的瑞雷波速较低。砂砾岩、卵砾粒径分布在 2～20cm，偶有粒径 >200mm 大颗粒出现，分选良好，磨圆度次圆。卵砾石之间为泥质胶结，厚度约为 4m。

第二层地层细颗粒含量增加。分选不良，棱角状及次棱角状粒径在 200mm 以上大颗粒偶有出现，泥质胶结良好。磨圆度为次圆。地层倾向约为 225°，倾角 22°，厚度约为 3～6m。瑞雷波速较第一层近线性增加。

第三层地层成分主要为砂和砾石，粒径集中在 10mm，偶有 200mm 以上大颗粒，分选不良，磨圆度次圆。卵砾石含量约为 75%，粒径为 4～5cm 居多地层倾向 270°左右，倾角为 10°左右。厚度约为 4m。瑞雷波速较第二层近线性增加。

第四层成分砂和砾石，含部分卵石，粒径为 30～40cm。卵砾石含量约为 80%，粒径为 2～5cm 居多，越靠近崖基，越容易发现有粒径在 200mm 以上的大颗粒。磨圆度为次圆居多。级配相对良好，厚约 4.9m，倾角约为 23°。瑞雷波速最大。

（2）东寺地层（自上而下）

第一层成分主要为砂和砾石。卵砾石含量约为 75%，粒径为 4～5cm 居多。颗粒级配良好，磨圆度为次棱角，没有倾角为 18°。砂砾石层较松散，瑞雷波速很小。基本无大颗粒卵砾石出现，厚约为 2.3m。

第二层成分为砂和砾石。粒径相对上层较大为 9～10 磨圆度为次棱角居多。级配良好，卵砾石含量约为 78%。磨圆度为次棱角，倾角约 18°，厚约 1.7m。瑞雷波速较上层近线性增长。

第三层主要为卵砾石、砂，卵砾石约为 75%。粒径 3～6cm 居多，约占卵砾石 60%，磨圆度为次棱角，倾角约 19°。厚约 2.5m。瑞雷波速较上层近线性增长。

第四层厚约 4.9m，成分砂和砾石，粒径为 30～40cm 含部分卵石，有的卵石粒径大于 100mm。卵砾石含量约为 80%，粒径为 2～5cm 居多，磨圆度为次圆居多。级配相对良好，倾角约为 23°。瑞雷波速最大。

由地层分层结果可知，东西寺虽同为冲洪积物地层，但因分布在库车河两岸，沉积地层不完全相同。但从上而下的分层特征基本一致。从面波解译频散曲线看，地层分界处瑞雷波速并无减少趋势，因此无软弱夹层存在。且瑞雷波速呈近线性增长。说明地层从上而下卵砾石、砂砾石层胶结程度越来越好，密实度越来越高，结构性越来越强[17-19]。

5.6 小　　结

(1) 在苏巴什佛寺遗址区系统采集样品，在室内开展了遗址土的物理力学、水理、化学等性质测试，查明了遗址本体材料的性能。

(2) 室内试验结果表明：遗址土天然含水量介于 0.7%~4.9% 之间；天然密度介于 1.13~2.16g/cm³；孔隙率介于 21.77%~52.75%；遗址土类型主要为粉质黏土、粉砂等；颗粒级配多为不良；遗址土具有遇水极易崩解、力学性能较差、易溶盐含量较高等特点。

(3) 室内试验结果为保护加固所选择的材料及工艺提供基础数据。

(4) 苏巴什佛寺遗址区内出露地层皆为冲洪积物，从表面至10余米底层下伏地层成分相同，主要的区别为其密实程度、胶结程度等的不同。在面波实验中的反映是越往下波速越大，并呈近线性增长，这与地质剖面中地层越深密实度越高有很好的对应关系。

(5) 西寺东侧不远处的公路上行驶的汽车对其勘探作业有一定的影响。

(6) 由于场地起伏状况不同，所以原位测试所得的地层在高程相差较大的前提下，分层状况很不一致。西寺面波波速为 283.94~1604.62m/s，东寺面波波速 252.78~1607.29m/s。

(7) 苏巴什佛寺遗址场地为卵砾石层、砂砾石层，胶结松散、密实较差的地层波速较低；胶结很好，密实度高的地层则波速较大，故会出现两测点相距较近，但波速差别却很大的情况，也属正常。

参 考 文 献

[1] 龚晓南. 高等土力学 [M]. 杭州：浙江大学出版社，1996.
[2] 李建峰，简文斌. 某地下工程围岩的声波测试与分析 [A]. 第7届全国土动力学学术会议 [C]，2006，276-280.
[3] 刘玉萍. 粗粒土易溶盐试验成盐分析研究 [J]. 青海交通科技，2008，(2)：64-67.
[4] 罗炳芳，潘菊英. 粗粒土易溶盐含盐量测定方法的研究 [J]. 公路，2005，(11)：64-67.
[5] 姜志斌. 新疆盐渍土中盐分迁移规律与工程性质初步探讨 [J]. 新疆化工，2009，(4)：39-42.
[6] 杨成林. 瑞雷波勘探 [M]. 北京：地质出版社，1993.
[7] 王振东. 浅层地震勘探应用 [M]. 北京：地质出版社，1998.
[8] 刘云祯. JGJ/T143-2004 多道瞬态面波勘查技术规程 [S]. 2004.
[9] 刘康和. 面波探测新技术综述 [J]. 电力勘测，1997 (2)：61-63.
[10] 刘长平，郭正言. 瞬态瑞雷面波法在公路工程地质勘察中的应用 [J]. 安徽地质，2007，17 (2)：124-127.
[11] 刘康和，魏树满. 瞬态面波勘探及应用 [J]. 水利水电工程设计，2001，20 (2)：31-33.
[12] 凡友华，刘家琦，韩波. 瑞利面波频散曲线的理论计算研究 [J]. 湖南大学学报（自然科学版），2001，29 (2)：10-16.
[13] 刘云祯. 工程物探新技术 [M]. 北京：地质出版社，2006.
[14] 李海. 瑞雷面波技术在铁路上的应用 [J]. 物探与化探，2002，26 (2)：160-162.
[15] 张献民，王建华，武炜. 应用瞬态面波预测基桩承载力 [J]. 天津大学学报，2002，35 (6)：726-731.
[16] 张献民. 瞬态面波测试技术及其在土木工程中的应用 [J]. 河北工业大学学报，2000，29 (1)：11-16.

[17] 邱颖, 任青文. 瞬态瑞利波勘探技术及其应用评述 [J]. 水利水电科技进展, 2004, 24 (3): 66-68.

[18] 夏学礼, 仇恒永. 多道瞬态面波勘探频散曲线唯一性问题 [J]. 物探与化探, 2008, 32 (2): 168-170.

[19] 王永刚, 仇恒永. 复杂地表条件下检波器组合的特性分析 [J]. 石油地球物理勘探, 2003, 38 (2): 126-130.

第6章

苏巴什佛寺遗址的主要病害及成因机理

6.1 苏巴什佛寺遗址文物本体的病害

6.1.1 地表建筑遗存病害的类型特征及其分布概况

6.1.1.1 病害的类型特征

1. 掏蚀

掏蚀是苏巴什佛寺遗址在风、雨、水、盐类活动等单独或综合作用下不断侵蚀凹进形成的。包括五种形式：流水掏蚀、坍塌掏蚀、酥碱、风力掏蚀和冻融掏蚀[1]。

（1）流水掏蚀

从苏巴什佛寺遗址病害现状调查来看，流水掏蚀病害在整个区域内均有不同程度的发育。病害特征如下：

① 病害较为严重的区域有：西寺 SW-1、西寺 SW-2、西寺 SW-3、西寺 SW-4、东寺 SE-1、东寺 SE-2、东寺 SE-3、东寺 SE-4（图 6.1）。

② 该病害的发育规律与地表水系在遗址内的发育特征密切相关，具有汇集和排泄地表水条件的区域，该病害极为严重，尤其处于崖体边缘的遗址体，如西寺 SW-1、西寺 SW-2、东寺 SE-2、东寺 SE-4 等区域。

③ 总体上，保存较好的遗址体比坍塌严重的遗址体病害严重，因为坍塌后的遗址附近形成了有效的阻水条件，抗流水掏蚀能力较强。例外的是，遗址中佛塔、殿堂等高耸的建筑物，这种病害反而不是特别严重。原因在于，前期掏蚀造成的局部坍塌促使附近发生堆积，加之前期保护而修建挡水构筑物有效地阻止了流水的冲刷掏蚀。

④ 掏蚀集中于流水和墙体的交汇处，掏蚀的规模和深度视遗址体的规模不等，凹进深度多在 20～200mm 之间，规模大者遍布整个墙体的底部，小者仅墙体的一角。

流水掏蚀是在集中降雨时由于有利汇水地形的汇集作用，或者由于地表河流、引水渠道等的地面水对土遗址底部造成侵蚀，使土遗址的底部凹进[2]。从前述的遗址土水理性质-崩解试验结果看，遗址土的抗崩解性能较差，为侵蚀凹进提供了较好的物质条件。从前文遗址区的赋存环境、气候条件看，遗址内多暴雨，降雨量较大，为侵蚀凹进提供了外界条件。这种破坏作用对于遗址而言是致命的，因为流水的冲击力相当大，破坏性也较强，不仅快速造成遗址的底部凹进和规模削减，同时为后续墙体的变形裂隙发育和墙体坍塌提供了有利的条件。

（2）坍塌掏蚀

从苏巴什佛寺遗址病害调查的结果可以得到该病害的如下特征：

① 坍塌掏蚀是苏巴什佛寺遗址较为严重的病害，几乎每个遗址体均发育该病害（图 6.2）；

② 总体上，西寺的病害严重程度大于东寺的病害严重程度；

③ 西寺坍塌掏蚀病害集中区域为 SW-2、SW-3、SW-4，东寺坍塌病害集中区域为 SE-2 和 SE-4；

第 6 章
苏巴什佛寺遗址的主要病害及成因机理

a (SE-1 7-S)　　　　　　b (SE-1 10-E)　　　　　　c (SE-1 14-W-E)

d (SE-2 2-W-2-S)　　　　e (SE-2 5-S-3-E)　　　　　f (SE-2 7-1-E)

g (SE-2 12-E-W)　　　　 h (SW-1 1-N-S-1)　　　　 i (SW-2-1 2-N-1)

j (SW-3-2 9-2-E-W)　　　k (SW-3-2 25-3-E)　　　　l (SW-3-3)

图 6.1　流水掏蚀

a (SE-2 6-N)

b (SE-2 12-N-1-S)

c (SW-1 24-W)

d (西寺殿堂 A-E-1-S)

e (西寺殿堂 W-1-E-6)

f (SW-3-2 5-W-2)

g (SW-3-3 5-1-W-E-2)

h (SW-4-1 7-3-E)

图 6.2 坍塌掏蚀

④ 就病害而言，坍塌掏蚀集中于遗址体的中部和上部，表观上造成墙体的局部凹进，凹进的深度集中于 50～100mm，凹进的形状不规则，与成因密切相关。

坍塌掏蚀是一些土遗址由于综合因素（风化、地震、人为破坏）引起坍塌，造成局部悬空。形成原因较为复杂，不是单一或简单几个因素的组合造成的，坍塌掏蚀造成的直接结果是遗址体文物信息的丧失，其次为后续的风化、剥离等病害发育提供了便利条件。

（3）酥碱

从苏巴什佛寺遗址病害调查的结果可以得到该病害的如下特征：

① 该病害在遗址体内发育较为微弱；

② 在积水区附近遗址体底部有轻微的酥碱病害（图6.3）。

a（SE-2 12-W-W）

b（西寺殿堂F-W-E-3）

c（SW-3-2 18-W）

d（SW-3-3 15-E-E）

图6.3 酥碱病害

酥碱是在水的作用下，土体内部的盐分在土体遗址的表面富集，由于盐分的结晶、溶解后体积的变化，在膨胀—收缩的反复作用下，土体结构不断疏松，引起土遗址的破坏，在外营力的作用下，土遗址不断凹进[3]。从前述遗址土易溶盐的分析数据看，遗址土内的易溶盐含量较高，在一定的水环境下，容易发生该病害。之所以该病害发育微弱，主要是苏巴什佛寺地区降雨多为集中降雨，降雨大多排泄出遗址区，同时该地区蒸发作用强，存留的水分大多及时蒸发，有效阻止了该病害的发生和发展。

（4）风力掏蚀

从苏巴什佛寺遗址病害调查的结果可以得到该病害的如下特征（图6.4）：

a（SE-4 7-W-S）

b（SE-2 31-1-W）

c（SW-3-2 19-N-S）

d（SW3-3 7-N-N）

e（SW-3-3 6-S-S）

f（SW-4-1 3-W-E-3）

g（SE-4 31-E）

h（SW-3-2 31-l-E）

图6.4　风力掏蚀

① 风力掏蚀病害发育程度一般；

② 风力掏蚀主要是沿着遗址体薄弱部位（如裂隙处、孔洞处等）发育；

③ 风力掏蚀的深度和范围有限，深度不超过 30mm，范围局限于薄弱部位周围 20mm 范围内；

④ 风力掏蚀一般是作为其他病害的辅助病害发育；

⑤ 在夯土层性质差异较大的墙体中，该病害发育较为明显；多集中于墙体的北、西北面。

风力掏蚀是在风的磨蚀和旋蚀作用下，土遗址墙体、基础或地基形成掏蚀坑、掏蚀槽或掏蚀洞。苏巴什佛寺遗址地区风向以北、西北为主，最大风速达到 27m/s，平均风速达 7m/s，同时往往有沙暴灾害出现，为该病害的发育提供了良好的环境条件。

（5）冻融掏蚀

从苏巴什佛寺遗址病害调查的结果可以得到该病害的如下特征：

① 冻融掏蚀病害发育较为微弱，在东寺和西寺个别墙体有轻微发育；

② 冻融掏蚀病害发育的季节为冬季和春季。

冻融掏蚀是遗址体由于含水量较高，受冬季下雪的影响，在一些墙体根部，堆积有较厚的雪，雪水融化，增加土体含水量，在温度的作用下，不断反复冻结、融化，墙体根部掏蚀。这种病害，往往和酥碱掏蚀伴生，主要发生在局部潮湿的环境中。

2. 冲沟

冲沟是指由于地面水（包括降雨产生的地面径流）沿汇水地形流动，对土遗址表面造成的侵蚀破坏作用。主要有裂隙型冲沟和径流型冲沟[4]。

（1）裂隙型冲沟

从苏巴什佛寺遗址病害调查的结果可以得到该病害的如下特征（图 6.5）：

① 纵观苏巴什东寺和西寺，裂隙型冲沟包括两种类型：1）沿着建筑工艺裂缝发育而来；2）沿着原有变形裂缝发育而来。前者不仅造成文物信息的丧失，同时给遗址体的稳定性带来隐患；后者导致变形裂缝的进一步扩大，最终墙体发生坍塌；

② 该种病害集中发育区域包括：西寺 SW-2、西寺 SW-3、西寺 SW-4、东寺 SE-2 和 SE-4；

③ 该类型冲沟从形态上来讲，与原有裂缝的形态基本一致，冲深集中于 50～200mm，冲沟的宽度不超过 300mm，上宽下窄，冲深上部大于下部；

④ 该类型冲沟发育在遗址的表面，消减遗址的规模和文物信息；

⑤ 该类型的冲沟对于形制较为完整的佛塔、僧房、殿堂等建筑物的破坏是较为致命的；

⑥ 如果该类型冲沟从墙体的顶部发展，而且墙体的顶部具有良好的汇水条件，那么在墙体的内部形成冲洞，直接穿越墙体内部，进而诱发后续的坍塌；这种状况在西寺 SW-2 殿堂遗址、SW-4 中的 SW-4-2 和 SW-4-4、东寺 SE-2 和 SE-4 遗址墙体中普遍存在；冲洞大多是从墙顶向下延伸，往往在墙体的中部出露，然后以冲沟的形成继续延伸，个别有到达墙体根部的。东寺 SE-2 遗址有几处冲洞直接横向穿透墙体，入口处被冲积物稍微覆盖，入口处为冲积堆积物，墙体内的冲洞较大，墙体内部不断剥落。

裂隙型冲沟是降雨在土遗址顶部汇集，沿已有的裂隙不断冲蚀、扩大裂隙，并且规模（长度，宽度、深度）比裂隙更大。这种病害一般发生在土遗址墙体的立面，个别严重的发生于墙体的内部形成冲洞。

a (SE-2 18-1-E-W)

b (SE-4 14-W-E)

c (SW-3-2 31-2-W)

d (SW-4-3 12-S-S)

图 6.5 裂隙型冲沟

(2) 径流型冲沟

从苏巴什佛寺遗址病害调查的结果可以得到该病害的如下特征（图 6.6）：

① 径流型冲沟在苏巴什佛寺遗址中异常发育，遍布遗址区内和墙体的表面；

② 规模较大的遗址体表面大都发育规模较大的冲沟，如西寺 SW-3 的佛塔和僧房、SW-2 的殿堂、SW-4 的佛塔和高耸墙体、SW-5 的佛塔，东寺 SE-2 的佛塔、殿堂、佛龛墙、高耸墙体、SE-3 的佛塔、SE-4 的高耸建筑物；

③ 规模较小的墙体表面细小冲沟遍布，密集冲蚀墙体，使得墙体的形制不可见，规模消减；

④ 径流型冲沟均上宽下窄，顶宽最大达 1000mm，最小低于 10mm，底宽最大达 500mm，最小低于 5mm；冲深也呈现上大下小的规律，最大冲深达 65mm，最小低于 2mm；

⑤ 遗址表面的径流型冲沟和遗址区内的冲沟是相辅相成的，具有密切的水力联系，掌握其发育规律和过程必须两者结合。

a（SE-2 佛塔N）

b（SE-3 佛塔E）

c（SW-2-1 1-S-4）

d（SW-3-2 僧房）

e（SW-3-3 3-E）

f（SW-4-3 5-W）

图 6.6　径流型冲沟

径流型冲沟是由于地表水形成径流后对土遗址表面的侵蚀，往往是沿着薄弱处或低洼处发育发展而来，其形成是个长期的过程。从墙体的顶面开始冲刷浸泡，然后发展到墙体的内部或墙体表面，逐步形成目前的冲沟。值得一提的是，同一墙体的冲沟之间也可能有一定的水力联系，进而发展为冲沟组合破坏。

3. 片状剥蚀

片状剥蚀是指土遗址的表面在外营力或内营力的作用下表面疏松起壳，在外力或重力作用下成片状或小块状脱落。苏巴什佛寺遗址主要包括两种形式：雨蚀剥离病害、风蚀剥离病害，个别有裂隙剥离的病害类型。

（1）雨蚀剥离

从苏巴什佛寺遗址病害调查的结果可以得到该病害的如下特征（图6.7）：

① 雨蚀剥离病害在苏巴什佛寺遗址普遍发育，病害程度较为严重，造成遗址墙体表面发生不同程度的剥离和剥落；

② 长期的雨蚀主导作用，加之其他辅助作用（如大风、裂隙、地震、人类活动等），已造成苏巴什佛寺遗址坍塌严重，规模严重削减。如西寺SW-1、SW-2部分、SW-3、SW-4遗址多数墙体发生了坍塌，形制不明，给调查带来极大的困难；东寺SE-1、SE-2濒临崖体部分、SE-3部分、SE-4多数墙体在雨蚀的作用下，发生逐步的剥离坍塌，规模日渐缩小；

③ 雨蚀剥离不是以单一的形式对遗址体产生病害，而是和风蚀剥离作用一起组合对遗址体产生破坏，但雨蚀剥离为主；

④ 雨蚀剥离病害的具体特征表现为：墙体表面疏松，风化层厚度2～200mm，平均厚约70mm；对于含有较多砂砾的夯层，从第6章的崩解性试验数据看，在水的作用下，极易崩解破坏至松散体，崩解堆积物在后续的水流作用下，搬运至墙体的两侧再次堆积，从而形成墙体完全或大部分被砂砾石覆盖的状态；对于纯土夯筑的墙体，由于抗崩解性能较好，仅表面疏松，墙体形制可见；对于砂砾土夯筑和纯土夯筑相间的墙体，就呈现差异雨蚀剥离破坏的现象，给墙体的稳定性带来隐患；

⑤ 遗址体目前该病害的整体状态为：规模较大的遗址体受到雨蚀剥离后，遗址体稳定性较好，但是表面病害突出，如西寺的佛塔建筑、僧房建筑、殿堂建筑，东寺的佛塔建筑、殿堂建筑、佛龛墙建筑、SE-4的部分建筑遗址；规模较小的遗址体受到雨蚀剥离后，墙体大多发生坍塌，形成堆积物，掩埋了内部未风化的墙体，形制不明，比较突出的遗址区域为西寺的SW-1、SW-2-1、SW-2-3、SW-3-3、SW-3-4、SW-4，东寺的SE-1、SE-2濒临崖体部分、SE-3部分、SE-4部分。

就其发生的机制，雨蚀剥离病害有两种表现形式。当较大降雨发生时，雨滴的平均降落速度为7～9m/s，对遗址产生很大的冲击力，雨滴击溅可分为干土溅散、泥浆溅散、层状侵蚀三个阶段。降雨初期，雨滴降落到相对比较干燥的土体表面，因土体颗粒间隙有空气充填，土粒还来不及吸取雨水，细小土粒只随雨滴溅散开，随着降雨时间的延长，表层土体空隙充填的水分逐渐增多，并继续接受雨滴的冲击、震荡，由于土遗址土的耐崩解性能较差，在雨的作用下，土体迅速崩解，当其土体表层水分增加到饱和程度后，即成为稀泥状态。降雨过程继续延长，土体表层的泥浆将阻塞土壤孔隙，妨碍水分继续下渗，形成泥浆状沿墙面流下，同时土体

a (SE-2 34-E-2)

b (SE-2 86-M-E-W)

c (SW-2-1 2-W)

d (西寺殿堂A-W-l-S-2)

e (西寺殿堂 S-3-E1)

f (SW-3-2 16-2-E)

图6.7 雨蚀剥离

的可溶盐溶解流失，使墙面形成一层富含 $CaCO_3$ 的泥皮。当降雨停止时，部分泥流残留在土遗址的表面，随着温度的变化，残留在土遗址上的泥迅速干缩，形成一层壳，俗称泥皮。泥皮在形成过程中及后期，逐渐和土遗址表面新鲜土体分离，在外力主要是风的作用下，剥离脱落，形成雨蚀剥离病害。如果降水量较小，则在遗址的表面不能形成泥流，但仍然会形成片状剥离病害，这是片状剥离病害的另一种形式，即龟裂纹。这是由于较小的降水会残留在土遗址的表面，加之该区温差较大，在温度急剧变化条件下，水分迅速蒸发，土遗址表面干缩龟裂，部分龟裂片可翘起和墙体分离，最后在外力作用下脱落。龟裂纹病害其危害程度相对小于泥皮壳。雨蚀剥离常分三个阶段：降雨形成泥皮、泥皮老化、脱落。这个作用是一个不断循环的过程，只要环境因素存在，它将一直进行下去。

（2）风蚀剥离

从苏巴什佛寺遗址病害调查的结果可以得到该病害的如下特征（图6.8）：

① 苏巴什佛寺遗址风蚀剥离现象较为普遍，但是程度不高；遗址土黏土成分较大、结构较为致密、大部分夯层级配良好等特点决定了其抗风蚀能力较强的特点；

② 风蚀作用辅助雨蚀作用破坏墙体，使得墙体发生不同程度的剥离；

③ 从风蚀的程度来看，墙体的西北、北立面病害程度高于其他立面；

④ 风蚀加速了墙体表面风化和剥离，部分墙面出现差异风化的现象，造成遗址体表面凹凸不平。

就形成机制而言，风蚀剥离病害是在风的作用下，遗址墙面薄弱部分被风吹蚀成片状或小块状脱落，在墙面形成凹凸不平的蜂窝状，或残留一些小突起。遗址的主要建筑材料是土和砂

a（SE-2 18-1-S-S）

b（SE-2 12-S-1-N）

c（SW-1 16-W）

d（西寺殿堂A-S-S）

图6.8　风蚀剥离

砾，它们是非均质的材料，其内部结构、矿物成分都存在差异，其风化性能也不同。这些差异性必然要反映在遗址表面，遗址表面土体的强度就存在差别，风化层的强度和厚度都不同。风蚀剥离病害主要受风的吹扬作用和旋磨作用。风本身的冲击力可以将土体表面的薄弱部位吸扬到空中或剥离原地。当风速大于启动风速时，土粒将脱离原土体，同时风中的砂粒在土体的裂隙中或表面坑洼处表现出强烈的旋转运动，形成旋磨作用，加速砂土粒或土片的松动形成风蚀剥离病害。

（3）裂隙剥离

在苏巴什佛寺遗址区中裂隙剥离病害偶见，由于原生节理、次生卸荷裂隙和次生风化裂隙等组合作用，在土遗址墙体表面形成一些片状、小块状分离体，在外力或重力作用下不断掉落。

4. 裂隙（缝）

裂隙（缝）是遗址内不同原因形成的裂隙或裂缝。它往往是坍塌或冲沟病害发生的条件。苏巴什佛寺遗址主要包括变形裂隙、建筑工艺裂缝。

（1）变形裂隙

从苏巴什佛寺遗址病害调查的结果可以得到该病害的如下特征（图6.9）：

① 变形裂隙在苏巴什佛寺遗址中零星分布，病害微弱；

② 变形裂隙张开度小于20mm，裂隙两侧表面粗糙、延展性较差、内部极少有充填物；

③ 变形裂隙多集中于遗址体的中上部，极少有贯穿整个墙体的；

④ 变形裂隙主要发育于濒临倒塌的墙体，如西寺SW-1、SW-2、东寺SW-2、SW-4中个别墙体发育。

就其形成机制而言，变形裂隙是由于应力的重分布，局部应力集中或产生张引力，当应力超过土体强度时，土体发生破坏，引起土遗址开裂变形所产生的裂隙。

（2）建造工艺裂缝

从苏巴什佛寺遗址病害调查的结果可以得到该病害的如下特征：

① 从第4章苏巴什佛寺遗址的建筑形制可知，特有的夯筑建筑工艺决定了在建筑物的某些部位必定设立建筑工艺裂缝；

② 建筑工艺缝隙严格地讲不属于病害的范畴，但是由于裂缝在自然和人类活动的影响下发生了进一步的张开和侵蚀破坏，给遗址体的稳定带来极大的隐患，因此对于受到破坏的建筑工艺裂缝仍作为病害看待；

③ 建筑工艺缝隙在其他自然因素破坏下，一部分发育为裂隙型冲沟，前面已详述；另一部分继续张开，上宽下窄，最宽达50mm，缝隙内部部分充填风化砂土，部分无充填；

④ 在建筑工艺缝隙的两侧部分发育有次生微小裂隙；

⑤ 建筑工艺缝隙主要分布在建筑形制较为完好的遗址体中，如西寺的佛塔、殿堂、僧房、SW-3-2高耸墙体、东寺的佛塔、佛龛墙、SW-2的高耸建筑物、SW-4的高耸墙体。

就其形成机制而言，建筑工艺裂缝是指由于建筑工艺的原因，沿建筑工艺的接槎缝、结构缝、施工缝等产生的裂缝。由于建筑时墙体的接槎缝、结构缝、施工缝等部位属于墙体的薄弱环节，在风、雨、温度等的作用下，这些裂缝开裂，不断扩大，或者发育为冲沟[5]。

图 6.9 变形裂隙

5. 生物破坏

生物破坏是指由于生物作用对土遗址造成的破坏。它包括动物病害和植物病害。

（1）动物破坏

从苏巴什佛寺遗址病害调查的结果可以得到该病害的如下特征（图6.10a）：

① 苏巴什佛寺遗址内该病害较为普遍；

② 破坏遗址的动物主要为老鼠、蜥蜴、蜜蜂等；

③ 破坏的形式是在墙体中形成洞穴，洞穴直径5～100mm，深入墙体的长度500～2000mm。

就其形成机制而言，动物病害是一些虫洞、鼠洞等动物作用造成的病害。动物成穴，可不停地对岩土体进行机械破碎，加速岩土体的风化，有些大的洞穴不断贯通、进水还可以引起土体的坍塌。

（2）植物破坏

从苏巴什佛寺遗址病害调查的结果可以得到该病害的如下特征（图6.10b、c）：

① 植物破坏主要集中于处于积水区的墙体；

② 苏巴什佛寺遗址西寺病害比东寺严重，这与东寺遗址区内积水区稀少有关；

③ 植物破坏主要是根系生长于墙体内，同时促使墙体内部水分含量过高破坏遗址；

就其破坏机制而言，生长在土遗址中的植物，随着植物的生长发育，其根部可以产生根劈作用，使土体结构变得疏松。植物在生长过程中，依靠太阳光辐射合成化合物时，通过分泌有

a（西寺殿堂蜂窝）

b（SW-2-2 10-E）

c（西寺殿堂W-1-E-11）

图6.10　生物破坏

机酸、碳酸、硝酸等溶液，溶解并吸收矿物中的某些元素例如 P、K、Ca、Fe、Cu 等作为营养，即把土体作为自己生长的营养源，这种作用可使土体受到腐蚀性破坏。同时植物死后遗体腐烂，可分解出有机酸和 CO_2、H_2S 等溶于水后形成酸而对土体进行腐蚀破坏，加速土体的分解，降低土体抵抗自然破坏的性能。

6. 人为破坏

（1）历史破坏

从苏巴什佛寺遗址的历史沿革过程看，晚唐时期遗址受到战火的破坏，当伊斯兰教传入龟兹国时，遗址就废弃了。在这个历史进程中，苏巴什遗址受到严重的创伤，导致遗址坍塌较为严重。

（2）近现代人类破坏

清朝末年至民国初年，法、德、日、俄等外国探险队多次在苏巴什佛寺遗址地区进行非法挖掘。目前，新中国成立后修建的公路还直接穿越西寺，加之后来修建林基路大坝、公路等公用设施，对遗址的破坏起到推波助澜作用。现在苏巴什佛寺遗址专门成立了管理站，对遗址进行科学的管理，但是由于资金和人员的原因，游人和当地居民破坏遗址的情况仍时有发生（图6.11a），西寺 SW-1 区有历史上大量砂砾石的堆积，对遗址造成极大的破坏（图6.11b），东寺由于交通不便，无法进行有效的管理。这些破坏对于遗址而言是毁灭性的，无法通过技术的手段修复，必须通过管理手段解决。

图6.11a 西寺 SW-3 的踏步正损坏佛塔

图6.11b 西寺 SW-1 现代民房坍塌堆积物

6.1.1.2 病害分布概况

1. 东寺

（1）SE-1 病害分布特征

该区遗址体保存较差，遗址体残存较少，发育的主要病害有：风化、坍塌、掏蚀、剥蚀、洞、冲沟以及裂隙等，统计发现：该区风化层厚度 0.5～12cm，平均厚度 5cm 左右，受该区所处的位置影响，同一墙体上，西立面和北立面的风化层厚度较大；坍塌最长 1.88m，最深达 42cm，体积最大 0.57m³；掏蚀深度最大为 30cm，体积最大 0.64m³；墙体均存在有不同程度的剥蚀病害；洞深 0.1～1.1m，体积最大达 0.05m³；冲沟沟头最宽达 35cm，最深 22cm，最长

1.23m；由于遗址体残存较少，裂隙发育较少，主要以版筑缝裂隙为主，最大张开度为5cm，最长为1.54m，无充填。

(2) SE-2病害分布特征

该区遗址体保存相对较为完整，但是病害十分发育，主要有坍塌、掏蚀、裂隙、风化、冲沟、剥蚀以及冲洞，其中主要病害为坍塌、掏蚀、风化、冲沟。经过统计分析发现，该区风化层厚度1~8cm，平均厚度3.8cm左右，由于处于遗址区的西侧，加上当地特殊的气候条件，每个墙体单元西立面和北立面的风化程度较重，破坏也较为严重；坍塌深度2~80cm，平均深度30cm左右，体积最大达4.1m^3；掏蚀以风力掏蚀为主，最长3.6m，深度3~42cm，平均深度15cm左右，体积最大达0.87m^3；冲沟沟头最宽达54cm，沟深3~110cm，平均深度35cm左右，冲沟平均长度1.36m左右；裂隙平均张开度为4.5cm，主要以变形裂隙和接茬缝裂隙为主，平均长度为1.5m左右，最长为4.1m；由于遗址体的存在，造成该区排水不畅，因此，冲洞也较为发育，冲洞深4~45cm，体积最大达0.19m^3。

(3) SE-3病害分布特征

该区遗址破坏较为严重，病害的主要类型有坍塌、裂隙、掏蚀、风化、冲洞、洞、冲沟和剥蚀。经过统计发现：该区风化层厚度1~12cm，平均厚度5cm左右；坍塌深度4~60cm，平均深度25cm左右，体积最大达2.47m^3；掏蚀以基底掏蚀为主，长度0.06~2.05m，平均长度1.35m左右，体积最大达0.12m^3；冲沟沟头宽9~45cm，平均宽度25cm左右，沟深4~50cm，平均深为30cm左右，长度最长为17.80m，平均长度为3.2m左右；裂隙平均张开度3cm左右，无充填；剥蚀面积最大1.67m^2；冲洞最深93.6cm；洞直径最大94.6cm；裂隙最大张开度7cm左右，大部分以泥质充填为主，平均长度36cm左右。

(4) SE-4病害分布特征

该区位于遗址区最北侧的山脊上，遗址体破坏严重，主要病害类型有：坍塌、掏蚀、风化、裂隙、剥蚀、洞、冲洞以及冲沟。风化平均厚度为5cm左右，最大达9cm；坍塌平均深度15cm左右；掏蚀长为87~400cm，平均长为185cm左右，掏蚀体积最大达0.37m^3，裂隙主要以卸荷裂隙为主，平均张开度达2cm左右，最长达2.1m；墙体均存在有不同程度的剥蚀病害；冲洞最深28cm左右，冲沟沟头最宽67cm，平均深度13cm，最长2.66m。

2. 西寺

(1) SW-1病害分布特征

该区病害较为发育，病害类型有：掏蚀、坍塌、裂隙、冲沟、洞、风化和剥蚀等，其中，对该区遗址体存在严重影响的病害类型为：掏蚀、坍塌、冲沟、风化。通过统计发现：风化厚度1~10cm不等，平均厚度为4.5cm左右，受当地气候条件的影响，以及遗址体所处位置的不同，各个墙体单元西北侧风化厚度较大，破坏较为严重；冲沟沟头宽10~40cm不等，平均宽度为18cm左右，沟底宽5~16cm不等，平均宽为9cm左右，沟深3~35cm，平均深13cm左右，沟长最大1.8m，平均长为1.5m左右；坍塌体长度最大为1.68m，体积最大为2.23m^3；掏蚀深度5~35cm不等，平均深度14cm左右；坍塌体积0.002~0.24cm^3左右，平均体积为0.08cm^3左右；墙体均存在有不同程度的剥蚀病害；洞最深达1.1m左右；裂隙长度0.58~1.7m，最大张开度达8.0cm，基本上以泥质填充为主。

（2）SW-2 病害特征

该区病害较为发育，病害类型有：掏蚀、坍塌、裂隙、冲沟、冲洞、洞、风化和剥蚀等。其中，对该区遗址体存在严重影响的病害类型为：冲沟、掏蚀、坍塌、风化和裂隙。由于该区遗址体风化、坍塌严重，多处墙体被砂砾石所覆盖；该地区降雨量较大，在墙根或墙顶面形成很多积水区或汇水面，加大了墙体风化、冲沟以及掏蚀的发育；多处墙体有大裂隙发育以及植被生长等，对整体稳定产生较大影响。通过统计发现：风化厚度 0.5~7.0cm 不等，平均厚度为 2.5cm 左右，受当地气候条件的影响，以及遗址体所处位置的不同，各个墙体单元西北侧风化厚度较大，破坏较为严重；冲沟沟头宽 0.02~1.3m 不等，平均宽为 43cm 左右，沟底宽 1.8~20.1cm 不等，平均宽为 9cm 左右，沟深 0.005~1.3m，平均深 60cm 左右，沟长最大达到 3.7m，平均长为 1.1m 左右，其中 2-1 区冲沟数量发育较多，但大多是小冲沟，殿堂发育的冲沟深度较深，长度较长，2-3 区的冲沟发育较少；掏蚀深度 0.02~1.4m 不等，平均深度 17cm 左右，其中 2-1 区发育的掏蚀区面积较小且深度浅，殿堂的掏蚀区面积大、深度较深，但发育的较少，2-3 区掏蚀最为发育；坍塌体积 0.002~21.3m^3 左右，平均体积为 0.75m^3 左右，其中殿堂坍塌最为发育，体积也较大，2-3 区坍塌发育最少；剥蚀深度平均为 11.7cm 左右，面积最大为 7.07m^2；洞最深达 2.0m 左右；裂隙长度 0.49~7.8m，最大张开度达 16.2cm，基本上以泥质填充为主，其中殿堂裂隙最为发育，且张开度较大，2-1 区没有裂隙发育。

（3）SW-3 病害分布特征

该区病害较为发育，病害类型有：掏蚀、坍塌、裂隙、冲沟、冲洞、洞、风化和剥蚀等。其中，对该区遗址体存在严重影响的病害类型为：冲沟、掏蚀、坍塌、风化和裂隙。该区遗址体风化、坍塌严重，多处墙体顶部削减且被砂砾石所覆盖；该地区降雨量较大，冲沟高度发育，切割墙体，更有多处冲沟贯穿墙体底部；墙体上多条冲沟汇集成积水区，墙体的含水率增大，使墙体的抵抗能力下降，墙体的掏蚀加深；多处墙体由于裂隙切割、掏蚀以及多种外营力的影响，使墙体发生大面积的坍塌，甚至出现贯穿墙体的洞；该区发育有多处贯通性裂隙，对墙体的稳定产生严重威胁。通过统计发现：风化厚度 0.1~15.0cm 不等，平均厚度为 2.5cm 左右，该遗址区的多处墙体出现差异风化现象，严重威胁墙体的稳定性；冲沟沟头宽 0.05~1.6m 不等，平均宽为 34cm 左右，沟底宽 1.8~45.6cm 不等，平均宽为 13cm 左右，沟深 0.002~1.5m，平均深 19cm 左右，沟长最大达到 8.6m，平均长为 1.7m 左右，其中 3-3 区的冲沟深度最大，其他墙体，尤其是 3-2 区墙体上的冲沟发育较多，但深度较浅；掏蚀深度 0.011~1.5m 不等，平均深度 11cm 左右，其中 3-4 区发育的掏蚀区深度较大，其他墙体，尤其是 3-2 区掏蚀较为发育，但深度较浅；坍塌体积 0.001~11.97m^3 左右，平均体积为 0.11m^3 左右，其中 3-3 区和 3-4 区墙体坍塌发育较多，坍塌体积较大，3-2 区和 3-5 区坍塌体积较小且发育较少；该遗址区大多数剥蚀区剥蚀深度在 2.0~5.0cm 之间，深度最大达到 18.5cm，剥蚀深度平均为 4.7cm 左右，面积最大为 2.4m^2；洞最深达 2.0m 左右；裂隙长度 0.21~3.7m，最大张开度达 11.3cm，基本上以泥质填充为主。

（4）SW-4 病害分布特征

该区病害较为发育，病害类型有：掏蚀、坍塌、裂隙、冲沟、冲洞、洞、风化和剥蚀等。其中，对该区遗址体存在严重影响的病害类型为：冲沟、掏蚀、坍塌和风化。该区遗址体风化程度一般，降雨量较大，冲沟较为发育，切割墙体，墙体上多条冲沟汇集成积水区，使墙体的坍塌、掏蚀加深。通过统计发现：风化厚度0.05~5.0cm不等，平均厚度为2.0cm左右，该遗址区的多处墙体由于建筑形制的原因，出现差异风化；冲沟沟头宽0.03~1.3m不等，平均宽为22cm左右，沟底宽0.7~35.0cm不等，平均宽为13cm左右，沟深0.023~2.1m，平均深37cm左右，沟长最大达到7.8m，平均长为1.1m左右；掏蚀深度2.1~80cm不等，平均深度14cm左右；坍塌体积0.001~3.014m³左右，平均体积为0.067m³左右；剥蚀深度平均为2.7cm左右，面积最大为1.797m²；洞最深达1.49m左右；裂隙长度0.18~3.5m，最大张开度达22.3cm，基本上以泥质填充为主。

（5）SW-5病害分布特征

该区病害较为发育，病害类型有：掏蚀、坍塌、裂隙、冲沟、冲洞、洞、风化和剥蚀等，其中，对该区遗址体存在严重影响的病害类型为：冲沟、掏蚀、坍塌、风化和洞，且遗址体底部有较多的坍塌堆积物。通过统计发现：风化厚度1.0~4.0cm不等，平均厚度为2.0cm左右，受当地气候条件的影响，以及遗址体所处位置的不同，各个墙体单元北侧风化厚度较大，破坏较为严重；5区墙体深密集冲沟高度发育，以1-N墙体最为严重，冲沟沟头宽都大于2.5m，最大宽度达到12.3m，沟底宽33.6~69.0cm不等，平均宽为53cm左右，沟深1.4~2.7m，平均深2.0m左右，沟长最大达到8.7m，平均长为7.6m左右，其余墙体的冲沟平均沟头宽为21cm左右，平均沟底宽为5cm左右，平均沟深为13cm左右，平均沟长为1.1m左右；掏蚀深度2.6~25.3cm不等，平均深度7cm左右；坍塌体积0.006~0.22m³左右，平均体积为0.06m³左右；墙体均存在有不同程度的剥蚀病害；洞最深达23.4cm左右；裂隙长度0.34~1.4m，最大张开度达5.3cm，基本上以泥质填充为主。

6.1.2 地下建筑遗存病害的类型及其分布概况

6.1.2.1 洞窟

苏巴什佛寺遗址的东寺和西寺均有洞窟，但主要分布在西寺，计有19个洞窟。大部分石窟残存规模较少，破坏较为严重，且多处地仗层出现空鼓现象，极可能发生坍塌。该区遗址体主要发育病害有坍塌、掏蚀和冲沟。由于墙体底部的严重掏蚀和坍塌，使得多个洞窟贯通；因为地势原因，外加墙体上发育的多处冲沟，多处洞窟内容易积水，K-3和K-15墙体上有泛碱现象出现；石窟内发育有较多的生物病害，如鸟粪、蜂窝和虫孔等。

从洞窟部分的病害现状调查来看，洞窟的病害特征及成因如下（图6.12a~j）：

（1）洞窟附近崖体受地表水冲刷较为严重，冲沟较为发育；

（2）大部分洞窟受到严重的坍塌破坏，形制和历史信息均严重丧失；

（3）洞窟内部地仗层多发生了剥离剥落，壁画残存较少，残存的壁画发育起甲、酥碱、烟熏、空鼓、剥离、刻画等病害；

（4）洞窟四壁裂隙发育，局部坍塌严重，个别洞窟有渗水现象。

a （SE-3 18 洞窟<1>）　　　　　b （SE-3 18 洞窟<2>）

c （SE-3 18 洞窟<3>）　　　　　d （SE-4 19-S 洞窟<4>）

e （SW-5 K1~K12）　　　　　f （SW-5 K-17）

g （SW-5 K4）　　　　　h （SW-5 K5）

i （SW5 K12）　　　　　j （SW-5 K14）

图 6.12　洞窟病害现状

6.1.2.2 墓地

西寺的墓地严重被盗，破坏较大，盗坑清晰可辨，主要发育的病还有冲沟和掏蚀。从墓地的病害现状调查结果看，墓地主要是人为盗挖破坏，后续发生了积水浸泡破坏，同时地表水的冲刷造成四壁发育冲沟。部分回填的，盗坑体积不大，多有植被生长（图6.13a～d）。

a（西寺墓地<1>）

b（西寺墓地<2>）

c（西寺墓地<3>）

d（西寺墓地<4>）

图6.13 墓地病害现状

6.2 苏巴什佛寺遗址载体（崖体）的病害

苏巴什佛寺遗址坐落于山脚之下。库车河从东、西寺中间顺流而下。勘察区出露的第四纪地层为冲洪积物地层，大部分为卵砾石层或者砂砾石层，在这种工程地质条件下，崖体发育了一系列病害：表面风化、掏蚀、冲沟冲洞、裂隙、崩塌、洪水冲刷。表面风化、掏蚀、冲沟冲洞、洪水冲刷在整个遗址区内广泛发育。崩塌主要见于西寺。裂隙在东西寺都发育很少。各种病害有其各自的特点，在东、西寺也造成不同的危害。

6.2.1 表面风化

遗址所在区属风沙暴的主要灾害区，风向以西北风为主，是毁坏文物遗址的主要营力之一。台地两侧为沟谷地带，加剧风沙的吹蚀和磨蚀破坏作用，再加其本身抵抗物理破坏能力弱，在强风力吹蚀破坏作用下被风化、搬运，导致软弱夹层掏蚀凹进和裂隙的加宽。西寺崖体表面风化严重还表现在西寺遗址区内几乎所有崖体上部都被一层风化了的砂砾石层所覆盖，风化层厚度2~4cm。东寺情况比西寺略好，风化层厚度1~3cm（图6.14a、b）。

a（西寺S-W-3崖体）　　　　　　　　b（西寺S-W-3崖体）

图6.14　表面风化

6.2.2 掏蚀

基底掏蚀是破坏性极强的一种病害，主要破坏营力为风力掏蚀破坏、流水冲蚀基础、毛细作用及易溶盐溶解——结晶破坏[6]，苏巴什佛寺遗址崖体以风力掏蚀破坏、流水冲蚀基础最严重（图6.15a、b）。

西寺S-W-1崖体基底掏蚀比较严重深至40cm，主要为风力侵蚀和崖面发育的冲沟切割所致。S-W-2崖体基底掏蚀严重最深处达2.3m，主要为流水冲蚀所至，造成多处危险岩土体。S-W-4、S-W-5基底掏蚀严重，最深处达2.6m，在短时间内虽不至造成危险体破坏，但任其发展必导致深度增大，威胁崖体安全。

东寺S-E-2崖体基底掏蚀严重，范围大，一半以上崖体基底掏蚀发育，最深处达2.4m。主要为洪水冲蚀、崖面冲沟冲洞切割、风力掏蚀所至。在修建护堤之后，洪水冲蚀不再是掏蚀最主要的原因。待崖面冲沟、冲洞整治之后，风力掏蚀将成为东寺S-E-2崖体最主要的基底掏蚀形式。

a（西寺S-W-2-3崖体）　　　　　　　　　b（西寺S-E-2崖体）

图6.15　基底掏蚀

6.2.3　冲沟、冲洞

苏巴什佛寺遗址崖面发育着大量的冲沟和冲洞，且大部分形成于本体附近。西寺冲沟密集发育，冲洞较少。只在西寺S-W-1崖体有一处较大规模的冲洞。S-W-1、S-W-2、S-W-4、S-W-5崖体多处大型冲沟将崖体切割成11段。S-W-2、S-W-4、S-W-5崖体西侧不远处的本体造成崖体西侧由西向东地势渐缓，使得遗址区内的地表水顺势而下严重切割崖面。

东寺S-E-2西侧地势较低，遗址区内水大部分顺势流向西侧，从濒临崖体的本体处穿过，在崖面露头形成冲洞，严重破坏崖体的稳定性（图6.16a、b）。

a（S-W-1崖面）　　　　　　　　　b（S-E-2崖体）

图6.16　冲沟发育

6.2.4 裂缝（隙）

裂缝存在边坡变形与破坏的有利条件，危险块体的稳定性影响很大。苏巴什佛寺遗址崖体裂隙主要为卸荷裂隙。裂隙张开度较小，约 0.5~2cm，延伸长，大部分无充填，充填物主要是砂砾石。西寺崖体 S-W-4 发育的一处裂隙，因崖体上部紧邻本体，对本体的稳定性也造成严重威胁，需锚固。东寺 S-E-2 崖体南侧发育的一条裂隙对本体的稳定性也造成严重威胁，需锚固。其他裂隙皆为小规模裂隙，对崖体不构成大的威胁，大部分为风化裂隙，可直接砌补。裂隙破坏不是苏巴什佛寺遗址崖体破坏的主要方式（图 6.17a、b）。

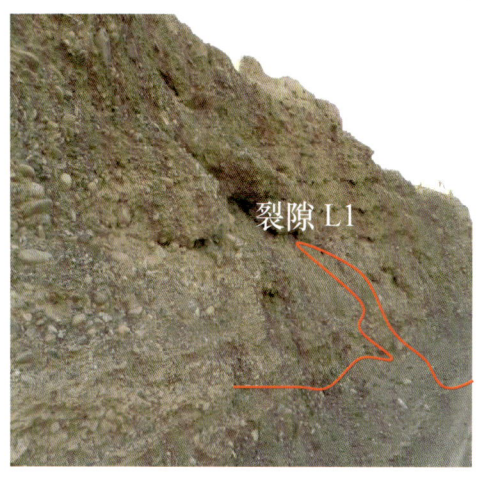

a（S-W-4-1崖面裂隙）   b（S-W-4-4崖面裂隙）

图 6.17 裂隙破坏

6.2.5 崩塌

边坡形貌是产生崩塌必不可少的条件，高陡边坡易发生崩塌，遗址区内崖体受流水冲蚀、物理风化等因素的影响会导致温差的急剧变化，砂砾层表面与内部的体积膨胀率和收缩率不一致，这样的过程持续进行，表面土层在持续膨胀、收缩产生的压力和张力作用下发生了裂缝和破碎，形成剥落。而裂隙切割、冲沟冲动切割也会直接造成岩土体的结构失稳，形成崩塌[7]（图 6.18a、b）。

6.2.6 流水冲刷

库车河穿过苏巴什佛寺遗址，在洪水时期，遗址所在的台地位于库车河东西两岸，直接受洪水危害，长期以来对遗址造成了重大毁坏（图 6.19a、b）。

a（S-W-4-2崖面坍塌）

b（S-W-2-3坍塌）

图 6.18　坍塌破坏

a（S-W-2-3洪水冲刷成洞）

a（S-W-1洪水冲刷切断崖体）

图 6.19　流水冲刷破坏

6.3　地表水系对苏巴什佛寺遗址的破坏

通过现场勘察，我们对所获多种病害材料再作分析，就可以发现，在自然因素对苏巴什佛寺遗址的破坏中，地表水在病害的发育的过程中占据了主导地位，表现出与吐鲁番地区的交河故城和高昌故城不同的地域特点，因此，我们认为有必要专门就地表水系对苏巴什佛寺遗址的破坏再作专题讨论，才能使将来的保护工作抓住主要矛盾，提高实际保护效果。

6.3.1 遗址区总体水文特征

苏巴什佛寺遗址位于却勒塔格山南侧库车河东西两岸的冲积台地上（图6.20），库车河由北向南从遗址中部穿过，遗址区水系错综复杂，冲沟十分发育，遗址区水流最终汇入库车河。

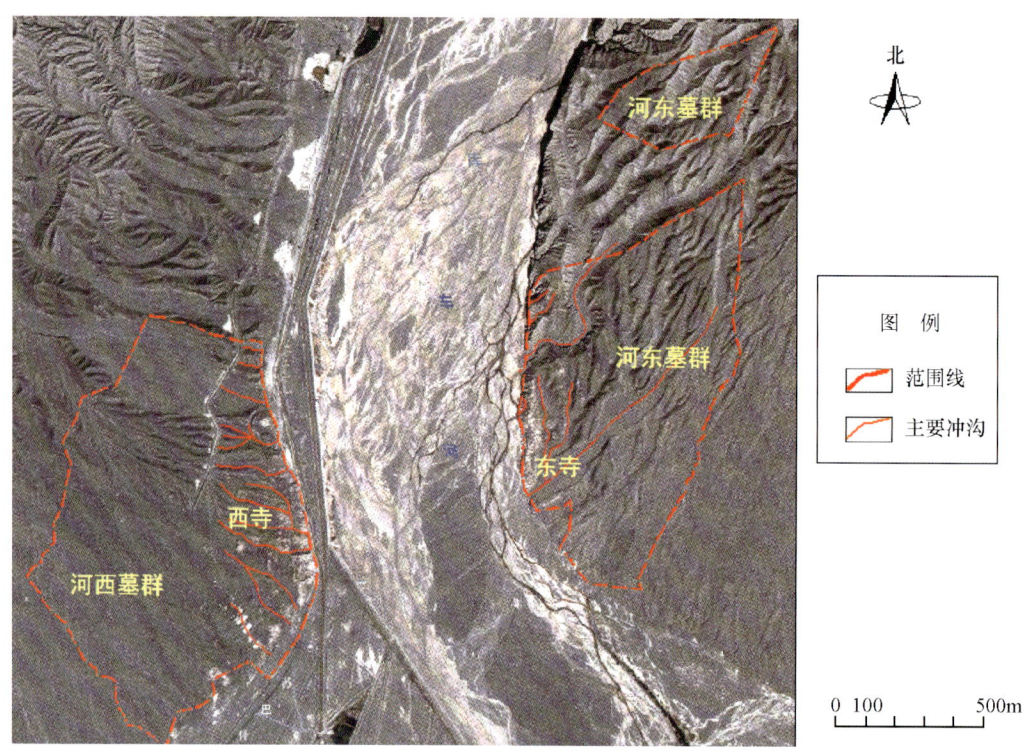

图6.20 遗址区地表水系特征

根据对遗址区内水流流向及边界的现场勘察，对苏巴什佛寺遗址区（包括东寺和西寺）进行流域划分。其中，东寺分为28个小流域，西寺划分为22个小流域。东寺28个流域中，面积大于$1\times10^4 m^2$流域有3个，小于$1000m^2$的流域有16个，其中小于$500m^2$的流域有12个。西寺分为22个小流域，面积大于$1\times10^5 m^2$的流域有7个，面积小于$1000m^2$的流域有10个，其中小于$500m^2$的流域有8个。

6.3.2 东寺水文特征

对苏巴什佛寺遗址区东寺内冲沟进行系统的调查，全面调查遗址区内水系分布，并对遗址区内冲沟情况进行统计（表6.1）。

第6章
苏巴什佛寺遗址的主要病害及成因机理

表6.1 苏巴什佛寺遗址东寺冲沟统计表

流域号	沟号	冲沟具体情况
1#流域	总体描述	该区位于SE-1南侧,遗址区冲沟较发育,距离遗址体较远
	1-1-1	发育于SE-1-14遗址体东侧;沟深0.5m,沟长15m,沟宽0.65m,沟道走向189°;沟道较直,以砾石为主
	1-1-2	发育于SE-1-14遗址体东侧,与1-1-1汇合;沟深0.4m,沟长18m,沟宽0.7m;沟道走向216°,沟道呈直线型,以砾石为主
	1-1	由1-1-1与1-1-2汇流而成,沟深0.53m,沟宽1.27m,沟长8.55m,呈树枝状,沟道走向177°;沟道内基本上以砾石为主
	1-2-1	发育于SE-1-18东南侧;沟深0.60m,沟宽1.25m,沟长43.30m,沟道走向170°;沟床基本上没有覆盖物出现
	1-2-2	发育于SE-1-18东南侧,与1-2-1汇合;沟深0.55m,沟长40.32m,沟宽1.50m。沟道走向223°;沟道以砂砾石为主,沟床基本无覆盖,流向朝西南
	1-2	发育于SE-1-14东南侧,由1-2-1与1-2-2汇合而成;沟深0.70m,沟长31.30m,沟宽2.42m;沟道走向238°,沟道内基本无覆盖,流向朝西
	1	由1-1和1-2汇合而成,呈树枝状;沟深1.52m,沟长20.60m,沟宽3.30m;沟道走向212°;沟道平直,直接汇入库车河
2#流域	总体描述	位于SE-1西南侧,流域内冲沟不发育,流域面积较小
	2-1	发育于SE-1-1东侧;沟深4.23m,沟宽5.30m,沟长25.20m。沟道走向196°;在遗址体附近冲沟改变流向,下切较深,沟道曲折,比降较大,沟道内基本无覆盖物
	2-2	发育于SE-1-3东南侧;遗址前发育一冲沟,沟深0.10m,沟宽0.26m,沟长3m;沟道走向161°,沟道内基本无覆盖物
	2	由2-1和2-2汇合而成;沟深4.2m,沟宽5.3m,沟长25m;沟道走向197°,呈树枝状;沟道内有覆盖物,主要以砾石为主
3#流域	总体描述	该流域面积很大,遗址区内冲沟十分发育,规模很大,下切也较深,存在大量对遗址体和遗址区有严重影响的冲沟和冲洞
3#流域	3	从S-E-1与S-E-2中间穿过;沟宽120.50m,沟长2000m左右,沟底以卵砾石为主,沟道比降0.1,呈树枝状分布,规模较大。其穿越遗址区内的长度为250m左右,流域等级为5级,最终汇入库车河内,沟道内有大量卵砾石覆盖
	3-1	沿遗址体SE-2-1底部低洼处发育;沟长7.1m,沟深0.50m,沟宽0.53m,沟道走向138°,较直,在距沟头0.75m左右处,下切较为严重,沟道内有砾石覆盖
	3-1-D1	在遗址体SE-2-1顶部发育一冲洞,贯穿遗址体,直线距离1.40m,冲洞口径0.10m,洞内有泥浆和砾石堆积

续表

流域号	沟号	冲沟具体情况
3#流域	3-2-1	发育于SE-3-11东南侧；沟宽0.40m，沟深0.39m，沟长8.75m；沟道走向150°，较直，规模较小，沟道内有少量砾石堆积
	3-2-2	发育SE-3-15与SE-3-11中间；沟宽0.42m，沟深0.35m，沟长19.1m；沟道走向121°；下切较浅，对遗址体影响较小；沟道内卵砾石覆盖
	3-2-3	在SE-3-22南侧发育一冲沟；沟宽1.10m，沟深0.52m，沟长23.70m，沟道走向128°，曲折，沟内基本无覆盖物，沿崖体发育
	3-2-4-1	在SE-3-26南侧发育一冲沟，沟深0.32m，沟宽0.41m，沟长约4.30m；沟道走向163°；呈树枝状，下切较浅，规模较小，沟道内仅有少量砾石堆积
	3-2-4-2	发育于SE-3-26南侧；沟宽0.50m，沟深0.41m，沟长2.20m；沟道走向111°；沟头部分下切较深，沟道呈"S"形，沟道内有砾石堆积
	3-2-5	在SE-3-26东侧发育一冲沟，沟宽1.02m，沟深1.21m，沟长约10.40m；沟道走向104°，沟道内大量砾石堆积
	3-2-6	在SE-3-26北侧发育一冲沟，沟宽0.67m，沟深0.37m，沟长约12.13m；沟道走向109°；沟内以砂砾石为主，沟道下切较深
	3-3	冲沟；发育于SE-2-16与SE-2-18之间；沟宽1.81m，长约20.3m，沟深2.31m，沟道走向150°；沟道走向SE，沟道内以砾石为主
	3-3-D1	冲洞；在遗址体SE-2-16北侧发育两个冲洞，已经贯穿遗址体，北侧冲洞直径为1.21m，深0.60m；南侧冲沟直径为0.32m，洞内有少量砾石堆积
	3-3-D2	坑；发育于遗址体SE-2-16北侧。近似为圆形，属后期人为作用形成，直径为1.62m，坑深0.41m，坑内有砾石堆积
	3-3-D3	冲洞；发育于遗址体SE-2-16北侧；洞口直径为0.43m，直线距离5m，洞口有大量砾石堆积
	3-3-D4	冲洞；发育于遗址体SE-2-16北侧，已经贯穿遗址体，直线距离2m，洞口直径为0.31m，洞口有卵砾石堆积
	3-4-1	冲沟；发育于遗址体SE-2-25南侧，沟宽0.30m，沟深0.71m，沟长3.05m；沟道走向97°；沟道呈"S"形，下切较深，沟道内有砾石堆积，两侧沟壁有不同程度坍塌
	3-4-2	冲沟；发育于遗址体SE-2-25南侧，沟宽0.22m，沟深约0.60m，沟长2.1m，沟道走向85°，沟道下切较深，沟道内无覆盖物存在，两侧沟壁陡直
	3-4-3	冲沟；发育于遗址体SE-2-25南侧，沟宽0.2m～0.9m，沟深0.1m～0.61m，沟长9.1m。沟道走向76°，沟道内有砾石堆积，右侧沟壁有一定的掏蚀
	3-4	冲沟；发育于遗址体SE-2-24南侧，由3-4-1、3-4-2以及3-4-3汇合而成，呈树枝状分布；沟长8.21m，沟深0.61m，沟宽0.83m，沟道走向104°，沟道内有大量砾石堆积，两侧沟壁有不同程度的坍塌和掏蚀

第 6 章 苏巴什佛寺遗址的主要病害及成因机理

续表

流域号	沟号	冲沟具体情况
3#流域	3-4-D1	冲沟；发育于遗址体 SE-2-23-2-N 顶部，且贯穿遗址体，形成冲洞，长 2.21m，宽约 0.25m，深约 0.40m；正处于发育期，冲洞内有少量砾石堆积
	3-5-1-1	冲沟；发育于 SE-3-7 西侧，呈"S"形；沟宽 0.37m，沟深 0.62m，沟长 35.80m。沟道走向 185°；沟道下切较深，有砂砾石堆积
	3-5-1-2	冲沟；发育于 SE-3-7 西南侧，沟宽 0.48m，沟深 0.35m，沟长 17.20m；沟道走向 224°，沟道内有少量砾石堆积，沟壁较平缓
	3-5-D1	冲洞；冲洞洞口直径 0.53m，贯穿 SE-3-7 南侧墙体，在下方出露；冲洞内有少量堆积物，主要以砂砾石为主，洞内有大量砾石存在
	3-5-2	冲沟；发育于 SE-3-7 东侧，沟宽 0.54m，沟深 0.52m，沟长 16.40m，沟道走向 173°；沟头部分下切较浅，冲沟下游发育于台地边缘，下切较深，沟道内有大量堆积物，主要以砾石为主
	3-5-3	冲沟；发育于 SE-3-12 西侧，沿着台地崖体向下发育，沟宽 0.31m，沟深 0.26m，沟长 4.2m；沟道走向 171°，陡直，沟道内有大量堆积物，以卵砾石为主
	3-5-4-1	冲沟；发育于 SE-3-11 西北侧，沟宽 0.43m，沟深 0.31m，沟长 2.1m；沟道走向 176°；沟道下切较深，沟道内有少量覆盖
	3-5-4-2-1	冲沟；发育于 SE-3-17 西南侧，沟宽 0.52m，沟深 0.33m，沟长 8.95m；沟道走向 193°，沟道内基本无覆盖物
	3-5-4-2-2	冲沟；发育于 SE-3-17 西南侧，沟宽 0.23m，沟深 0.17m，沟长 20.17m；沟道走向 238°，沟道内少量卵砾石存在
	3-6	冲沟；发育于 SE-3-3 西侧，沟宽 0.43m，沟深 0.32m，沟长 6.73m；沟道走向 133°；沟道曲折，下切较浅，有少量堆积物存在，以砂砾石为主
	3-7	冲沟；发育于遗址体 SE-2-29 南侧，其中，沟头已经发育到 SE-2-28 的东侧；沟长约 23.5m，沟宽 0.60m，沟深 1.05m；沟道走向 113°
	3-8	冲沟；发育于遗址体 SE-2-31 东侧，沟长 24.60m，沟深 0.63m，沟宽 0.86m，沟道走向 169°；沟道平行遗址体发育，支沟呈平形状分布，沟道较直，距离遗址体 4.5m 左右，沟道内无堆积
	3-8-1	冲沟；发育于遗址体 SE-2-31 东侧，沟长 3.22m，沟宽 0.26m，沟深 0.33m，沟道走向 90°；沟头部分存在冲洞，垂直向下发育，沟道内少量砾石存在
	3-8-1-D1	冲洞；发育于遗址体 SE-2-31 西侧，距离遗址体很近，冲洞洞口直径 0.37m，但未见另一端出露，洞内有砾石和泥浆堆积
	3-8-1-D2	冲洞；发育于 SE-2-32 西侧，向遗址底部发育；沟头部分形成宽 0.12m、深 0.17m、长 0.60m 的小冲沟；冲沟出口在墙体另一端出露，同时形成一小冲洞，洞口直径约为 0.13m，洞内基本无堆积存在
	3-8-1-D3	冲洞；发育于 SE-2-32 西侧，冲沟冲刷形成，沟长 1.3m，沟宽 0.20m，沟深 0.51m，两个沟壁较陡，沟内基本无覆盖物

续表

流域号	沟号	冲沟具体情况
3#流域	3-8-2-1	冲沟；发育于SE-2-32与SE-2-33之间，沟宽0.42m，沟深0.45m，沟长约13.20m，沟道走向47°，沟道内有砾石覆盖，两侧沟壁冲刷严重
	3-8-2	冲沟；发育于SE-2-31与SE-2-34之间，沟深0.20m，沟宽0.17m，沟长2.10m，沟道走向95°，与3-8-2-1汇合后，进入3-8，沟道内有砾石覆盖
	3-8-3	冲沟；发育于SE-2-34与SE-2-73之间，沟宽0.41m，沟深0.22m，沟长8.0m，沟道走向62°；汇入1-1-8，沟道内少量砾石覆盖
	3-8-4	冲沟；沟宽0.40m，沟深1.12m，沟长60.20m；沟头从SE-2-60与SE-2-71中间穿过，沟道走向80°；最终，在SE-2-72与SE-2-73中间穿过后，汇入3-8，沟口部分下切较深，两侧沟壁陡直
	3-8-4-D1	坑；存在于SE-2-68北侧，近似为圆形，坑口直径3.77m，坑深约为1.21m
	3-9-1	冲沟；沟宽0.42m，沟深0.35m，沟长19.1m。沟道走向186°；发育于SE-3-21西侧，沟头部分下切较深，沟内以砾石为主，距离遗址体较远，影响较小
	3-9-2	冲沟；发育于SE-3-21西南侧，呈树枝状，与1-1-9a汇合，沟道较直，沟宽0.17m，沟深0.29m，沟长5.30m；沟道走向234°，沟道内基本无覆盖
	3-10-1	冲沟；发育于SE-3-26西侧，沟宽0.63m，沟深0.51m，沟长52.71m；沟道走向293°，下切较深，沟道内有大量卵砾石覆盖，两侧沟壁平缓
	3-10-2	冲沟；发育于SE-3-26北侧，沟宽0.61m，沟深0.43m，沟长31.3m，沟道走向255°，曲折，下切较深，沟道内有砾石覆盖
	3-11	冲沟；发育于SE-3-20西侧，沟宽0.32m，沟深0.22m，沟长27.30m，沟道走向265°，沟头部分从遗址体中间穿过；沟内有大量堆积物，以砂砾石为主，沟头部分两侧沟壁掏蚀严重
	3-12	冲沟；发育于SE-3-25东侧，呈树枝状，主沟宽0.37m，沟深0.13m，沟长4.30m；沟道走向156°；支沟宽0.22m，沟深0.12m，沟长3.30m，沟内有少量砾石堆积
	3-13	冲沟；发育于SE-3-26西侧，距离遗址体较远；沟宽0.42m，沟深0.23m，沟长8.40m，沟道走向174°，沟道内主要以砾石为主
	3-14-1	冲沟；发育于SE-3-26西侧，距离遗址体较近，沟宽0.83m，沟深0.90m，沟长8.40m，沟道走向192°，沟道内有砾石堆积，左侧沟壁较平缓，右侧沟壁陡直
	3-14-2	冲沟；发育于SE-3-26西南侧，沟头部分已贯穿SE-3-26-W-S，沟宽0.17m，沟深0.53m，沟长7.2m；沟道走向231°，沟道下切较深，沟道内有砾石覆盖
4#流域	总体描述	该流域面积较小，位于SE-2南侧，冲沟发育较少，规模较小；发育一处冲洞，距离遗址体很近
	4	冲沟；从SE-2-1与SE-2-2中间穿过，沟长14.1m，沟深1.22m，沟宽1.51m；沟道走向62°，沟道内有卵砾石堆覆盖，沟口部分两侧沟壁较陡直
	4-D1	冲洞；发育于SE-2-7西侧，洞口径0.30m，冲洞在墙体内部穿过，在遗址体南侧有两处出露，直线距离分别为8m和11m

第 6 章 苏巴什佛寺遗址的主要病害及成因机理

续表

流域号	沟号	冲沟具体情况
5#流域	总体描述	该流域面积较小，流域内冲沟不太发育，下切也较浅，5-1 距离遗址体较近
	5-1	冲沟；从 SE-2-3 中间穿过，沟道走向 244°，沟宽 0.30m，沟深 0.31m，沟长 9m，沟内有卵砾石覆盖
	5-2	冲沟；发育于 SE-2-3 西侧，沟宽 0.35m。沟深 0.15m，沟长 8.30m。沟道走向 278°，沟内有卵砾石覆盖
6#流域	总体描述	该流域发育于 SE-2 南侧，流域内冲沟较为发育，其中 6-2 下切很深，距离遗址体很近
	6-2	冲沟；发育于 SE-2-12 与 SE-2-15 中间，在 SE-2-9 东侧走向发生改变，沟宽 0.8m，沟深 1.70m，沟长 65m。沟道走向 168°，沟内有大量卵砾石和泥浆堆积，两侧沟壁陡直
	6-1	冲沟；发育于 SE-2-10 东南侧，沟宽 0.35m，沟深 1.70m，沟长 5.5m，沟道走向 223°，沟道内有少量砾石堆积，两侧沟壁陡直
7#流域	总体描述	流域面积较小，发育冲洞和坑数处，它们距离遗址体很近，冲洞规模较小
	7-D1	坑；存在于 SE-2-12 西南侧，近似正方形，边长 1.05m，深 0.45m，坑内有少量砾石覆盖
	7-D2	坑；存在于 SE-2-12 西侧，近似正方形，边长 1.50m，深 0.40m，坑内有少量砾石覆盖
	7-D3	冲洞；发育于 SE-2-12 西侧，冲沟贯穿崖体边缘，形成一冲洞；沟头距离冲洞洞口 4.22m，冲洞直线距离 3.55m，沟深 0.40m，冲洞深 1.30m，坑内有少量砾石覆盖
	7	冲沟；从 SE-2-12 北侧墙体中间穿过，沟宽 0.6m，沟深 0.80m，沟长 2.70m；沟道走向 240°，沟内有大量砾石覆盖，沟头部分下切较深
8#流域	总体描述	该流域冲沟下切较深，规模较大，顺崖体发育，同时也存在冲洞；冲洞距离遗址体较近
	8-D1	冲洞；发育于 SE-2-12 西侧，冲洞贯穿崖体边缘，洞深 0.85m，直线距离 2.82m，洞内有砾石和泥浆覆盖
	8-D2	坑；存在于 SE-2-13 西侧，近似圆形，直径 1.20m，深 0.50m，坑内有少量砾石覆盖
	8	冲沟；发育于 SE-2-15-W-6 西侧，沟宽 0.60m，沟长 14.10m。沟道走向 255°，由于沟道较陡，沟内基本无堆积物
9#流域	总体描述	该流域冲沟下切很深，规模也较大，顺崖体发育，距离遗址体较远
	9-1	冲沟；发育于 SE-2-15 西侧，沟宽 2.50m，沟深 1.80m，沟长 6.3m；沟道走向 214°，沟内有少量砾石覆盖，两侧沟壁较陡
	9-2	冲沟；在 SE-2-15 西侧，沿崖体发育，沟宽 2.0m，沟深 1.5m，沟长 11m，沟道走向 260°；与 9-1 汇合后进入库车河，沟道内基本无覆盖物，两侧沟壁较陡直
10#流域	总体描述	该流域面积较小，冲沟下切较深，规模较大，10-2 沟头部分距离遗址体较近
	10-1	冲沟；发育于 SE-2-15 西侧，沟宽 2.23m，沟深 1.58m，沟长 21.8m；沟道走向 381°；沿崖体发育，沟道较直，沟道内无堆积物存在
	10-2	冲沟；发育于 SE-2-15 西侧，沟宽 0.90m，沟深 0.61m，沟长 22.40m；沟道走向 390°；沟道较直，与 10-1 汇合后，进入库车河，沟道较陡，沟内基本无覆盖物

续表

流域号	沟号	冲沟具体情况
11#流域	总体描述	该流域面积较小，冲沟规模较大，下切也较深，距离遗址体较远；冲洞距离遗址体较近，且已贯穿遗址体
	11	冲沟；发育于SE-2-16西侧，沟宽1.70m，沟深1.12m，沟长21.3m；沟道走向267°，沟道较直，沿崖体发育，沟道较陡，沟内基本无覆盖物
	11-D1	冲洞；发育于SE-2-19东侧，冲洞贯穿遗址体，洞口直径0.24m
12#流域	总体描述	该流域面积较小，但冲洞十分发育，距离崖体边缘较近，规模也较大
	12-D1	冲洞；发育于SE-2-19东侧，洞口直径0.31m，洞口有少量砾石堆积
	12-D2	冲洞；发育于SE-2-19北侧，洞口直径0.36m；同时该洞东侧有一较小冲洞，洞口直径0.21m，下端出露情况不明，洞口有大量砾石堆积
	12-D3	冲洞；发育于SE-2-20东侧，存在一系列冲洞，洞口直径为0.21m~0.43m，洞口有大量砾石堆积
	12-D4	冲洞；发育于SE-2-20东侧，冲洞直径0.18m，冲洞向遗址体底部发育，洞口有少量砾石覆盖
	12-D5	冲洞；发育于SE-2-20北侧。此处向下发育4个冲洞，冲洞直径约为0.16m~0.25m，未见冲洞出口，洞口有少量砾石
	12-D6	冲洞；发育于SE-2-16西侧。该处发育两个冲洞，南侧冲洞直径约为0.60m，北侧冲沟直径约为0.12m，崖体上未见冲沟出露，洞口有大量砾石
13#流域	总体描述	该区冲沟规模很大，下切很深，形成的冲洞规模也较大，距离遗址体较远
	13	冲沟；发育于SE-2-21南侧；沟道走向256°；冲沟贯穿墙体，形成两个冲洞，其中北侧冲洞洞口直径约为3.10m；南侧冲沟直径较小，约为0.10m，沟道内有大量砾石堆积，两侧沟壁约为45°左右，其上有砾石覆盖
	13-D1	冲洞；在SE-2-16西侧发育三个冲洞，从南向北它们的直径分别为0.21m、0.33m、0.97m，洞口有少量砾石覆盖
14#流域	总体描述	流域内冲沟下切较深，规模较大，顺崖体发育，距离遗址体较远
	14-1	冲沟；发育于SE-2-17南侧，沿崖体向下发育，沟宽1.15m，沟深1.20m，沟长21.05m，沟道走向295°，沟道较陡，沟内基本无覆盖物
	14-2	冲沟；发育于SE-2-17南侧，距离遗址体较近，冲沟长期冲刷墙体，形成冲洞；沟宽4.10m，沟深1.1m，沟长14.30m。沟道走向264°；沟道内主要以卵砾石为主，两侧沟壁较陡
15#流域	总体描述	该流域冲沟规模较大，下切很深，已贯穿遗址体
	15	冲沟；发育于SE-2-40东侧，沟宽3.4m，沟深7.4m，沟长22.1m。沟道走向216°，沟内有大量砾石覆盖
16#流域	总体描述	流域面积较大，冲沟十分发育，错综复杂，呈树枝状分布，流域级别为3级
	16-1	冲沟；发育于SE-2-39北侧，沟宽0.20m，沟深0.22m，沟长12.5m，沟道走向262°，沟床有少量砾石覆盖

续表

流域号	沟号	冲沟具体情况
16#流域	16-2-1	冲沟；发育于SE-2-27西侧，沟宽0.20m，沟深0.17m，沟长为2.42m；沟道走向186°，沟床有少量砾石覆盖
	16-2-2	冲沟；发育于SE-2-26南侧，沟长约17.2m，沟宽约为0.18m，沟深0.31m。沟道走向208°，沟道内主要以砂砾石为主，两侧沟壁较平缓
	16-2-3	冲沟；发育于SE-2-25西侧，沟宽0.40m，沟深为0.35m，沟长4.10m；沟道走向299°；冲沟宽深比较小，沟道为"S"形，沟道内有堆积，主要以砾石为主
	16-2-4	冲沟；发育于SE-2-25西侧，沟宽为0.84m，沟深为0.27m，沟长约为4.21m。沟道走向329°，沟道内有少量砾石覆盖
	16-2	冲沟；发育于SE-2-41南侧，沟宽1.3m，沟深1.4m，沟长17.5m。沟道走向233°，沟道内有大量砾石堆积
17#流域	总体描述	该流域冲洞、冲沟较为发育，其中冲沟顺崖体发育，距离遗址体较远
	17-D1	冲洞；发育于SE-2-41北侧，垂直延向底部，洞口直径1.1m，深入到崖体底部，但是未见冲沟出露，沟口部分有少量砾石覆盖
	17-D2	冲洞；发育于SE-2-43西南侧，冲洞洞口直径约2.60m，向崖体底部发育，沟口部分有大量砾石覆盖
	17-1	冲沟；发育于SE-2-43西北侧，冲沟沿崖体向下发育，沟宽10.7m，沟深1.83m，沟长23m；沟道走向249°，沟道内有砾石覆盖
	17-2	冲沟；发育于SE-2-43西北侧，沿崖体发育，沟宽3.03m，沟深1.80m，沟长23.70m；沟道走向222°，沟道较陡，沟内基本无覆盖物
	17-D3	冲洞；发育于SE-2-44西侧；宽0.60m、深0.63m、长14.7m的冲沟贯穿遗址体形成一冲洞，洞口有少量砾石覆盖
18#流域	总体描述	该流域面积较小，冲沟下切较深，顺崖体发育，距离遗址体较远
	18	冲沟；发育于SE-2-49东侧；沟宽0.21m，沟深0.23m，沟长17.2m，沟道走向191°；冲沟宽深比较小，呈树枝状分布，沟道内基本无覆盖
19#流域	总体描述	该流域面积较大，流域内冲沟十分发育，错综复杂，呈树枝状分布，大部分冲沟距离遗址体较近，溯源侵蚀也较为明显
	19	冲沟；沟宽3.75m，沟深6.03m，沟长30.10m，沟道走向240°；该流域为4级流域，汇流面积较大，由众多支流组成，呈树枝状分布，沟道内大量砾石覆盖
	19-1-1-1	冲沟；发育于SE-2-47北侧，沟宽0.53m，沟深0.41m，沟长10.1m。沟道走向351°，沟道内有大量砾石堆积
	19-1-1-2	冲沟；发育于SE-2-45西北侧，沟宽0.10m，沟深0.12m，沟长5.7m；沟道走向310°，沟道内有大量砾石堆积，两侧沟壁均有不同程度坍塌和掏蚀
	19-1-1-3	冲沟；发育于SE-2-68西侧，沟宽0.64m，沟深1.2m，沟长35m，沟道走向100°；与K-16-1-1b交汇；沟道内主要以砾石为主，两侧沟壁冲刷严重

续表

流域号	沟号	冲沟具体情况
19#流域	19-1-2-1	冲沟；发育于 SE-2-45 西侧，沟宽 0.45m，沟深 0.37m，沟长 3.02m。沟道走向 356°，沟道内有砾石覆盖
	19-1-2-2	冲沟；发育于 SE-2-45 西侧，沟道走向 317°，沟深 0.37m，沟宽 0.40m，沟长 10.07m，沟道内有大量砾石覆盖
	19-1-3-1	冲沟；发育于 SE-2-46 东侧，沟宽 1.2m，沟深 0.57m，沟长 3.2m；沟道走向 265°，沟道内有大量砾石覆盖，两侧沟壁下切严重
	19-D1	冲洞；发育于 SE-2-46 南侧，1.1m 长的冲沟冲刷墙体已经形成冲洞，使上部遗址体失去支撑，洞口有大量卵砾石覆盖
	19-D2	坑；在 SE-2-44 北侧，因雨水冲刷而形成三个小坑，坑深 0.11m～0.20m，坑口直径 0.2m～0.61m，未见出露，洞口有少量砾石覆盖
	19-1-3-2	冲沟；发育于 SE-2-45 北侧，沟宽 0.60m，沟深 1.0m，沟长 4.8m；沟道走向 247°，沟道内有大量卵砾石覆盖，两个沟壁有不同程度的坍塌和掏蚀
	19-1-3-3	冲沟；发育于 SE-2-46 东北侧，沟宽 0.17m，沟深 0.27m，沟长 1.4m，沟道走向 233°；呈树枝状分布，沟道内有少量砾石覆盖，两侧沟壁较陡
	19-D3	冲洞；SE-2-45 北侧发育两个冲洞，南侧冲洞洞口直径 0.15m，北侧洞口直径 0.10m，洞口有少量砾石覆盖
	19-D4	冲洞；发育于 SE-2-45 南侧，冲洞洞口直径 0.30m，贯穿墙体，直线距离 2.50m，洞口有少量砾石
	19-1	冲沟；发育于 SE-2-47 南侧，沟深 1.21m，沟宽 1.31m，沟长 56.8m；沟道走向 335°，沟道内有大量砾石覆盖
	19-2	冲沟；发育于 SE-2-53 北侧，沟宽 0.61m，沟深 0.75m，沟长 18.10m；沟道走向 343°，沟道内有大量砾石覆盖
	19-3	冲沟；发育于 SE-2-52 东侧，沟宽 0.93m，沟深 1.17m，沟长 9.65m，沟道走向 176°；冲沟沿崖体发育，呈树枝状，沟道较陡，沟内基本无覆盖物
	19-4-1	冲沟；发育于 SE-2-61 西侧，沟宽 1.31m，沟深 1.2m，沟长 3.24m。沟道走向 275°，沟床内有大量砾石覆盖
	19-4-2-1	冲沟；发育于 SE-2-61 西侧，沟宽 0.33m，沟深 0.41m，沟长 10.20m；沟道走向 273°，沟床内有砾石覆盖
	19-4-2-2	冲沟；发育于 SE-2-61 西侧，沟宽 0.39m，沟深 0.41m，沟长 12.80m；沟道走向 235°，沟床有砾石覆盖
	19-4	冲沟；发育于 SE-2-61 西侧，沟宽 1.24m，沟深 1.70m，沟长约 9.70m；沟道走向 282°；呈树枝状分布，最终和 19#主沟汇合
	19-5	冲沟；发育于 SE-2-62 西侧，沟宽 0.63m，沟深 0.61m，沟长 5.70m；沟道走向 249°；呈树枝状分布，沟道较陡，沟内基本无覆盖物

续表

流域号	沟号	冲沟具体情况
19#流域	19-6-1	冲沟；发育于 SE-2-59 西侧，沟宽 0.51m，沟深 0.43m，沟长 17m，沟道走向 237°；冲沟顶部形成一冲洞；沟道曲折，下切较深，沟道内堆积物存在，主要以砾石为主，沟道内有大量砾石覆盖
	19-6-2	冲沟；发育于 SE-2-61 西侧，沟宽 0.46m，沟深 0.27m，沟长 8.91m；沟道走向 259°，沟道内有少量砾石覆盖
	19-7-1	冲沟；发育于 SE-2-59 西侧，沟宽 0.75m，沟深 0.85m，沟长 13.01m；沟道走向 250°；呈树枝状分布，沟道曲折，下切较深，沟内有堆积物存在，以砂砾石为主，沟道内有大量砾石堆积
	19-7-2	冲沟；发育于 SE-2-59 西侧，沟宽 1.07m，沟深 1.02m，沟长约为 8.60m；沟道走向 234°，沟道内有大量卵砾石覆盖
	19-8	冲沟；发育于 SE-2-54 西侧，沟宽 0.30m，沟深 1.03m，沟长 8.71m；沟道走向 226°，沟道内基本无堆积
	19-9	冲沟；发育于 SE-2-77 西南侧，沟宽 0.27m，沟深 0.33m，沟长约为 5.57m；沟道走向 219°；沟道曲折，沟内有大量堆积物，主要以卵砾石为主
20#流域	总体描述	该流域面积较大，冲沟顺崖体发育，下切较深，其中，冲洞已贯穿遗址体
	20-1	冲沟；发育于 SE-2-51 西侧，沟长 9.34m，沟宽 0.70m，沟深 0.60m，沟道走向 263°；冲沟顶部形成一冲洞，洞口直径 0.41m，沟道较陡，沟内基本无覆盖物
	20-D1	冲洞；发育于 SE-2-50 东侧，冲洞洞口直径约 0.31m，沿墙体底部向下发育，但是未见下部有出露，洞口有少量砾石覆盖
	20-2-1	冲沟；发育于 SE-2-50 北侧，沟宽 0.51m，沟深 0.73m，沟长 20.10m；沟道走向 304°；顺着崖体向下发育，冲沟上部因冲刷已出现冲洞，冲洞直线距离 1.47m，沟道内有少量砾石覆盖，两个沟壁陡直
	20-2-2	冲沟；发育于 SE-2-50 北侧，沟长 5.21m，沟深 0.42m，沟宽 0.49m，沟道走向 250°；同时，由于冲沟冲刷作用，形成冲洞，冲洞洞口直径 0.72m，沟道较陡，沟内基本无覆盖物，两个沟壁较陡
20#流域	20-3	冲沟；发育于 SE-2-50 北侧，冲沟沿着崖体向下发育，沟宽 1.63m，沟深 1.23m，沟长 13.27m；沟道走向 266°
	20-D2	冲洞；发育于 SE-2-50 北侧，冲沟贯穿崖体，形成冲洞，冲洞洞口直径为 0.51m，由于冲洞已经贯通，洞内无沉积物
21#流域	总体描述	该流域冲沟规模较大，距离遗址体较近，其中 21-2 已贯穿遗址体底部
	21-1	冲沟；发育于 SE-2-75 西侧，沟深 0.87m，沟宽 1.20m，沟长 10.73m，沟道走向 252°；呈树枝状分布，沟道较陡，沟内基本无覆盖物
	21-2	冲沟；穿过 SE-2-78 和 SE-2-76 后，沿崖体向下发育，沟宽 6.31m，沟深 10.3m，沟长 41.0m，沟道走向 274°，沟内有大量砾石覆盖，两个沟壁哟不同程度的坍塌和掏蚀

续表

流域号	沟号	冲沟具体情况
22#流域	总体描述	该流域冲沟十分发育，下切较深，错综复杂，其中部分支沟距离遗址体较近
	22-1	冲沟；发育于 SE-2-74 北侧，沟宽 0.63m，沟深 0.45m，沟长 9.73m，沟道走向 273°，沟道较陡，沟内基本无覆盖物
	22-2-1	冲沟；发育于 SE-2-97 南侧，沿 22-2 沟壁发育，沟宽 0.91m，沟深 2.1m，沟长 5.83m，沟道走向 197°，呈树枝状分布
	22-2-2	冲沟；发育于 SE-2-75 西北侧，沟宽 0.26m，沟深 0.50m，沟长约 12.0m。沟道走向 357°；呈树枝状分布，沟内有少量砾石覆盖
	22-2-3	冲沟；发育于 SE-2-95 西侧，呈树枝状分布，对整体环境有严重影响；沟宽 12.97m，沟深 11.2m，沟长 43.1m，沟道走向 266°，沟道内有大量卵砾石覆盖，沟壁切割严重
23#流域	总体描述	该流域冲沟发育，下切很深，顺崖体发育，沟头部分距离遗址体较近
	23-1	冲沟；发育于 SE-2-90 东侧，规模相对较小，沟宽 0.65m，沟深 0.93m，沟长 15.70m，沟道走向 209°，沟道内有少量砾石覆盖
	23-2	冲沟；发育于 SE-2-90 东侧；冲沟沿崖体向下发育，左侧支沟长约 6.70m，沟宽 2.7m，沟深 7m；主沟长约 50.30m，沟宽 2.21m，沟深 7.30m；沟道走向 217°，沟道内有大量卵砾石覆盖
24#流域	总体描述	该流域面积较大，下切较深，发育与 SE-2 北侧，距离遗址体较远
	24-1	冲沟；发育于 SE-2-90 北侧。呈树枝状，主沟长 38.1m，沟宽 2.21m，沟深 1.23m。沟道走向 315°；支沟长分别为 10.7m、7.3m，沟宽分别为 1.1m、0.74m，沟深分别为 0.47m 和 0.33m
	24-2	冲沟；发育于 SE-2-92 北侧；冲沟长约 61m，沟宽 1.03m，沟深 0.78m；沟道走向 287°，沟道内少量卵砾石覆盖
25#流域	总体描述	该流域面积很大，冲沟十分发育，沟道下切较深，发育于 SE-2 北侧，属 3 级流域，其中，部分冲沟距离遗址体较近
	25	主沟走向为 NE 向，从 S-E-3 与 S-E-4 中间穿过，沟道弯曲，成"S"形，呈树枝状分布，流域等级为 4 级。最终汇入库车河内。沟道内主要以砂砾石为主，其中砾石比例较大，沟道内有大量砾石沉积，冲沟现处于复苏期
	25-1-1	冲沟；发育于 SE-4-8 南侧崖体，沟宽 0.86m，沟深 1.96m，沟长约 20.30m。沟道走向 165°
	25-1	冲沟；发育于 SE-4-8 东南侧，沟宽 0.58m，沟深 0.35m，沟长 55.20m，沟道走向 225°，沟道内有大量卵砾石覆盖
	25-1-2	冲沟；发育于 SE-4-8 南侧，沟宽 0.25m，沟深 0.30m，沟长 7.60m；沟道走向 114°；其中，在遗址体附近有一段长为 3.80m 的严重下切；其一段穿过堆积物，直线距离 1.72m。顶端穿过遗址体，形成冲洞，直线距离 0.80m，两洞口直径约为 0.20m
	25-2	冲沟；发育于 SE-4-8 南侧崖体，沟宽 0.52m，沟深 1.43m，沟长 21.20m，沟道走向 207°；沟道内有大量砾石堆积

续表

流域号	沟号	冲沟具体情况
25#流域	25-3-1-1	冲沟；发育于SE-4-6西侧，沟宽0.26m，沟深0.18m，沟长3.10m；沟道走向143°，沟道内有少量砾石覆盖
	25-3-1-2	冲沟；沟头部分从SE-4-6与SE-4-5中间穿过，沟宽0.31m，沟深0.12m，沟长5.80m，沟道走向206°，沟床有少量砾石覆盖
	25-3-2-1-1	冲沟；发育于SE-4-1东侧陡坡上，沟宽0.25m，沟深0.17m，沟长15.20m。沟道走向240°，沟床有少量砾石覆盖
	25-3-2-1-2	冲沟；发育于SE-4-5东侧，沟宽0.26m，沟深0.21m，沟长9.10m，沟道走向156°，沟道基本无覆盖物
	25-3-2-1-3	冲沟；发育于SE-4-3西侧，沟宽0.50m，沟深0.40m，沟长8.10m，沟道走向165°，沟道内有少量砾石覆盖
	25-3-2-2-1	冲沟；发育于SE-4-1南侧，沟宽0.35m，沟深0.48m，沟长38.20m；沟道走向237°；沟道呈"S"形，沟内基本无堆积物，沟道内有大量卵砾石覆盖
	25-3-2-2-2	冲沟；发育于SE-4-1南侧，沟宽0.31m，沟深0.11m，沟长21m，沟道走向268°；前端穿透堆积物，直线距离约为0.80m，附近本体风化严重；并且由于堆积物的存在，遇到降雨时，易在此处形成集水，沟道内有少量砾石覆盖
	25-4	冲沟；发育于SE-4-1南侧陡坡上，沟宽1.66m，沟深1.32m，沟长63.4m；沟道走向235°，沟道内有大量砾石存在，沟口处存在漂石
	25-5	冲沟；发育于SE-4-1南侧陡坡上，沟宽1.66m，沟深1.32m，沟长63.40m；沟道走向252°，沟道内有大量卵砾石堆积
	25-6	冲沟；发育于SE-4-1东南侧陡坡上，沟宽5.32m，沟深2.76m，沟长25.33m；沟道走向100°，沟道内有少量砂砾石覆盖
	25-7	冲沟；发育于SE-4-1东南侧陡坡上，沟宽0.76m，沟深0.65m，沟长35.20m；沟道走向71°；沟道较直，有支沟存在，呈树枝状分布，沟道下切较深，在冲沟下游汇入25#主沟，沟道内有少量卵砾石覆盖
	25-8	冲沟；发育于SE-4-1东侧崖体上，沟宽1.21m，沟深0.60m，沟长22.10m；沟道走向78°，沟道内有少量卵砾石覆盖
	25-9	冲沟；发育于SE-4-4北侧崖体上，沟宽3.42m，沟深1.85m，沟长24.2m；沟道走向86°，沟道内有少量卵砾石覆盖
	25-10	冲沟；发育于SE-4-16东侧崖体上。沟宽4.83m，沟深2.22m，沟长21.10m；沟道走向70°，沟道内有少量卵砾石覆盖
	25-11	冲沟；发育于SE-4-16东侧崖体上；沟宽3.37m，沟深2.31m，沟长26.50m；沟道走向67°，沟道内有少量卵砾石覆盖
	25-12	冲沟；发育于SE-4-16东侧崖体上。沟宽3.96m，沟深2.32m，沟长32.70m；沟道走向65°；呈树枝状，沟道内有少量卵砾石覆盖

续表

流域号	沟号	冲沟具体情况
26#流域	总体描述	该流域面积较大，冲沟发育，下切很深，部分冲沟发育于主沟沟壁上，沟道陡直，沟头部分距离遗址体较近
	26	穿过 S-E-4 遗址区，走向212°，呈树枝状分布，流域等级为3级，沟道内有大量卵砾石覆盖
	26-1	冲沟；发育于3号沟出口处右侧沟壁上；沟宽7.40m，沟深3.28m，沟长13.17m；沟道走向153°，沟道内有少量卵砾石覆盖
	26-2	冲沟；发育于SE-4-8西北侧崖体上，沟宽4.50m，沟深4.80m，沟长22.30m；沟道走向252°，沟道内有少量卵砾石覆盖
	26-3	冲沟；发育于SE-4-24东南侧，沟宽15.10m，沟深19.20m，沟长32.30m；沟道走向142°，沟道内有少量砾石覆盖
	26-4	冲沟；发育于SE-4-24东南侧，沟宽11.30m，沟深16.20m，沟长31.10m；沟道走向144°，沟道内有少量卵砾石覆盖
	26-5	冲沟；发育于SE-4-22东南侧，有两条支沟存在。顺崖体向下发育，呈树枝状分布，沟深6.30m，沟长27.30m，沟宽12.30m；沟道走向162°，沟道内有少量卵砾石覆盖
	26-5-1	冲沟；发育于SE-4-20南侧，沟宽7.10m，沟深8.30m，沟长22.60m，沟道走向167°；沿崖体发育，有两条支沟存在，呈树枝状，沟道内有少量卵砾石覆盖
	26-5-2	冲沟；发育于SE-4-20东南侧，沟宽12.60m，沟深7.60m，沟长24.30m，沟道走向224°，沟道内有少量卵砾石覆盖
	26-6	冲沟；发育于SE-4-20东南侧，沟宽11.1m，沟深4.70m，沟长22.50m，沟道走向199°；有支沟发育，沟道内有堆积物存在，以砾石为主，沟道内有少量卵砾石覆盖
	26-7	冲沟；发育于SE-4-9东南侧，沟宽0.28m，沟深0.20m，沟长4.50m，沟道走向143°，沟道内有少量砾石覆盖，两侧沟壁下切较深
	26-8	冲沟；发育于SE-4-14东南侧，沟宽0.22m，沟深0.09m，沟长3.30m，沟道走向152°，沟道内基本上无砾石覆盖
	26-9	冲沟；发育于SE-4-16西南侧，沟宽0.28m，沟深0.23m，沟长6.80m；沟道走向237°，沟道内有少量砾石覆盖，两侧沟壁有不同程度的坍塌和掏蚀
	26-10	冲沟；从SE-4-14与SE-4-16中间穿过，沟宽0.40m，沟深0.36m，沟长36.0m；沟道走向195°，沟道内有卵砾石覆盖
27#流域	总体描述	该流域位于SE-4北端，冲沟下切较深，部分冲沟距离遗址体较近
	27	冲沟；沟深26.5m，沟长106m，发育于SE-4西北侧，两侧支沟十分发育，呈平形状发育，沟道内有大量卵砾石堆积
	27-1	冲沟；发育于SE-4-20西北侧，沟宽0.66m，沟深0.52m，沟长30.15m，沟道走向345°；顺崖体向下发育，沟道内有少量卵砾石覆盖

续表

流域号	沟号	冲沟具体情况
27#流域	27-2	冲沟；发育于 SE-4-20 东北侧，沟宽 0.53m，沟深 0.42m，沟长 25.61m；沟道走向 333°，沟道内有少量卵砾石覆盖
	27-4	冲沟；发育于 SE-4-14 西侧，沟宽 0.26m，沟深 0.35m，沟长 7.40m，沟道走向 303°
27#流域	27-5	冲沟；发育于 SE-4-14 西侧，沟宽 0.69m，沟深 0.57m，沟长 4.2m，沟道走向 273°，沟道内有少量砾石覆盖
	27-3	冲沟；发育于 SE-4-11 西北侧，贯穿墙体，形成直径为 0.40m 的冲洞，沟道内有砾石堆积
28#流域	总体描述	该流域位于遗址区最北端，冲沟规模较大，下切较深，并有顺崖体发育的冲沟存在
	28	冲沟；沟宽 7.10m，沟深 19.20m，沟长 95.40m，沟道内有卵砾石堆积
	28-1	冲沟。发育于 SE-4-19 西南侧崖体上，沟宽 0.37m，沟深 0.40m，沟长 16.10m。沟道走向 191°，沟道内有少量砾石覆盖

6.3.3 西寺水文特征

采用 1:1000 地形图和测量工具对苏巴什佛寺遗址区西寺内冲沟进行系统的调查，全面调查遗址区内水系分布情况，并对遗址区内冲沟按流域进行统计（表6.2）。

表 6.2　苏巴什佛寺遗址西寺冲沟统计表

流域号	沟号	冲沟具体情况
1#	1	该沟从 SW-1 中间穿过，发育于 SW-1-14 东北侧。呈树枝状。由于后期修建水库，改变了原有地貌地形条件
2#	总体描述	该流域汇水面积较大，包括 SW-1 和 SW-3-3 部分地区，以及 SW-2-2 和 SW-2-1 全部，流域内冲沟十分发育，错综复杂，呈树枝状分布，为 3 级流域
	2-2	冲沟；沟长 11.25m，沟宽 1.53m，沟深 2.10m，从 SW-1-8 与 SW-1-10 中间穿过，沟头部分穿过 SW-1-9，沟道走向 124°，沟道内有大量砾石沉积，两侧沟壁有不同程度的坍塌
	2-3	冲沟；发育于 SW-1-6 东南侧，沟长 15.42m，沟宽 2.10m，沟深 2.71m，沟道走向 160°，沟道内有砾石堆积
	2-5	冲沟；汇水面积较大，穿过 SW-3-3 后，在 SW-2-1 南侧流出遗址区
	2-5-5-1	冲洞；遗址区大面积的汇水，到此形成一冲洞，洞口呈椭圆形，洞宽 0.85m 左右，洞高 0.20m，水流在 SW-2-2-S-3 西侧出露，穿越墙体，直线距离 10.10m 左右，沟道内有砾石覆盖
	2-5-5-1-D1	冲洞；洞口直径 0.17m，贯穿墙体 SW-2-2-S-3-N-2，洞内有少量堆积
	2-5-7-1	冲沟；沟宽 0.42m，沟深 0.33m，沟长 20.25m，发育与 SW-3-2-7 西侧，沟道呈树枝状，下切较为严重，沟道内基本无覆盖物

续表

流域号	沟号	冲沟具体情况
2#	2-5-7-1-D1	冲洞；由于SW-3-2-14西侧排水不畅，形成冲洞；洞口直径0.15m，洞口下游有砾石堆积
	2-5-8	冲沟；发育于SW-3-2-3西侧，沟宽0.40m，沟深0.34m，沟长12.50m；沟道走向161°，沟道内基本无砾石堆积
	2-6	冲沟；此处发育三条冲沟，呈平形状，最大沟深1.25m，沟宽0.60m，沟长8.10m，沟道走向110°左右；沟道内有松散砂砾石覆盖，两侧沟壁有不同程度的坍塌和掏蚀
	2-15	冲沟；沟宽0.70m，沟深0.51m，沟长11.20m，沟道走向55°，发育于SW-2-2-E-1南侧，沟内有松散砂砾石覆盖，沟口处两侧沟壁有大量坍塌和掏蚀
	2-16	冲沟；发育于SW-2-2-B南侧，沟宽0.21m，沟深0.33m，沟长2.10m，沟道走向159°，沟道内基本无覆盖物
3#	总体描述	该流域汇水面积较大，穿过SW-3-2，从SW-2-2与SW-2-3中间流出遗址区，流域面积较小
	3	由于3#主沟沟道曲折，流向改变，进而导致对SW-3-3-5~SW-3-3-7西南侧的崖体、SW-3-2附近以及SW-3-2-11北侧崖体的冲刷
	3-4	冲沟；发育于SW-3-2-12北侧，沟宽0.20m，沟深0.42m，沟长2.20m，沟道走向52°，沟道内有大量砾石堆积
4#	总体描述	流域内包括SW-3-4、SW-3-5以及SW-4-2部分地区；汇流面积较大，冲沟十分发育，错综复杂；流域级别为4级
	4-1	冲沟；发育于SW-2-3-8西北侧，沟长8.50m，沟宽0.62m，沟深0.60m，沟道陡直，沟内有松散砾石覆盖，沟道内有卵砾石覆盖
	4-2	冲沟；从SW-4-1-1-1-4与SW-4-1-1-1-5中间穿过，沟宽1.50m，沟深2.51m，沟长1.82m，沟道走向171°，呈"S"形，沟道内有砾石堆积，两侧沟壁陡直
	4-3	冲沟；冲沟贯穿SW-2-3-23遗址体底部，形成冲洞，直线距离1.30m，洞口直径0.20m
	4-5	由于SW-3-4-7遗址体的存在，4-5在遗址体西南侧改变流向，沟道内有砾石覆盖
	4-5-1-2	冲沟；发育于SW-3-2-27东侧，沟宽0.80m，沟深0.62m，沟长4.22m，沟道走向17°，沟道内有大量卵砾石覆盖
	4-5-1-3	冲沟；沟深0.30m，沟宽0.30m，沟长5.50m，发育于SW-3-4-2南侧，沟道走向121°，沟道内有大量卵砾石覆盖
	4-5-1-4	由于冲沟排水不畅，在SW-3-2-31北侧形成约6.5m²左右的集水区
	4-6	由于沟道曲折，导致冲沟4-6在SW-3-4-25附近改变流向，对其左岸形成长达19.4m的严重侵蚀地段；在SW-3-4-28西南侧对右侧沟壁侵蚀，其中，有长达19.7m严重地段
	4-6-1	冲沟；沟宽0.40m，沟深1.05m，沟长2.52m，发育于SW-3-4-14东南侧，沟道走向182°，沟道较陡，沟内基本无砾石堆积

续表

流域号	沟号	冲沟具体情况
4#	4-6-2	冲沟；发育于SW-3-4-17西北侧，沟宽0.40m，沟深0.82m，沟长15.20m，沟道走向202°，沟头溯源侵蚀到SW-3-4-24东侧，形成一冲洞，洞口直径0.30m，沟内有砾石覆盖
	4-6-3-D1	冲洞；发育于SW-3-4-25西侧，上方洞口径0.20m，下方洞口径0.30m，沟内有砾石覆盖
	4-6-5	冲沟；沟宽0.30m，沟深0.25m，沟长6.20m，沟道走向189°，沟床有大量砾石覆盖
	4-6-6-2-2	冲沟；发育于SW-3-3-28西侧，沟宽0.80m，沟深1.11m，沟长14.30m，发育数条支沟，呈树枝状，沟道走向92°，沟床有少量卵砾石覆盖
	4-6-7	冲沟；发育于SW-3-4-29西北侧，沟宽0.20m，沟深0.31m，沟道走向238°，沟道内有少量砾石覆盖
5#	总体描述	流域面积较小，沿着崖体发育，包括SW-4-1部分遗址体，对遗址体存在影响的冲沟较少
	5-2	冲沟；发育于SW-4-1-7西侧，沟宽0.41m，沟深0.63m，沟长10.02m，沟道走向12°，沟道下切较深，沟道内有少量砾石覆盖
6#	总体描述	流域面积较小，南北两侧分别是SW-4-1和SW-4-2，流域出口处两侧存在遗址体
	6	冲沟；发育于SW-4-1与SW-4-2中间，沟宽4.2m，沟深1.61m，沟长30.20m，沟道走向91°，沟道内有大量卵砾石覆盖
7#	总体描述	包括SW-4-2南侧部分地区，汇流面积较小
	7	冲沟；沟宽1.50m，沟深1.42m，沟长5.50m，发育于SW-4-2-5南侧，沟道走向93°，沟床较陡，沟道内基本无覆盖
	7-1	冲沟；发育于SW-4-2-5西侧，沟宽0.30m，沟深0.40m，沟长3.42m，沟道走向189°，沟道曲折，呈"S"形，下切较深，沟道内有基本无覆盖物
8#	总体描述	包括SW-4-2北侧部分地区，流域面积较小，冲沟并未十分发育
	8-1	冲沟；发育于SW-4-2-9北侧，沟宽1.10m，沟深1.05m，沟长5.20m，沟道比降0.34，沟道走向121°，呈树枝状，下切较深，沟内主要以砂砾石为主
	8-3	冲沟；发育于SW-4-2-13北侧，沟宽0.80m，沟深1.02m，沟长3.05m，沟道走向40°，沟口部分下切较深，沟道内以砾石堆积为主
9#	总体描述	流域面积较小，包括了SW-4-2最北端部分地区，流域内发育两条冲沟
10#	总体描述	汇水面积较小，包括SW-4-3大部分地区，流域内发育较多冲沟，呈树枝状分布
	10	冲沟；沟宽0.40m，沟深0.30m，沟长42.10m，沟道走向126°，发育于SW-4-3-12东南侧，沟内主要里砾石为主；冲沟较长，几乎穿越了SW-4-3；沟道在SW-4-3-4南侧改变走向，下切很深，沟宽4.10m，沟深2.30m，沟长18.60m，沟道走向70°
	10-4	冲沟；发育于SW-4-3-10东南侧，沟宽0.40m，沟深0.30m，沟长4.10m，发育于沟道下切较深，沟内以砾石为主
11#	总体描述	流域面积较大，包括SW-4-4部分地区，冲沟发育，错综复杂
	11-1-2	冲沟；沟宽1.10m，沟深0.40m，沟长40.10m，发育于SW-4-4-1西侧，沟道走向147°，呈树枝状，比降0.2

续表

流域号	沟号	冲沟具体情况
12#	总体描述	流域面积较小，包括SW-4-4部分地区，流域内有冲沟发育
	12	冲沟；发育于SW-4-4-13南侧沟宽1.10m，沟深1.05m，沟长20.05m，沟道走向113°，呈"S"形，沟道下切较深，沟道内有大量卵砾石堆积
13#	总体描述	流域面积较小，包括SW-4-4北端部分地区，流域内冲沟发育
	13	冲沟；发育于SW-4-4-17南侧，沟宽1.20m，沟深1.10m，沟长18.20m，沟道走向92°，冲沟下切较深，沟壁较陡，沟道内有大量卵砾石覆盖
14#	总体描述	流域面积较小，包括SW-4-4北端部分地区，流域内顺着崖体有冲沟发育
	14	冲沟；发育于SW-4-4-17东北侧，沟宽0.70m，沟深0.51m，沟长17.20m，沟道走向19°，下切较深，沟道呈"S"形，沟道内有卵砾石覆盖
15#	总体描述	流域面积较大，流域内冲沟十分发育，错综复杂
	15	发育于SW-4-4北侧，该沟共有六条大的支沟，在支沟交汇处的台地上存在1～11#洞窟。沟内主要以卵砾石堆积为主，沟道比降较小，两侧沟壁下侧均受到严重侵蚀，沟口两侧沟壁陡立，高达10m左右
	15-1	冲沟；发育于SW-4-4-17西北侧，沟宽0.90m，沟深0.60m，沟长17.50m，沟道走向11°，呈树枝状，沟内主要以砾石为主
	15-4	冲沟；发育于K-12西侧，沟道比降0.15，沟深3.0m，沟壁倾角30°，沟道走向176°，沟道内有卵砾石覆盖
	15-4-2	冲沟；沟宽0.75m，沟深0.40m，沟长13.20m，沟道走向190°，沟床有砾石覆盖
	15-4-3	冲沟；沟宽0.51m，沟深0.30m，沟长6.50m，沟道走向219°，沟道内有砾石覆盖
	15-7-1	冲沟；沟道比降0.10，沟深7.2m，沟壁倾角40°，沟道走向60°，沟道内有卵砾石覆盖
	15-7-2	冲沟；沟道比降0.10，沟深7.0m，沟壁倾角42°，沟道走向111°，与15-7-1交汇处，冲蚀较为严重，沟道内有卵砾石覆盖
	15-8-1	冲沟；沟道比降0.10，沟深6.5m，沟壁倾角37°，沟道走向121°，沟道内有卵砾石覆盖
	15-8-2	冲沟；沟道比降0.27，沟深6.0m，沟壁倾角31°，沟道走向117°，沟道内有卵砾石覆盖
	15-8-3	冲沟；沟道比降0.40，沟深5.0m，沟壁倾角40°，沟道走向132°，沟道内有卵砾石覆盖
16#	总体描述	流域面积较小，流域内冲沟发育，呈树枝状，包括SW-5-1遗址区内，K-12东北侧部分地区
17#	总体描述	流域面积较小，发育于16#流域北侧，流域内冲沟沿崖体发育
18#	总体描述	流域面积较小，发育于17#流域北侧，包括SW-5-1东侧部分地区，冲沟沿崖体发育
19#	总体描述	位于SW-5-1北侧，沟道较宽，沟道内主要以卵砾石为主
20#	总体描述	位于19#主沟北侧，有支沟发育，呈树枝状；左侧沟壁距沟口20m处，有一洞窟存在；该窟位于高出沟道6m左右的台地上
21#	总体描述	位于遗址区北端，该沟两侧无遗址体存在，且沟壁无危险体存在，沟内水系呈树枝状分布
22#	总体描述	位于遗址区最北端，距离遗址体都较远；该沟道右岸山脊处存在SW-K-17，沟内水系呈典型的树枝状分布

6.3.4 地表水对苏巴什佛寺遗址的破坏

水作为主要外营力，同时，其他内外营力以及人类和生物活动的共同作用下，导致苏巴什佛寺遗址区内冲沟和冲洞十分发育，主要表现在由于集水区存在而形成的坍塌（图6.21a）、水流对遗址体的掏蚀（图6.21b）、水流对崖体的掏蚀（图6.21c）、冲洞（图6.21d）、冲沟（图6.21e）、前期防洪工程（图6.21f）等。由于水流冲刷和侵蚀作用形成的这些病害类型，正时刻威胁着遗址体的稳定性和安全赋存，若不及时处理，将会造成严重的损失。

a（集水区形成的坍塌）

b（水流对遗址体的掏蚀）

c（水流对崖体的掏蚀）

d（冲洞）

e（典型冲沟）

f（前期修建的水工建筑物）

图6.21 流水掏蚀与侵蚀破坏

6.3.5 病害统计与分析

苏巴什佛寺遗址（包括西寺和东寺）冲沟发育。其中，东寺遗址体较为集中，遗址区内冲沟也较为发育，共发育各级冲沟151条，冲洞39处，对遗址体存在很大影响。西寺遗址体分布较为分散，水系情况十分复杂，冲沟十分发育，对遗址体及其赋存环境有严重影响的各级冲沟共有32处，冲洞5处。

6.3.5.1 冲沟和冲洞发育程度及规律

（1）东寺冲沟发育呈现出如下特征（图6.22a、b、c），共发育冲沟151条；其中，沟长介于10~50m的冲沟共有81条，占总数的53.6%，沟宽介于1~10m的冲沟共有45条，占总数的29.8%，介于0.5~1m的冲沟共有40条，占总数的26.5%，小于0.5m的冲沟共有57条，占总数的37.7%；沟深小于0.5m的冲沟共有64条，占总数的42.5%。

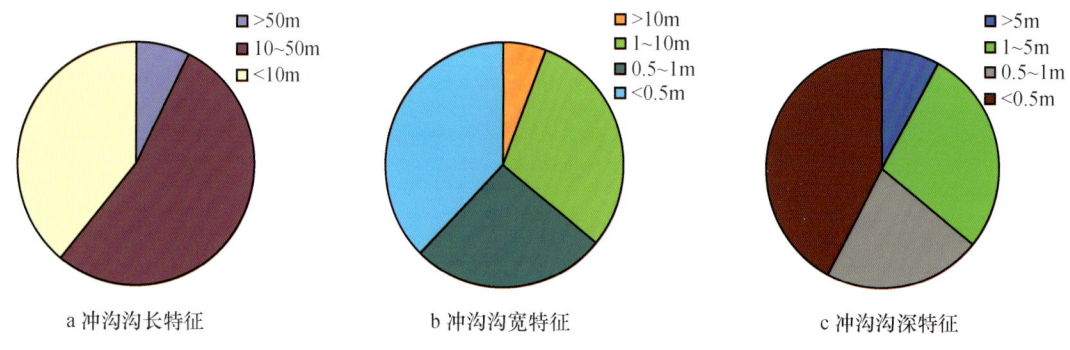

图6.22 东寺冲沟发育特征

（2）西寺冲沟发育呈现如下特征（图6.23a、b、c），对遗址体存在严重影响的冲沟有32条；其中，沟长大于10m的冲沟共有16条，占总数的50%；沟宽大于1m的冲沟共有9条，占总数的28.1%，介于0.5~1m的冲沟共有10条，占总数的31.3%，小于0.5m冲沟共有13条，占总数的40.6%；沟深大于1m的冲沟共有12条，占总数的37.5%，沟深小于0.5m的冲沟共有13条，占总数的40.6%。

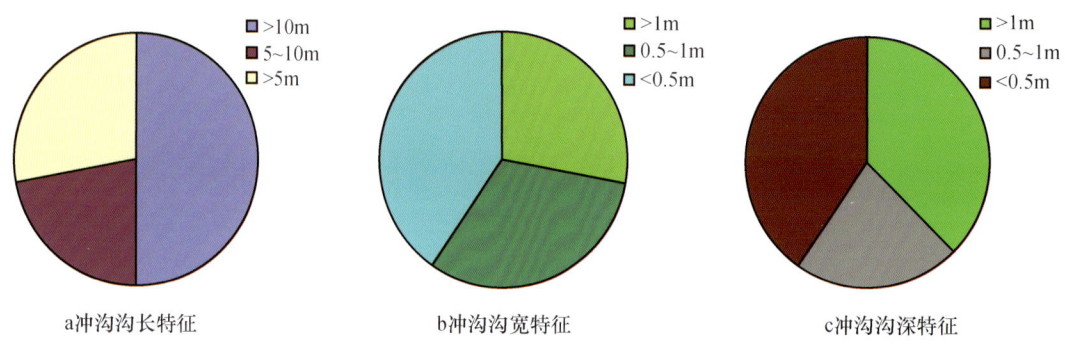

图6.23 西寺冲沟发育特征

(3) 东寺共发育冲洞（包括坑）39处，直径大于1m的冲洞（包括坑）共有9处，占总数的23.1%，洞口直径介于0.5~1m的冲洞共有6处，占总数的15.4%，洞口直径小于0.5m的冲洞共24处，占总数的61.5%。

(4) 西寺冲洞发育许多冲洞（包括坑），但是对遗址体构成严重威胁的仅有5处，其直径都小于0.5m。

6.3.5.2 冲沟和冲洞分布规律

通过对现场调查数据的统计分析发现，苏巴什佛寺遗址（包括东寺和西寺）冲沟和冲洞分布具有如下规律（图6.24~图6.27）：

东寺共发育冲沟151条，SE-1发育10条，SE-2发育76条，SE-3发育26条，SE-4发育39条；发育冲洞39处，其中，SE-2发育37处，SE-3发育1处，SE-4发育1处；发育冲洞39处，SE-2发育37处，SE-3和SE-4各发育一处。

西寺冲沟十分发育，对遗址体存在严重影响的冲沟分布具有以下规律：共发育冲沟32条，SW-1发育2条，SW-2发育4条，SW-3发育11条，SW-4发育13条，SW-5发育2条。对遗址体构成严重威胁的冲洞共有5处；其中，SW-2发育3处，SW-3发育2处。

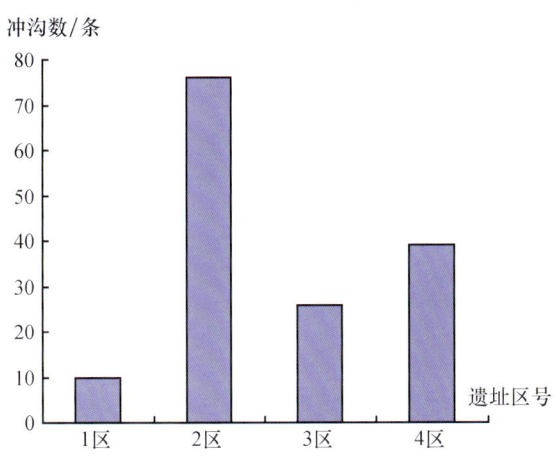

图6.24 东寺冲沟分布规律图

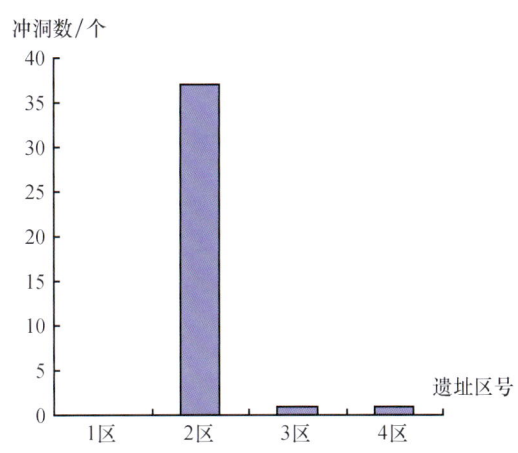

图6.25 东寺冲洞分布规律图

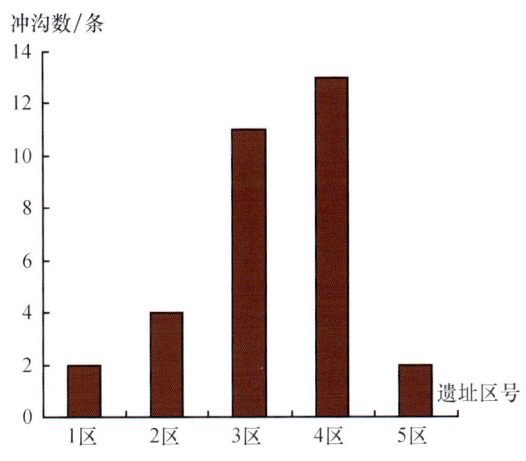

图6.26 西寺冲沟分布规律图

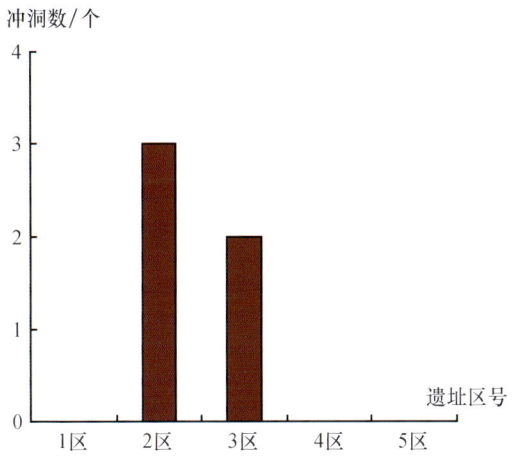

图6.27 西寺冲洞分布规律图

由于遗址体一般存在于相对较为平坦的地方，坡度变化不大，对其影响较小（较难达到临界坡度，侵蚀变化较小）。因此，影响遗址体内冲沟发育的主要因素便是汇水面积。通过对苏巴什遗址区内主沟的形态和汇水面积的统计发现，汇水面积越大，相应的冲沟的规模也就越大。通过对现场主沟进行调查发现，流域面积与冲沟长度关系如图6.28。从图中可以看出，随着流域面积增大，沟长也是增大的，关系式为：$y=1.3x^{1/2}$。冲沟长度随流域面积呈幂函数增长。

遗址区内流域面积与主沟宽度关系如图6.29，通过对其关系点进行拟合，它们之间存在关系：$y=4.55\ln x-25.85$，冲沟宽度随流域面积呈对数增长。

在一定的气候和下垫面条件下，对于地表坡度为S的坡地，必存在一个能产生足够多的径流量并导致冲沟发生的临界汇水面积A，且随着坡度加大，临界径流面积A值必定减小，反之依然；不同的环境条件和不同的冲沟启动过程，存在不同的阈值。

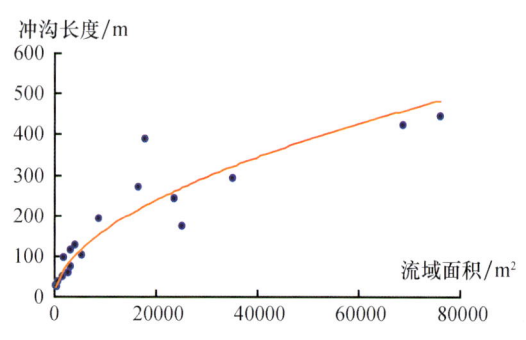

图6.28　流域面积与冲沟长度关系图

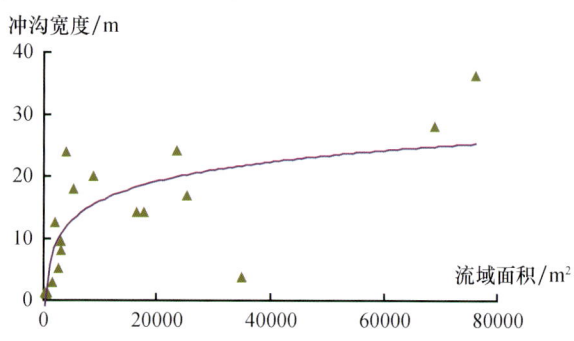

图6.29　流域面积与冲沟宽度关系图

6.3.6　遗址区冲沟和冲洞形成过程

现通过对遗址区内冲沟和冲洞的形成原因、特点进行分析，并结合地层、气候等特征，对苏巴什佛寺遗址各个分区内冲沟和冲洞的形成过程特征进行分析（表6.3、表6.4）。

表6.3　东寺冲沟、冲洞发育过程特征

分区	冲沟	冲洞
SE-1	遗址区内发育冲沟数十条，但是规模都较小。它主要是在地形作为主导因素下，长期侵蚀而成，遗址体对其他的形成也存在一定的影响。如：SE-1-1改变了原有水流通道，导致2#冲沟在SE-1-1南侧下切较深	该区无冲洞发育
SE-2	该区冲沟主要是沿崖体发育，将崖体切割的十分破碎，对崖体存在严重危害。它的形成主要是由于水流长期沿着崖体上的薄弱部位侵蚀、冲刷，同时，伴有坍塌的发生，这种作用的长期积累，发育成现在的地貌形态	该区冲洞十分发育，其形成主要是以下过程：由于遗址体存在，改变或阻断了原有水流通道，形成积水洼地，水流沿着土体孔隙进行渗流，最后形成渗流通道。在渗流的过程中，伴有侵蚀过程的发生，最后形成冲洞

续表

分区	冲沟	冲洞
SE-3	该区遗址体分布较为分散，区内冲沟主要沿着地势低洼处冲刷而成，由于 SE-3-26 的存在，导致地势起伏较大，在其附近发育数十条冲沟。它们的形成除冲刷作用外，溯源侵蚀作用也对遗址体的稳定存在严重影响	该区无冲洞发育
SE-4	该区冲沟下切较深，规模较大，遗址体位于冲沟间山脊上，主沟沟壁较陡。它们的形成主要是由于洪水的长期侵蚀和冲刷作用，由于沟壁较陡，水流长期掏蚀沟壁底部，最终导致其出现悬空，进而导致坍塌的发生，加速冲沟的发育	该区冲洞较少。它们的形成主要是由于遗址体坍塌后的堆积物阻断了原来水流通道，形成集水区，水流的渗流作用最终贯穿遗址体，形成冲洞

表 6.4　西寺冲沟、冲洞发育过程特征

分区	冲沟	冲洞
SW-1	由于后期人类活动，改变了原有的地貌形态，导致区内排水不畅，或改变原来水流通道，使得部分冲沟汇流面积增大，下切能力增强，加速冲沟的发育	该区无冲洞发育
SW-2	该区冲沟比较发育，同时 3#主沟从 SW-2-2 与 SW-2-3 中间穿过，对遗址体存在严重影响的冲沟主要发育在 SE-2-1 东侧崖体附近以及 SE-2-2-E-1 东侧。由于强烈的下蚀作用导致冲沟下切较深，对遗址体及崖体存在严重威胁	该遗址区由于遗址体保存的相对较为完整，冲洞的形成主要是由于排水不畅，形成集水区后，水流沿着渗流通道长期冲刷，最终形成冲洞，对遗址体影响最为严重的为 SW-2-5-5-1-D1
SW-3	该遗址区面积较大，遗址体分布较为分散，区内冲沟十分发育，错综复杂，冲沟的形成主要受起伏不平的地形控制。由于遗址区面积较大，汇流面积也大，当有降雨时，沟槽流量也较大，侵蚀能力也较强，易于冲沟的形成	该区冲洞发育较少，冲洞的形成主要是由于遗址本体的坍塌，导致遗址附近的水流无法排出，形成集水，水流的渗流作用形成渗流通道，最终形成冲洞
SW-4	该区由于距离崖边较近，且位于主沟的下游处，发育期的冲沟在此冲刷强烈，衰退期的冲沟在沟口处形成堆积。遗址本体改变了原有地形条件，形成若干个小的流域，汇流面积减小，但由于水流排向崖体，沿着崖体力学薄弱部位形成冲沟	该区无冲洞发育
SW-5	该区冲沟规模较大，下切较深，现都处于发育期。它们的形成主要是由于长期的冲刷和侵蚀作用	该区无冲洞发育

6.3.7 病害成因分析

水作为一种外营力，对苏巴什佛寺遗址区冲沟和冲洞等病害的形成、发育、加剧破坏起着重要的作用，主要是通过降水和洪水两种方式。以下将根据影响因素的不同，来研究冲沟和冲洞的成因机制，从而为抢险加固工程设计提供依据。

6.3.7.1 降水作用

降水作为一种外营力，对遗址区冲沟、冲洞等病害的形成、发育、加剧主要表现在：

第一，当地大陆性暖温带干旱型的气候条件导致该区平时降水稀少，气候干燥，蒸发强烈，在夏季以强降雨为主。强降雨条件下，主要以超渗流为主，土体在充分供水下，表层岩土体迅速达到饱和，其力学强度降低，当遇到一定流速的水流经过时，容易导致其产生侵蚀破坏，表层土体或者其中的颗粒被带走。

第二，由于排水不畅，在遗址体附近低洼处形成集水区（图 6.30、图 6.31）或形成冲洞（图 6.32）。由于毛细作用和侧向渗流作用，遗址体底部含水量增高，导致岩土体力学强度降低，容易引发坍塌（图 6.33）。而且岩土性质的差异，导致岩土体对水分的吸收量不同，岩土体含水量出现差异，若遇到墙体临空，也容易发生坍塌[8]。

图 6.30　降水在遗址体附近汇集

图 6.31　雨后 SW-2-2-B 南侧

图 6.32　排水不畅形成的冲洞

图 6.33　排水不畅形成的坍塌

6.3.7.2 洪水作用

该地特殊的气候条件,导致一旦遇有较大的降雨,就形成很强的洪水径流。其特点是:峰高、量大、流急、历时短,来势凶猛,危害极大。它对遗址区的冲沟、冲洞等病害的形成、发育和加剧主要体现在:

第一,洪水沟内的洪水对土遗址及其载体根部存在掏蚀作用和浸泡软化作用,使载体底部土体软化,降低其承载力,甚至发生破坏,进而导致遗址体发生破坏。而且,修建的部分水工建筑物(如涵管,护岸)(图6.34、图6.35),导致河道中过水断面收缩,当水流通过时,易形成壅水。

图6.34 埋设涵管后缩小过水断面　　　　　图6.35 修建护壁后水力半径减小

第二,由于洪水流速较大,搬运、冲刷能力较强。当洪水经过时,带走河道底部部分覆盖物,使得本来已经停止发育的冲沟重新发育,对遗址区的环境有一定的影响(图6.36)。同时,洪水的冲刷作用对河道两侧的遗址体或者载体有严重的冲刷作用,掏蚀其底部,进而对遗址体构成一定的威胁(图6.37)。

图6.36 冲沟重新发育　　　　　图6.37 洪水掏蚀

6.4 小　　结

（1）本章按照地表建筑遗址、载体（崖体）、地表水系三个方面，对苏巴什佛寺遗址病害进行研究；

（2）地表建筑遗址病害包括掏蚀、冲沟、片状剥蚀、裂隙（缝）、生物破坏以及人为破坏等，本章对各病害的特征及分布进行了详细描述和统计；

（3）载体（崖体）的主要病害包括：表面风化、掏蚀、冲沟冲洞、裂隙、崩塌、洪水冲刷等；

（4）鉴于集中强降水对遗址的破坏，本章专门研究了地表水系对苏巴什佛寺遗址的破坏特征，系统查明了遗址区总体水文特征、东寺与西寺水系特征与遗址的关系，并针对地表水对苏巴什佛寺遗址的破坏现状及特征进行了分析，基于各种病害的现象特征，最后分析了冲沟冲洞的形成过程。

参 考 文 献

[1] 孙满利，李最雄. 干旱地区土遗址病害的分类研究[J]. 敦煌研究，2006，（6）：219-228.

[2] 李最雄，赵海英. 甘肃境内长城保护研究[J]. 工程地质学报，2007，15（6）：772-778.

[3] 李最雄. 丝绸之路古遗址保护[M]. 北京：科学出版社，2003.

[4] 赵海英. 甘肃境内战国秦长城和汉长城保护研究[D]. 兰州大学博士学位论文，2005.

[5] 孙满利. 吐鲁番交河故城保护加固研究[D]. 兰州大学博士学位论文，2006.

[6] 李最雄，王旭东，孙满利. 交河故城保护加固技术研究[M]. 北京：科学出版社，2008.

[7] 赵海英，李最雄，韩文峰等. 西北干旱区土遗址的主要病害及成因[J]. 岩石力学与工程学报，2003，22（增2）：2875-2880.

[8] 梁涛. 高昌故城现状及病害因素分析[J]. 敦煌研究，2006，（6）：219-228.

第7章

苏巴什佛寺遗址破坏方式及典型遗址体的数值分析

7.1 数值模拟的研究现状

数值模拟技术于 1965 年被 R. W. lough 首次应用有限元解决土石坝的稳定性分析，到目前已经取得了巨大的进步，在岩土工程领域成功地解决了许多重大工程问题[1-3]。

数值模拟的方法主要有有限元法、有限差分法、离散元法、数值流形法等。主要的分析软件有 ANSYS、FLAC/FLAC3D、UDEC/3DEC、ABAQUS、DDA 等。FLAC/FLAC3D 是由美国 Itasca 公司开发的有限差分程序，能较好地模拟岩土体材料在达到强度或屈服极限时发生的破坏或塑性流动力学行为，分析渐进破坏或失稳。目前该软件在国外已被广泛应用于工程地质、岩土力学以及构造地质学和成矿学等研究领域。它与有限元法相比的特点是，有限元在解决小变形方面有其优越性，但通常的边坡破坏为大变形问题，有限元在解决大变形方面不十分方便[4-8]。

国内在土遗址的保护加固中，很少有应用数值模拟分析的实例，中国矿业大学的何满潮教授曾经在《国家重点文物保护工程——高句丽将军坟变形破坏机理研究》一文中，应用 FLAC3D 分析了将军坟在地下水位上升以及地震作用下的稳定性，但是将军坟为石质遗址，与土质遗址的破坏机理还有很大的差别。西南交通大学的余志祥曾经在《青城山黄帝祠砖木古建筑震害数值仿真研究》一文中，对黄帝祠砖木古建筑进行了抗震分析。对于土质文物本体来说，仅有中国地震局兰州地震研究所的胡明清硕士在其硕士论文[9]中运用大型有限元软件 ANSYS 对丝绸之路典型土遗址进行了地震分析，目前还没有相关的文献应用 FLAC3D 进行土遗址的稳定分析。而 ANSYS 软件内置的岩土破坏准则仅有 DP 准则，无法对土遗址选取合适的屈服准则，而屈服准则在数值分析中对计算结果的准确性、可靠性有着重要的影响。

本章主要应用 FLAC3D 软件分析苏巴什佛寺遗址的两种典型破坏模式，包括坍塌破坏和冲洞破坏，同时选取东寺佛塔作为典型建筑物，进行动力分析，以探索 FLAC3D 在土遗址本体分析中的可行性以及利用 FLAC3D 分析坍塌破坏的破裂面，冲洞破坏对于上部土体以及左右两侧土体的变形破坏，同时找出典型建筑物东寺佛塔的薄弱地带，为苏巴什佛寺遗址的保护加固工程提供依据。

7.2 FLAC3D 的基本原理和方法

7.2.1 FLAC3D 简介

FLAC3D（Three Dimensional Fast Lagrangian Analysis of Continua）能较好地模拟地质材料在达到强度极限或屈服极限时发生的破坏或塑性流动的力学行为，特别适用于分析渐进破坏和失稳以及模拟大变形。它包含 10 种弹塑性材料构模型，有静力、动力、蠕变、渗流、温度五种计算模式，各种模式间可以互相耦合，岩体、土体或其他材料实体，梁、锚杆、壳以及人工结构如支护、衬砌、锚索、岩栓、土工织物、摩擦桩等，可以解决复杂的岩土工程或力学问题[10]。

数值计算方法在岩土工程中应用有很大的发展，但其理论以及采用的算法都有着各自的局限性。有限元法和边界元法都是将区域分割为有限个元素后采用微分方程进行求解，都有小变形的假设。近几年发展起来的快速拉格朗日法（Fast Largrangian Analysis of Continua）则是较好的吸取了其他数值方法的优点并克服其缺点而形成的一种新型数值计算方法，受到了广泛应用[11]。FLAC法源于流体力学，研究的是某一流体质点在任一一段时间内的运动轨迹、速度、压力等特征[12]。它是一种利用拖带坐标系分析大变形问题的数值方法，并利用差分格式按时步积分求解。随着构形的不断变化，不断更新坐标，允许介质有较大的变形。模型经过网格划分，物理网格映射成数学网格，数学网格上的某个结点就与物理网格上相应的结点坐标相对应。对于某一个结点而言，在每一时刻它受到来自其周围区域合力的影响。如果合力不等于零，结点就具有了失稳力，就要产生运动。假定结点上集中有连接该结点的质量，于是，在失稳力的作用下，根据牛顿定律，结点就要产生加速度，进而可以在一个时步中求得速度和位移的增量。对于每一个区域而言，可以根据其周围结点的运动速度求得它的应变率，然后根据材料的本构关系求得应力的增量。由应力增量求出 t 和 t + Δt 时刻各个结点的不平衡力和各个结点在 t + Δt 时的加速度。对加速度进行积分，即可得结点新的位移值，由此可以求得各结点新的坐标值。

7.2.2　FLAC3D 基本原理

FLAC3D 基本原理类同于离散单元法，但它却能像有限元那样适应于多种材料模式与边界条件的非规则区域的连续问题的求解。在求解过程中，FLAC 法又采用了离散元的动态松弛法，不需求解大型联立方程组，便于计算。另外，它不但能处理一般的大变形问题，而且能够模拟岩体沿某一软弱面产生滑动的变形。FLAC 法能针对不同的材料特性，使用相应的本构方程来比较真实地反映实际材料的动态行为[13]。FLAC3D 还可以考虑锚杆、挡墙、抗滑桩等支护结构与围岩的相互作用。

7.2.2.1　FLAC3D 基本数学理论

数学理论的基本求解思想就是在每个时步内都进行下列计算：
（1）由初始节点速度求出新的应变率、应变增量和旋转率；
（2）运用本构方程求得单元应力增量和新的单元应力，大变形模式时，应力增量除了需要由本构方程计算，还需进行旋转应力增量修正；
（3）求得节点的质量、失衡力、阻尼力（在求解静态问题时，需要引入阻尼以使得系统逐渐衰减至稳态）进而得到新的节点速度。由牛顿第二定律建立节点的运动方程，节点质量等于与其相邻的多个四面体凝聚在该节点上的质量之和，节点的失衡力等于与其相邻的多个四面体对该节点失衡力的贡献求和与节点所受外力之和。在大变形模式下，由于网格变形需对节点坐标进行几何修正，如此循环，直到失衡力趋于零；若失衡力趋于某一个常值，则系统发生了塑性流动，涉及的有限差分方程、运动方程和本构方程如下：

① 有限差分方程

Wilkins（1964）[14][3]根据偏导数的积分定义，提出了差分格式：

$$\frac{\partial F}{\partial x_i} = \lim_{A \to 0}\left[\frac{1}{A}\int_s F n_i \mathrm{d}s\right] \tag{7.1}$$

式中：F——某一纯量、矢量或者张量；x_i——位置矢量分量；$\mathrm{d}s$——弧长增量；A——积分域；n_i——垂直于$\mathrm{d}s$的单位法线分量

式（7.1）的面积积分是连续的，但沿一个有限多边形积分时，可以写为一个等效的表达式：

$$\frac{\partial F}{\partial x_i} = \frac{1}{A}\sum_{n=1}^{N}\overset{n}{F}\varepsilon_{ik}Vx_k^n \tag{7.2}$$

式中：N——边数；$\overset{n}{F}$——边n上的F均值；Vx_k^n——边n上的矢量长度分量；ε_{ik}——二维置换张量$\begin{bmatrix}0 & 1 \\ -1 & 0\end{bmatrix}$；其他符号同前。

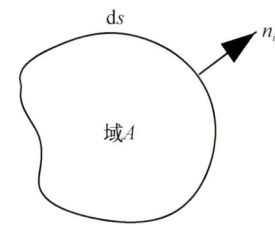
图7.1　差分格式说明

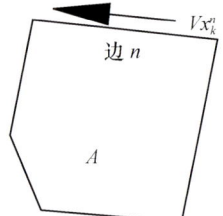
图7.2　数值积分的边界离散化

用式（7.2）来推导 FLAC 中的所有空间差分方程式，这种表示没有限制外形以及边数，不同于以矩行网格当依据的许多差分表示法。

② 运动方程

$$\rho\frac{\partial \dot{u}_i}{\partial t} = \frac{\partial \sigma_{ij}}{\partial x_i} + \rho g_i \tag{7.3}$$

式中：ρ——物体的密度；$\dot{u}_i$——速度向量的分量；t——时间；x_i——向量的分量；g_i——重力加速度分量；σ_{ij}——应力张量的分量

③ 本构方程

即作用在可变形固体上的其他方程组为本构方程，又称为应力－应变准则。首先由速度梯度得到应变速率，公式如下：

$$\dot{e}_{ij} = \frac{1}{2}\left[\frac{\partial \dot{u}_i}{\partial x_j} + \frac{\partial \dot{u}_j}{\partial x_i}\right] \tag{7.4}$$

式中：e_{ij}——应变速率分量；$\dot{u}_i$——速度分量

本构关系的形式如下：

$$\sigma_{ij}\colon = M(\sigma_{ij},\dot{e}_{ij},k) \tag{7.5}$$

式中：M——本构关系的函数形式；k——可能出现的一个历史参数，依赖于特定的定律；:——等同于

一般来说，非线性的本构定律以增量的形式表示，因为应力和应变的对应关系并不是唯一

的。(7.5) 式给出了在以前的应力张量和应变（或应变增量）下对应力张量的新估计值。最简单的本构定律为各向同性弹性体本构关系：

$$\sigma_{ij} := \sigma_{ij} + \left\{\delta_{ij}\left(K - \frac{2}{3}G\right)\dot{e}_{kk} + 2G\dot{e}_{ij}\right\}\Delta t \tag{7.6}$$

式中：δ_{ij}——Kronecker 符号；Δt——时步；G，K——剪切模量和体积模量。

7.2.2.2 本构模型

岩土本构关系是通过一些试验测试少量的岩土体弹塑性应力-应变关系曲线，然后通过岩土塑性理论及其某些必要的补充假设，将这些试验成果推广到复杂应力、组合状态上去，以求取应力—应变的普通关系；表示这种应力-应变关系的数学表达式，即称为岩土本构模型[15]。

在分析中本构模型的选择是数值计算中的关键步骤，当为某个工程选择本构模型时，必须考虑以下两点：

（1）工程材料的已知力学特性；
（2）本构模型的适用范围；

在 FLAC3D 中，内置了 12 种本构模型，各种本构模型的适用范围如表 7.1 所示：

表 7.1　FLAC3D 中的本构模型

本构模型类型	代表性的材料类型	应用实例
零模型	开挖、回填	洞穴，开挖和将要回填的区域
各向同性弹性模型	均匀各向同性连续体材料，具有线形应力应变行为的材料	处于强度极限下的人工材料（如钢材），安全系数法计算
横观各向同性弹性模型	具有弹性各向异性力学行为的薄板层状材料（如板岩）	加载不超过强度极限的薄板层状材料
德鲁克-普拉格塑性模型	应用有限；内摩擦角低的软土	常用于和隐式有限元程序进行比较
摩尔-库伦塑性模型	松散状和粘结状粒状散体材料；土体、岩石、混凝土	通用的岩土力学模型（如边坡稳定问题和地下开挖）
节理化塑性模型	具有强度各向异性的薄板层状材料（如板岩）	紧密沉积层开挖
应变硬化/软化摩尔-库伦模型	具有非线性硬化和软化行为的粒状散体材料	
双线性应变强化/软化节理化塑性模型	具有非线性强化和软化行为的薄板层状材料	用于研究薄板层状材料破坏后力学行为
双屈服塑性模型	压应力可以引起不可恢复的体积缩小的低粘结性的粒状散体材料	水力回填材料
修正的剑桥黏土模型	可塑性和剪切强度是体积变化的函数的材料	位于黏土中的岩土工程
霍克—布朗模型	各向同性岩石材料	位于黏土中的岩土工程

岩土工程中常用的本构模型主要有德鲁克—普拉格塑性模型修正的剑桥模型和摩尔—库伦塑性模型。其中，德鲁克—普拉格塑性模型对应的 DP 屈服准则是对 Mohr-Coulomb 准则给予近似，以此来修正 VonMise 屈服准则，即在 VonMise 表达式中包含一个附加项，该附加项是考虑到静水压力可以引起岩土屈服而加入的。DP 材料模型含有 3 个力学参数：粘聚力 c、内摩擦角 φ、膨胀角 φ_f。Drucker-Prager 弹塑性模型的屈服准则采用广义 VonMises 屈服条件[16]。

文中的计算采用摩尔库伦模型，对应的屈服准则为摩尔—库伦准则，摩尔库伦准则通常表示为：

$$f(\sigma_1, \sigma_3, \varphi) = 2c\cos\varphi + (\sigma_1 + \sigma_3)\sin\varphi - (\sigma_1 - \sigma_3) \tag{7.7}$$

式中：σ_1 和 σ_3 分别为第一和第三主应力，c 为粘聚力，φ 为内摩擦角。

摩尔—库伦屈服准则的意义是剪切面上的主应力与正应力之比达到最大时，材料发生屈服破坏[17]。

7.2.3　FLAC3D 的优缺点

FLAC3D 有以下几个优点：

（1）对模拟塑性破坏和塑性流动采用的是"混合离散法"。这种方法比有限元法中通常采用的离散集成法更为准确、合理。

（2）即使模拟的系统是静态的，仍采用了动态运动方程，这使得 FLAC3D 在模拟物理上的不稳定过程不存在数值上的障碍。

（3）采用了一个显式解方案。因此，显式解方案对非线性的应力-应变关系的求解所花费的时间，几乎与线性本构关系相同，而隐式求解方案将会花费较长的时间求解非线性问题。而且，它没有必要存储刚度矩阵，这就意味着，采用中等容量的内存可以求解多单元结构；模拟大变形问题几乎并不比小变形问题多消耗更多的计算时间，因为没有任何刚度矩阵要被修改。

当然，目前它也存在以下几个不足之处：

（1）模型的建立只能靠数据文件来实现，不能和 ANSYS 或 abaqus 等有限元软件，可以采用交互式建模。

（2）对于比较复杂的工程模型，在建模时需要各控制点详细的数据，容易出错，检查起来也不是很容易，有时建立的模型网格不匹配，影响计算。

（3）建模工作量大，花费时间长，直接造成了三维模拟计算的周期长、难度大[18]。

7.3　FLAC3D 计算基本步骤与参数

FLAC3D 的分析步骤可归纳如图 7.3：

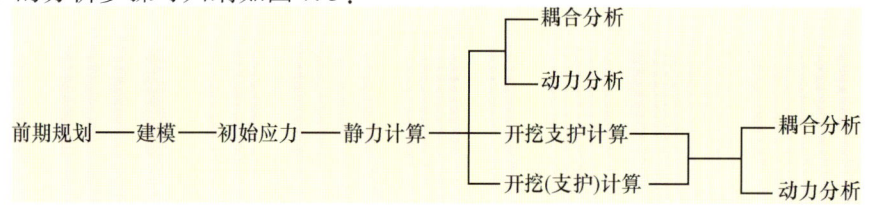

图 7.3　FLAC3D 计算流程

与大多数程序采用数据输入方式不同，FLAC3D 采用的是命令驱动方式，命令字控制着程序的运行。在必要时，尤其是绘图，FLAC3D 还可以启动用户交互式图形界面。利用 FLAC3D 软件工具栏所给出的菜单，可以对接触面、结构单元以及模型的应力和位移等进行绘图显示。

FLAC3D 静力分析中，对于岩土体数值分析所要求的基本参数有容重、粘聚力、摩擦角、抗拉强度、体积模量和剪切模量，其中如果有参数不输入则这些参数将被置为零，对于体积模量和剪切模量，可以通过弹性模量和泊松比确定，具体的公式如下：

$$K = \frac{E}{3(1-2\nu)} \tag{7.8}$$

$$G = \frac{E}{2(1+\nu)} \tag{7.9}$$

其中：K 为体积模量；G 为剪切模量；E 为弹性模量；ν 为泊松比。

对于动力分析中需要得知岩土体的剪切波速，根据剪切波速确定网格的最大单元尺寸。同时对于不同的结构单元以及流体分析，还需要设置不同的参数，每一种结构单元有其自身的材料参数，如对于锚杆来说，锚杆单元一共有 11 个参数，其中必选参数有九个，包括：弹性模量、横截面积、单位长度上水泥浆的粘结力、水泥浆的摩擦角、单位长度上的水泥浆刚度、水泥浆外圈周长、大变形滑动标志、大变形滑动容差和抗压强度。而对于桩单元则有其独有的关于桩结构 Y 轴的二次矩、法向耦合弹簧的摩擦角等 16 个参数[19]。

7.4 动力分析的基本理论

FLAC3D 的动力分析是完全动力分析，并不是知识孤立进行的，可以与其他的元素耦合分析。动力分析的主要内容有阻尼的设置、边界条件的设置以及地震波的输入。

7.4.1 阻尼的设置

阻尼的产生主要来源于材料的内部摩擦以及可能存在的接触表面的滑动，对于动力问题中的阻尼，需要在数值计算中重现自然系统在动荷载作用下的阻尼大小。FLAC3D 动力计算提供了三种阻尼形式供用户选择，分别是瑞利阻尼、局部阻尼以及滞后阻尼。文中分析阻尼采用局部阻尼，因此只对局部阻尼详细介绍。

局部阻尼是 FLAC3D 静力计算中采用的阻尼形式，但是它的一些特性可以用来进行动力计算。它在振动循环中通过在节点或结构单元节点上增加或减小质量的方法达到收敛，由于增加的单元质量和减小单元质量的相等，因此总体来说，系统保持质量守恒。当节点速度的符号改变，增加节点质量，当速度到达最大（最小）值时减小节点质量，因此损失的能量 ΔW 是最大瞬时应变能 W 的一定比例，这个比值 $\Delta W/W$，是与频率无关的。因为 $\Delta W/W$ 是临界阻尼比 D 的函数：

$$\alpha_L = \pi D \tag{7.10}$$

其中 α_L 为局部阻尼系数，D 为临界阻尼比。

临界阻尼比经验方法是直接选取岩土体的阻尼比参数。

7.4.2 边界设置

FLAC3D 中，动力分析提供了自由场边界和静态边界两种，文中分析所用边界为自由场边界，所以重点阐述自由场边界的方法。

自由场边界是在进行地面结构进行动力分析时，在模型的所有侧面的边界条件须考虑为没有地面结构时的自由场运动，FLAC3D 通过模型四周生成二维的和一维的网格来实现这种边界条件，主体网格的侧边界通过阻尼器与自由场网格耦合，自由场网格的不平衡力施加到主体网格的边界上。自由场边界如图 7.4 所示。

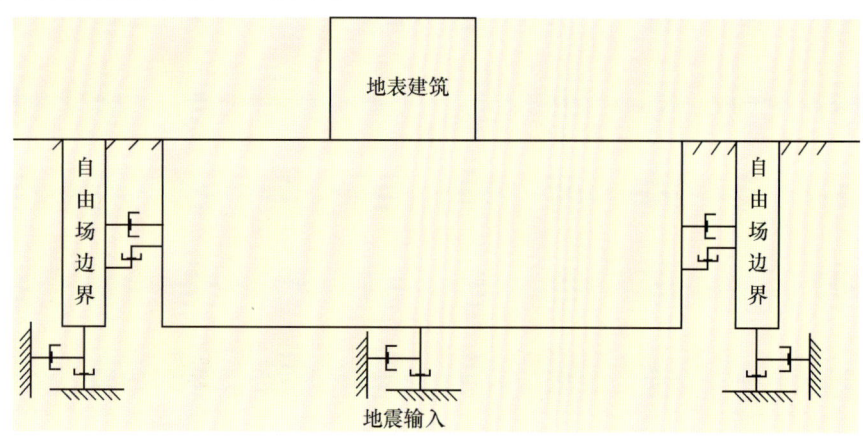

图 7.4 自由场边界示意图

值得注意的是自由场边界中，主体网格必须与竖向平行，竖向必须为 Z 方向，地震波沿模型的底部输入。同时在自由场边界中，需要把速度时程转化为应力时程，再施加到模型的底部，转化的公式为

$$\sigma_n = -2(\rho C_p) v_n \text{ 和 } \sigma_s = -2(\rho C_s) v_s \tag{7.11}$$

其中 σ_n 为施加的正应力，σ_s 为施加的剪应力，ρ 为密度，C_p、C_s 分别为传入的 p 波和 s 波的波速，可通过体积模量和剪切模量计算[20-21]。

7.4.3 动力分析的基本步骤

动力计算中，首先调入静力计算文件，清除静力作用下的位移、速度，然后打开动力计算模式，去掉模型底部的静力约束，施加静态边界，而后施加动荷载和自由场边界条件，设置监测，最后计算。

7.5 典型破坏模式的数值模拟

7.5.1 坍塌

苏巴什佛寺遗址墙体破坏主要以坍塌破坏为主，因墙体受到风化、地震以及内部潜在的结构面等内外作用，使得墙体局部发生坍塌卸荷，卸荷使得墙体顶部产生拉裂，经过日积月累，拉裂缝收到雨水等外作用进一步软化周围墙体，便会再次产生坍塌，可归纳为图7.5所示：

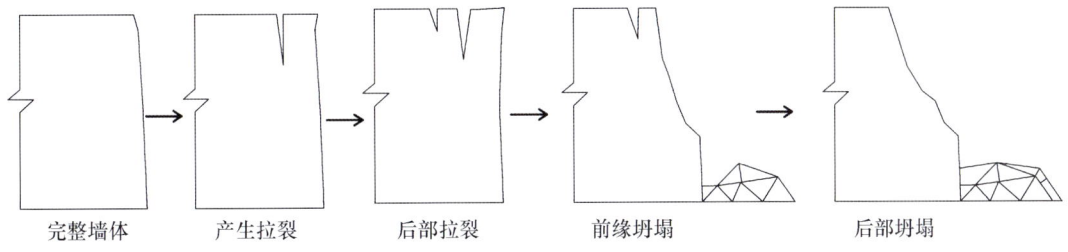

图7.5 墙体坍塌演化过程示意图

如何找出坍塌的破裂面，进行稳定性演算是支挡设计的前提，而传统的极限平衡计算方法，都做了很多假设，同时对于崩塌的计算，破裂面是根据经验推测得出，而采用数值计算方法可以根据应力-应变分析得到崩塌的破裂面，再采用传统的极限平衡方法计算安全系数或输出某一典型剖面的应力-位移运用这个剖面再次计算得到安全系数，这样所得的分析结果更接近实际工程。

根据实测数据建立三维模型，以开挖掉局部的块体来模拟墙体卸荷产生的裂隙，模型选取地下深度2m，墙体高度11m，墙体长度10m，宽度为0.6m，地下碎石土层两侧各外延2m，划分单元共978个，节点1469个。建立模型如图7.6所示，模型的约束采用底边全部约束，地基土体侧边水平约束，首先采用弹性模型计算初始应力，而后赋予真实参数采用摩尔库伦模型计算，再开挖图7.6中的蓝色部分，以模拟裂隙的作用。

具体的岩土体参数参见表7.2：

表7.2 岩土体强度参数

参数 位置	密度 (kg·m³)	粘聚力 (kPa)	内摩擦角 (°)	体积模量 (kPa)	剪切模量 (kPa)	抗拉强度 (kPa)
墙体	1360	36.3	16.3	1.8e6	8.7e5	90
地基	2100	30.1	32	5.7e5	4.8e5	64

静力计算以及产生裂隙后的计算结果如图 7.7～图 7.11。

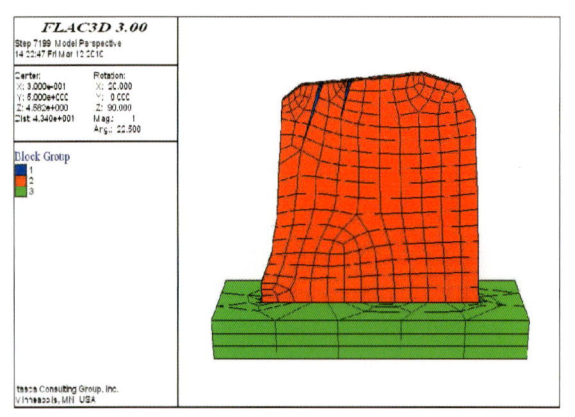

图 7.6　坍塌分析模型

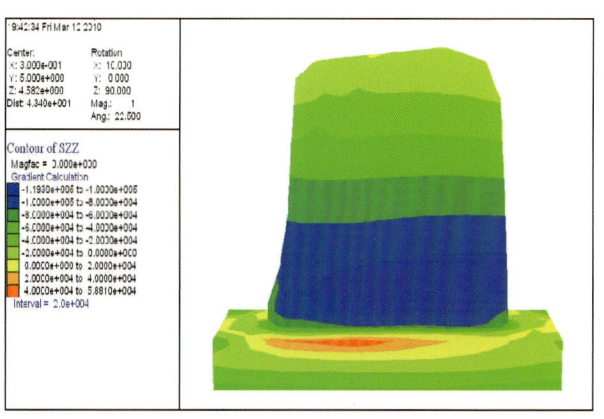

图 7.7　无裂隙竖向云图

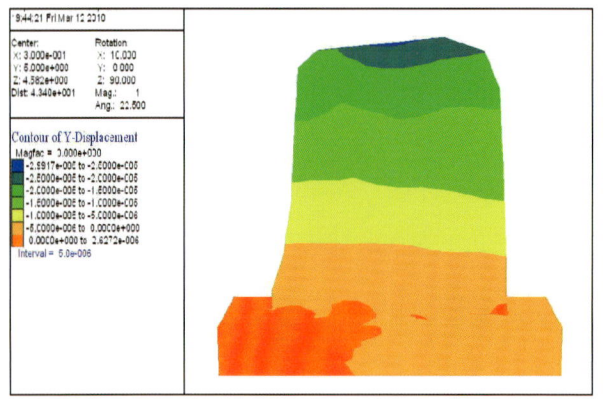

图 7.8　无裂隙水平位移云图

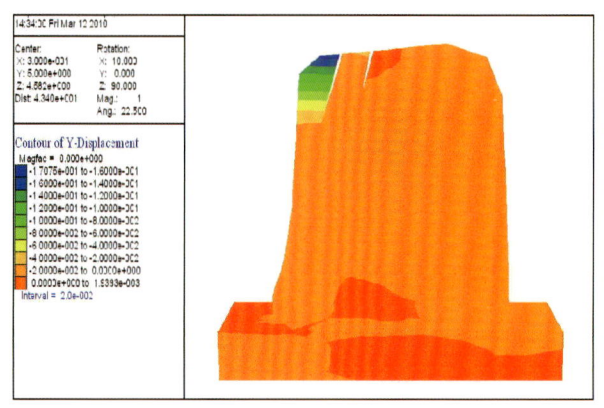

图 7.9　有裂隙水平位移云图

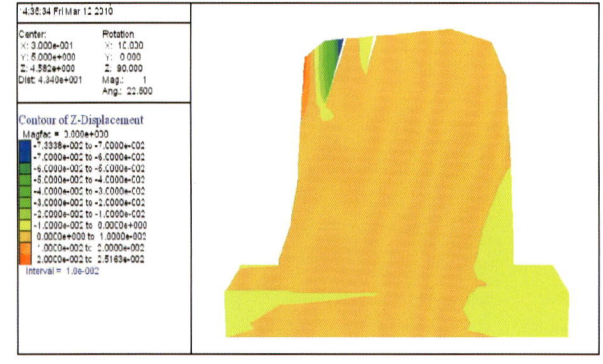

图 7.10　竖向位移云图

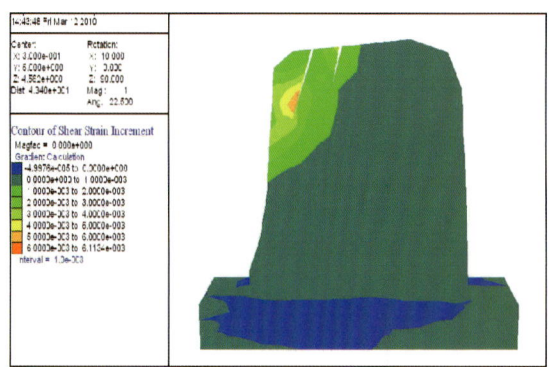

图 7.11　剪切应变增量云图

根据图 7.7，墙体的自重应力计算结果与理论公式的计算结果基本一致，同时根据无裂隙时的位移云图发现，在没有裂隙的时候，墙体顶端水平位移和竖向位移都可以忽略不计，但是在该墙体开挖实现墙体产生裂隙后，前缘块体顶端水平位移最大约到 17cm，竖向位移最大也发生在该块体之上，竖向位移最大为 7cm 左右，根据剪切应变增量云图可以看出，前缘块体剪切应变增量已经基本贯通，块体处于不稳定状况，而后侧裂隙切割的块体，位移较小，处于稳定状态。

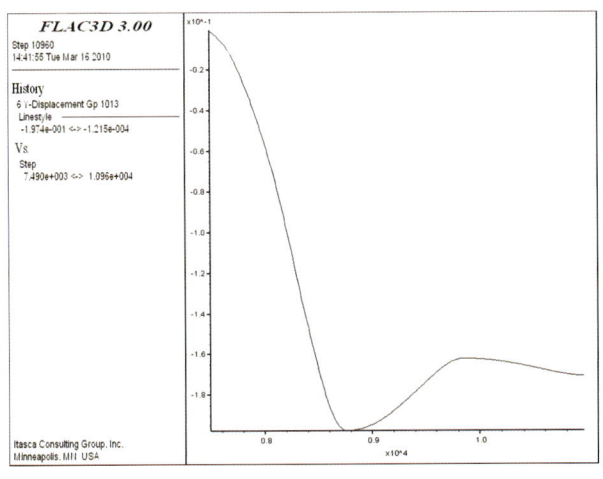
图7.12　前缘块体关键点水平位移监测

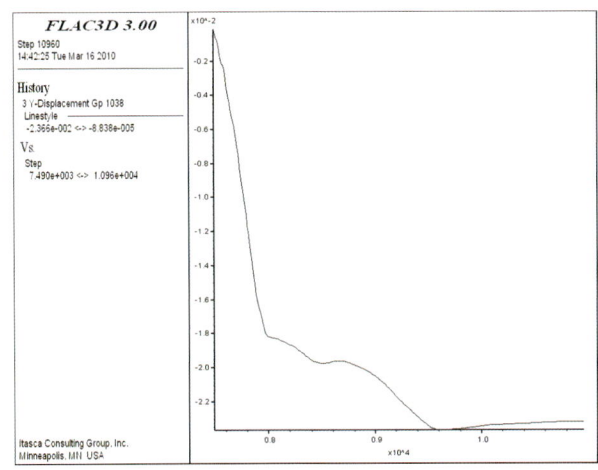
图7.13　后部块体关键点水平位移监测

同时，根据图7.12以及图7.13所示，对前后块体顶部的水平位移进行监测，发现前缘块体水平位移最大20cm，而后侧块体的水平位移为2.4cm，说明前部块体变形较大，属于危险块体，即在静力下裂隙的发展对墙体的保存有着极大的威胁。在受到雨水或地震作用等外力作用，很可能产生局部失稳，而因为前缘卸荷作用，后部的卸荷裂隙会进一步的发育，造成墙体的进一步破坏。

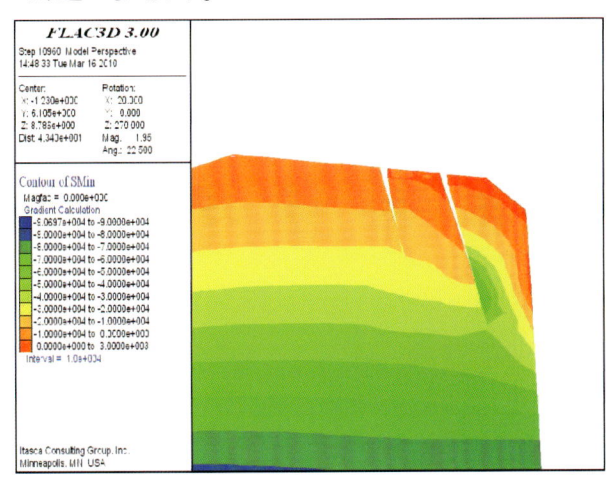
图7.14　局部最大主应力云图

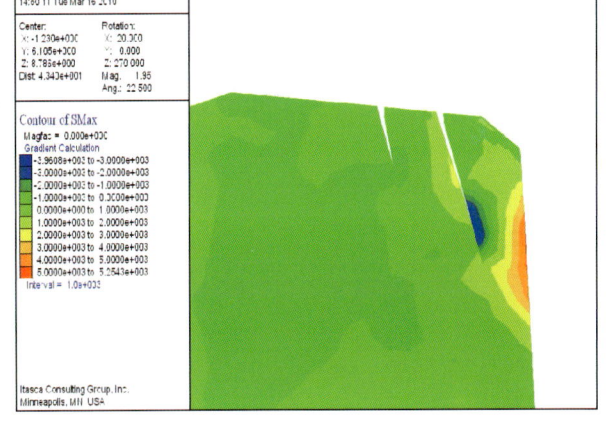
图7.15　局部最小主应力云图

根据对裂隙切割处最大主应力云图（图7.14）和最小主应力云图（图7.15）进行放大，可以看出，墙体产生裂隙后，前缘顶端产生了局部的拉应力集中区，使得墙体产生了拉破坏。

根据FLAC3D计算所得，取水平位移云图中位移最大的前缘块体为崩塌体，采用极限平衡法计算安全系数，运用的公式如下所示：

$$K = \frac{F_{抗滑}}{F_{滑}} = \frac{(h-d)^2 \cdot [\sigma_拉] \cdot y}{3 \cdot b^2 \cdot \gamma \cdot h + 3 \cdot P \cdot h + 4 \cdot F \cdot d} \tag{7.12}$$

其中：$[\sigma_拉]$——允许抗拉强度，一般取$[\sigma_拉]=80\text{kPa}$；

P——在地震作用下，土体受到的地震力，单位为kN；

$$P = G \cdot n = \rho g V n = \rho g A \cdot y \cdot n \tag{7.13}$$

G——裂隙所切割的块体的重力，单位为 kN；

ρ——土体的干密度，单位为 kg/m^3；

A——破坏块体的面积，单位为 m^2；

y——危险块体另一立面的宽度 m；

n——地震影响系数，不同的烈度具有不同影响系数；

F——崩塌体高度；

d——裂隙下切深度。

计算得在天然状态下，该块体的安全系数为 1.26，在 8 度地震作用下的安全系数为 0.98。所以该块体处于危险状态，鉴于土遗址的重要性，应对墙体进行加固，除进行裂隙注浆以达到防治水渗入软化土体的目的，还应以木锚杆进行锚固，使得前缘块体稳定。

通过上述算例表明 FLAC3D 处理墙体的坍塌问题，可以为我们的工程加固提供指导，根据剪切应变增量云图以及位移云图，我们可以找出墙体坍塌的范围，为下一步的支护或者采取其他措施，提供计算依据。

7.5.2 冲洞破坏

苏巴什佛寺另一破坏方式，就是水流的冲蚀破坏，流水冲蚀造成遗址体根部发生形成空洞，破坏墙体的稳定，这种现象尤以东寺为甚。流水冲蚀不但造成墙体顶部丧失局部的支撑，也容易引起应力的集中，流水冲蚀后墙体的稳定性值得研究，因为对于地表水流的整治是一个复杂的工程，苏巴什佛寺遗址东寺地形复杂，排水不畅，局部的冲洞可以采用回填处理，但是大部分受地形限制，只能保留，这样就会造成墙体根部不断的冲刷，从而影响墙体的整体稳定，在地震作用下可能发生倒塌。

为研究墙体根部冲蚀对墙体的影响，选取典型墙体建立三维模型，应用 FLAC3D 计算墙体冲蚀前后的稳定状况，同时对墙体冲蚀后进行地震分析。生成的三维模型如图 7.16、图 7.17。

图 7.16 典型冲洞破坏

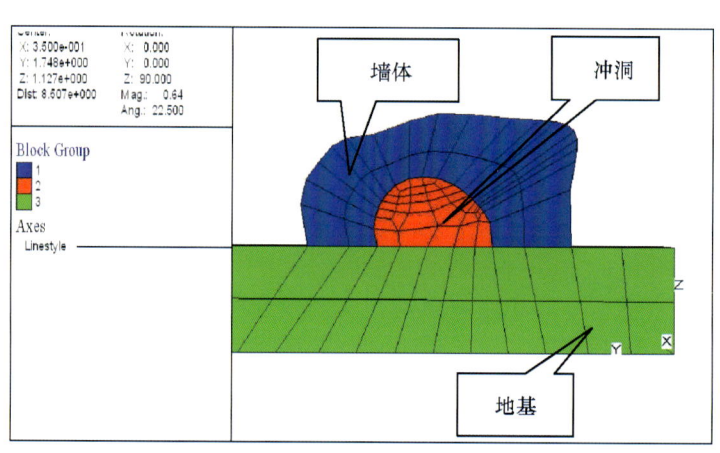

图 7.17 三维模型

采取的计算参数如表 7.3 所示：

表 7.3 岩土体强度参数

参数 位置	密度 （kg·m³）	粘聚力 （kPa）	内摩擦角 （°）	体积模量 （kPa）	剪切模量 （kPa）	抗拉强度 （kPa）
墙体	1360	36.3	16.3	1.8e6	8.7e5	90
地基	2100	30.1	32	5.7e5	4.8e5	64

因为无法得知墙体修建时的强度参数，所以不模拟施工步骤。计算中首先采用弹性模型，赋予材料较高的体积模量和剪切模量，同时赋予材料密度，计算初始应力，而后消去位移和速度，改用摩尔库伦模型，同时赋予材料的真实参数计算，下一步是消去位移和速度，设置模型中的红色部分为空模型，以模拟流水冲蚀形成的冲洞，计算，最后施加动力荷载得到遗址在地震作用下的稳定情况。

冲洞形成前后的结果如图 7.18～图 7.21 所示：

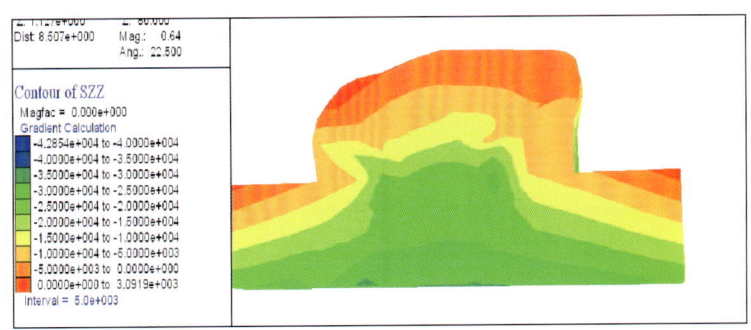

图 7.18 冲蚀前竖向应力云图

图 7.19 冲蚀后竖向应力云图

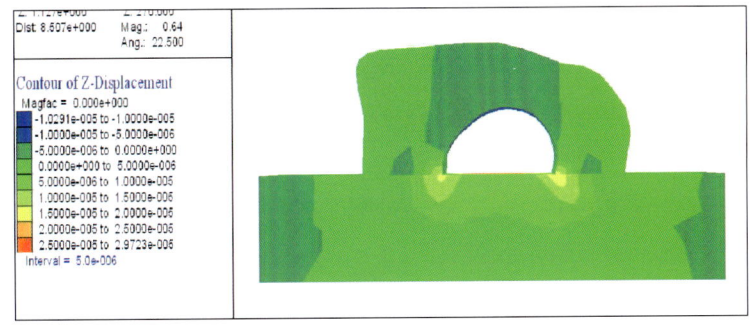

图 7.20 冲蚀后的竖向位移云图

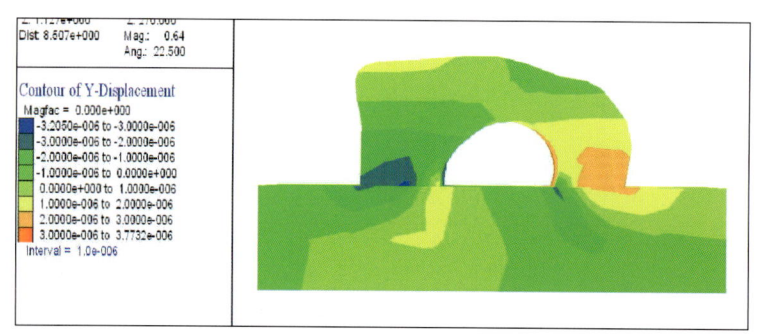

图 7.21 冲蚀后的水平位移云图

根据竖向应力云图发现，冲蚀前后的竖向应力基本符合自重应力场的分布，而因为墙体土体的强度较高，冲蚀后冲洞附近的水平位移和竖向位移变化不大，基本可以忽略，证明墙体处于比较稳定的状态。

静力计算完毕，进行动力分析，根据《建筑工程抗震设防分类标准》（GB 50223-2004），库车县抗震设防烈度为 8 度，设计基本地震加速度值为 0.20g。所以选用的地震波水平向最大加速度为 0.2g，地震波持续时间为 18.84s。输入的水平向地震波速度时程曲线如图 7.22 所示。

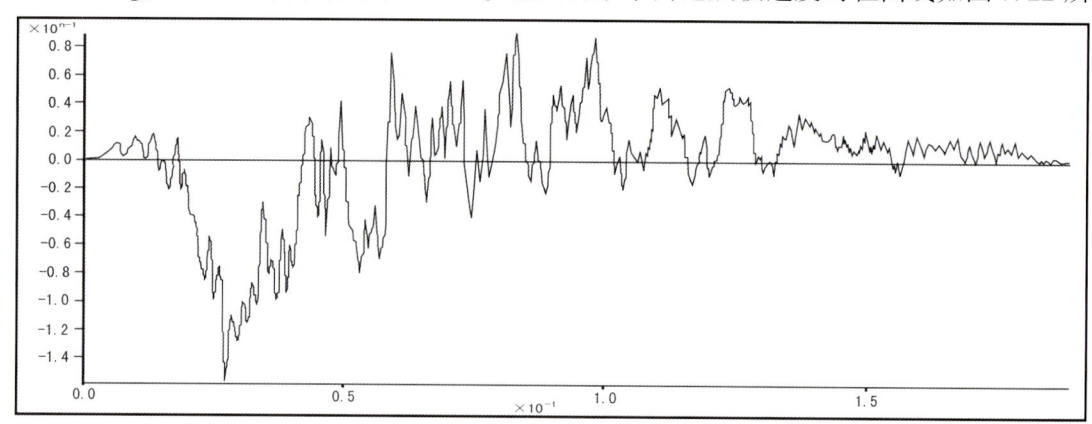

图 7.22 地震波速度时程曲线

在动力分析中阻尼采用局部阻尼，局部阻尼系数 0.157，具体的步骤参见 7.4.3。

根据施加地震荷载结束后的位移云图（图 7.23～图 7.28）可以看出，墙体受流水冲蚀形成冲洞在外加作用力即地震作用下，竖向位移的增大主要以掏空部位上部为主，而水平位移主要以掏空部位两侧为主；而根据大主应力云图，可以看出，掏空部位顶端可以看到少许的拉破坏；而在最小主应力云图上，掏空区域左侧以及顶端均出现了局部的压破坏。所以在地震作用下，墙体整体仍处于较稳定状态，但是掏空区域附近容易发生破坏，若冲洞因排水问题无法采用回填处理，需对墙体掏空区域周围进行加固，可以采用小木锚杆锚固的措施。

对于流水侵蚀墙体，使得墙体形成冲洞，破坏墙体的稳定性，采用传统的方法无法评价墙体的稳定性，而往往因为一些其他因素，导致对于这些冲洞无法采用回填处理，而随着时间的增大，流水对于墙体的破坏越来越大，就有可能导致墙体破坏。因此，在对一些重点工程或者主要建筑物采用数值模拟的方法，分析冲蚀后的应力——应变就成为一种解决方法。

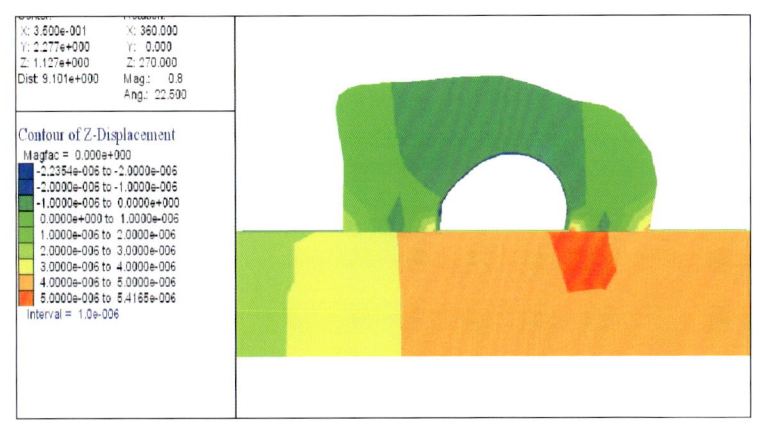

图 7.23　震后竖向位移云图

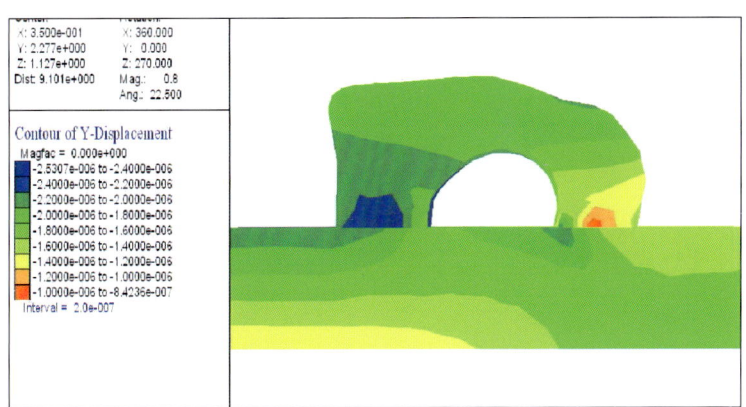

图 7.24　震后水平位移云图

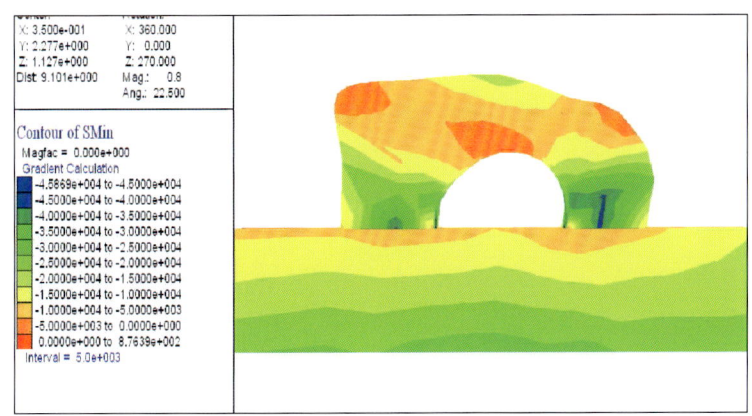

图 7.25　震后最大主应力云图

图 7.26　震后最小主应力云图

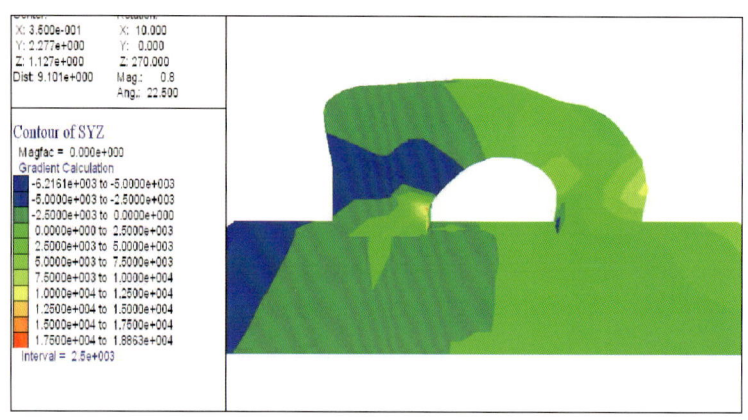

图 7.27　震后的剪应力云图

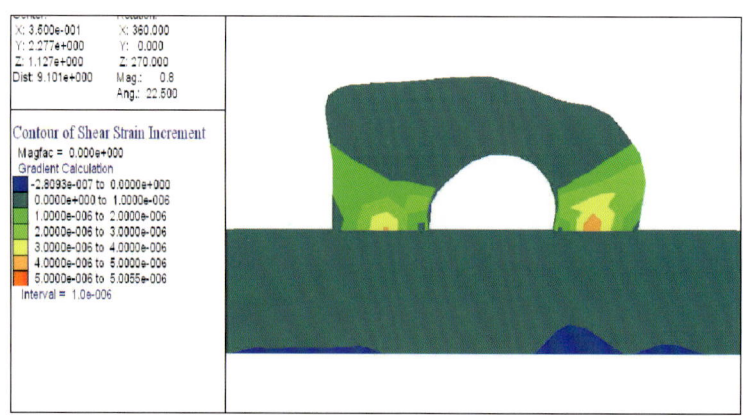

图 7.28　震后剪应变增量云图

7.5.3　典型建筑物地震作用下的数值分析

土遗址多是我国古代人民修建的土建筑，这些遗址是我国古代劳动人民的智慧以及生活环境的体现,对于我们有着重要的研究价值。经过对一些土遗址调查发现,往往一座城市或者哪怕是一个村庄、一个寺院,都有其最典型的建筑物,而这些建筑物也是我们加固工程主要考虑的对象。对于这些典型遗址,需要花费更大的精力,研究其薄弱地带,制定经济、合理的加固措施。

在苏巴什佛寺遗址现场调查发现,在各个分区内均有保存较为完整的佛塔,这些佛塔规模宏大,是佛寺的代表性建筑。而且一般没有发生大的破坏,为了研究这些佛塔在地震作用下的应力——应变,因此选取典型的东寺2区的佛塔进行动力分析,运用所得的分析成果指导工程加固。

根据实测建立佛塔的三维地质模型,对于模型顶部采取局部简化处理。模型选取地下深度15m,塔座高度5.2m,塔顶高度3.7m,塔座南北长为8m,东西长为9m,地下碎石土层选择南北长为23m,东西长为24m,划分单元共167320个,节点30959个。建立三维模型如图7.29所示:

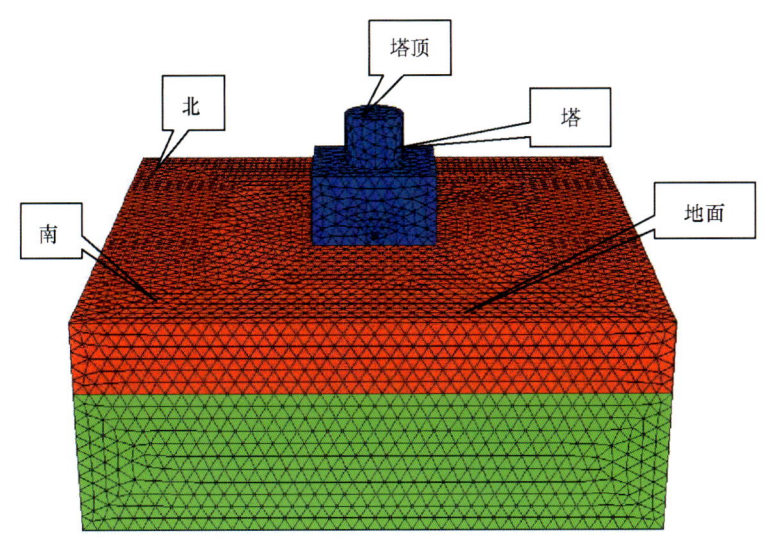

图7.29 计算模型

计算参数的选择选取试验所得的最低值,具体的参数见表7.4。

表7.4 岩土体强度参数

参数 土名	密度 (kg·m³)	粘聚力 (kPa)	内摩擦角 (°)	体积模量 (kPa)	剪切模量 (kPa)	抗拉强度 (kPa)
佛塔土	1360	36.3	16.3	1.8e6	8.7e5	90
碎石层1	2020	26.3	30	2.4e5	1.8e5	64
碎石层2	2100	30.1	32	5.7e5	4.8e5	64

因为无法得知佛塔施工时土体参数,所以本文采取简化处理,静力计算过程首先用弹性模型,并给模型赋予无穷大的体积模量以及剪切模量,约束采用底部全部约束,X、Y方向两侧

水平约束，设置重力加速度，计算初始应力，然后消去初始应力产生的位移、速度，将模型赋予为摩尔-库伦材料，赋予真实参数，并对模型顶部、模型底部、模型中部进行位移监测，静力求解。计算完成后得到模型在自重作用下的应力分布以及位移，经过对模型顶部、中部以及下部的位移监测和对佛塔南北方向做切片发现，佛塔在自重作用下的佛塔底部以及地基土底部有塑性区出现，如图所示，佛塔的竖向位移最大为 0.00024m，发生于佛塔的顶部，见图 7.30、图 7.31 所示：

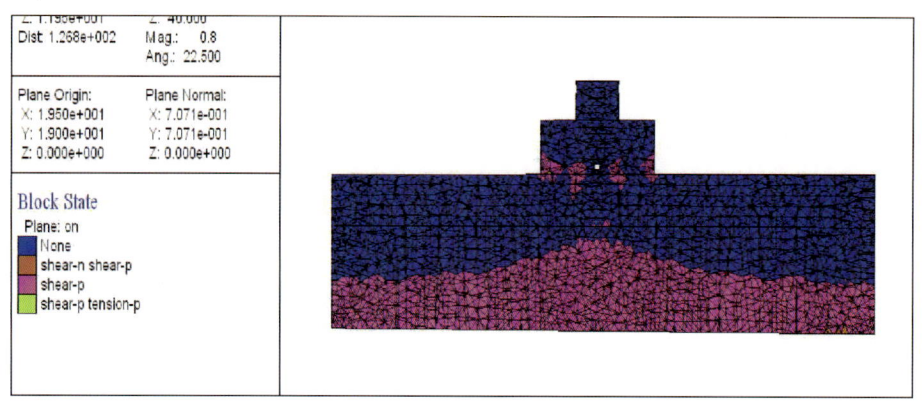

图 7.30　剖面静力下塑性云图

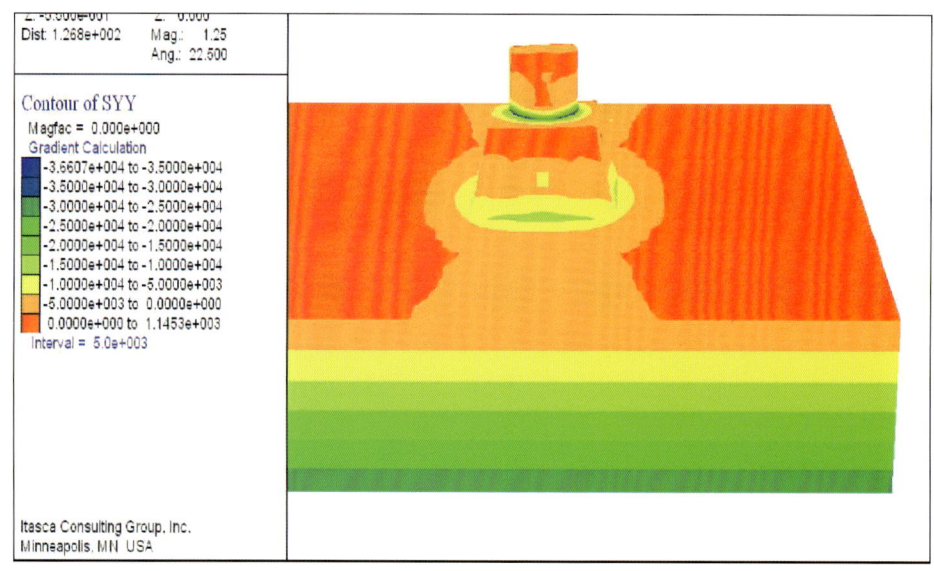

图 7.31　静力下竖向位移云图

通过佛塔的位移分布可知该佛塔在自重作用下是稳定的，只是地基土底部以及佛塔底部产生局部的塑性区，但并未影响佛塔的整体稳定。

静力分析后进行佛塔的动力分析，动力分析的具体步骤详见前节 7.4.3，阻尼采用局部阻尼，局部阻尼系数 0.157，边界仍采用自由场边界。计算过程中，对佛塔顶部、中部以及底部进行位移监测，分别对各个时间下的塑性区以及位移监测进行分析，对模型中部做平行于 Y 轴的切片，可得塑性区分布如图 7.32～图 7.39。

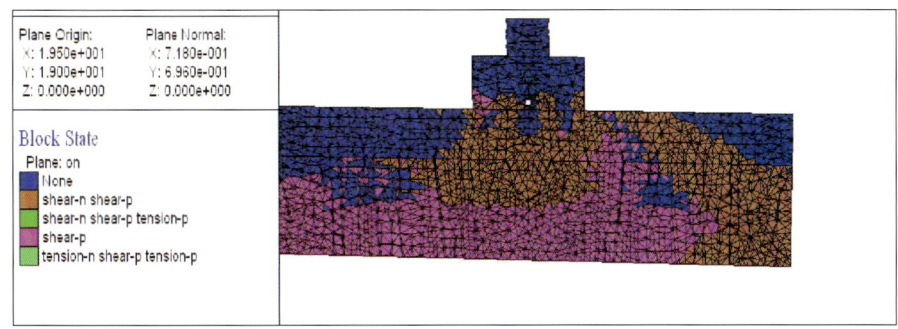

图 7.32　1s 时的塑性区

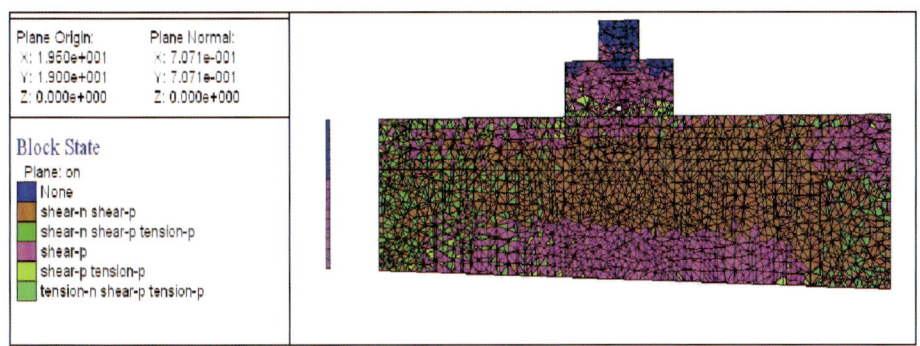

图 7.33　4s 时的塑性区

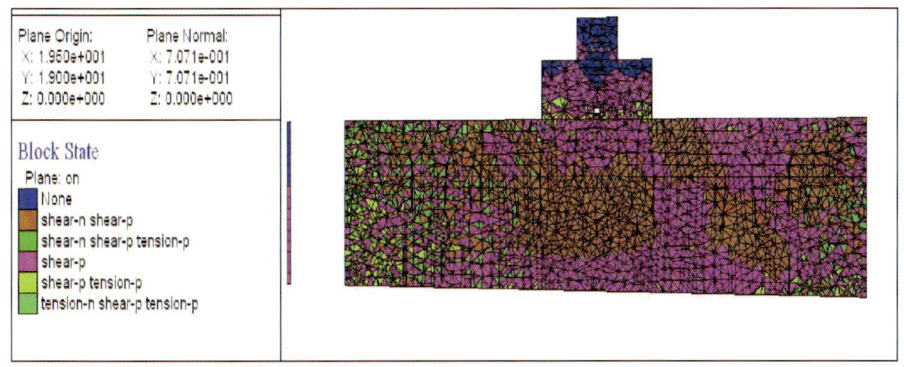

图 7.34　6s 时的塑性区

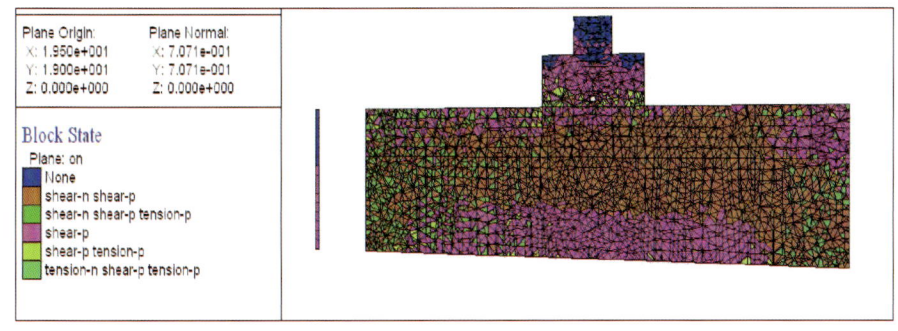

图 7.35　8s 时的塑性区

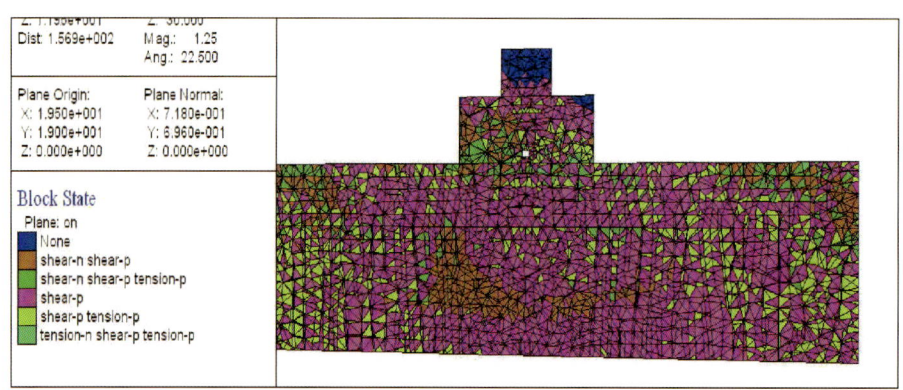

图 7.36　12s 时的塑性区

图 7.37　18.84s 的塑性区

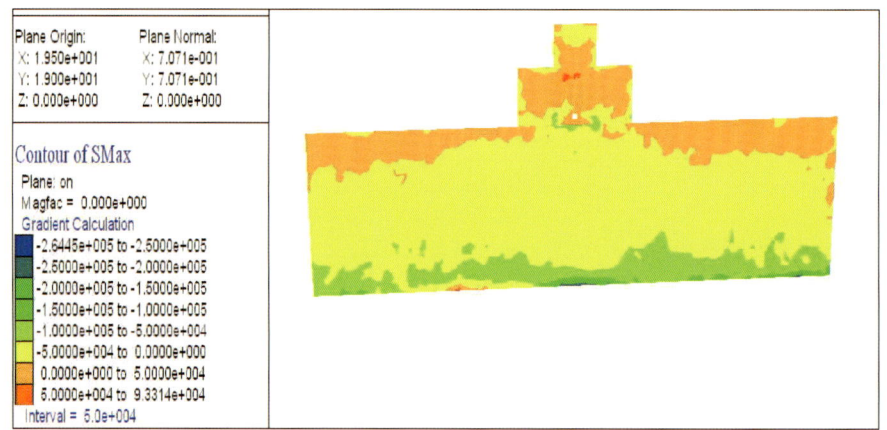

图 7.38　震后剖面最小主应力云图

由上图可知，随着地震时间的持续，地基土体逐渐破坏，破坏的方式为剪切破坏、剪切—拉破坏，拉破坏主要集中于佛塔的边角处，因为此处的应力相对集中，塑性区的扩展伴随着地震时间以底部向上逐渐扩展，佛塔的两侧由于应力集中最先发生破坏，并逐渐扩展到佛塔的内部，但是剪切破坏并不代表佛塔失稳。

通过分析佛塔地震结束后最大主应力和最小主应力分析发现，震后最大主应力分布较为凌乱，与震前的最大主应力分布基本平行明显不同，同时佛塔顶端局部出现拉应力区，小部分最

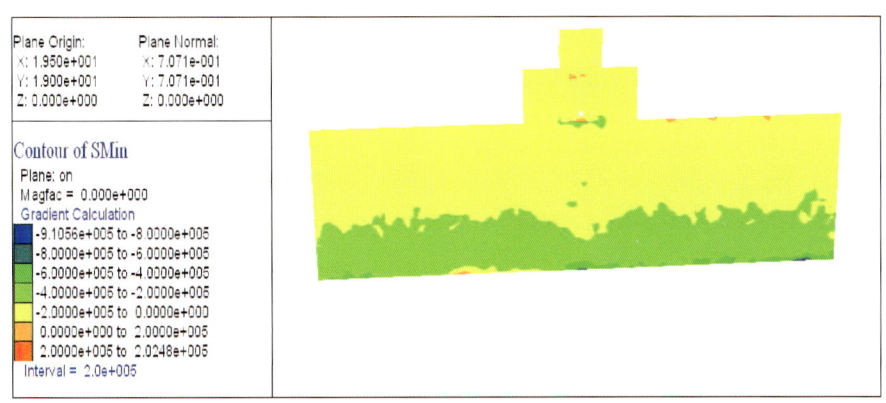

图 7.39　震后剖面最大主应力云图

大拉应力为 93kPa，已经超过佛塔土体的抗拉强度，说明在地震作用下佛塔局部出现拉破坏，同时对剪应力云图分析发现，佛塔北部塔座剪应力较为集中，可能发生破坏，因此应对此处加固以提高抗震性能。

地震波施加的方向是 Y、Z 方向，所以分别监测 Y、Z 方向关键点的位移，主要是顶部点和底部点的监测，运用 FLAC3D 软件绘制位移与地震时间的关系曲线，进行位移分析，得到的曲线如图 7.40～图 7.43 所示。

根据位移监测点的信息可知：在地震作用下佛塔呈整体沉降以及先南倾后北倾的趋势，监测节点 Y 方向的位移发现佛塔先是发生向南侧的整体倾斜趋势，南倾时佛塔顶部最大 Y 向位移达到 20cm 左右，竖向位移最大 57cm 左右，佛塔底部地基土的最大 Y 向位移和竖向位移均为 55cm 左右，可见 Y 向位移起初自下至上有逐渐减小的趋势，而伴随着地震时间的持续，Y 向位移最终呈现佛塔自上至下 Y 向位移逐渐减小。

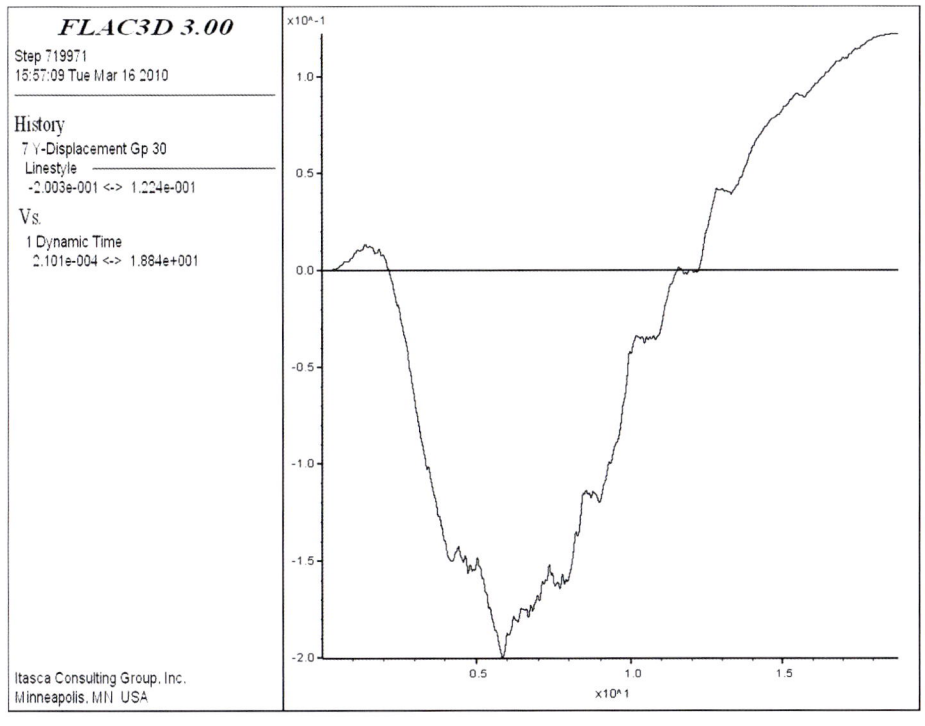

图 7.40　顶部监测点水平位移

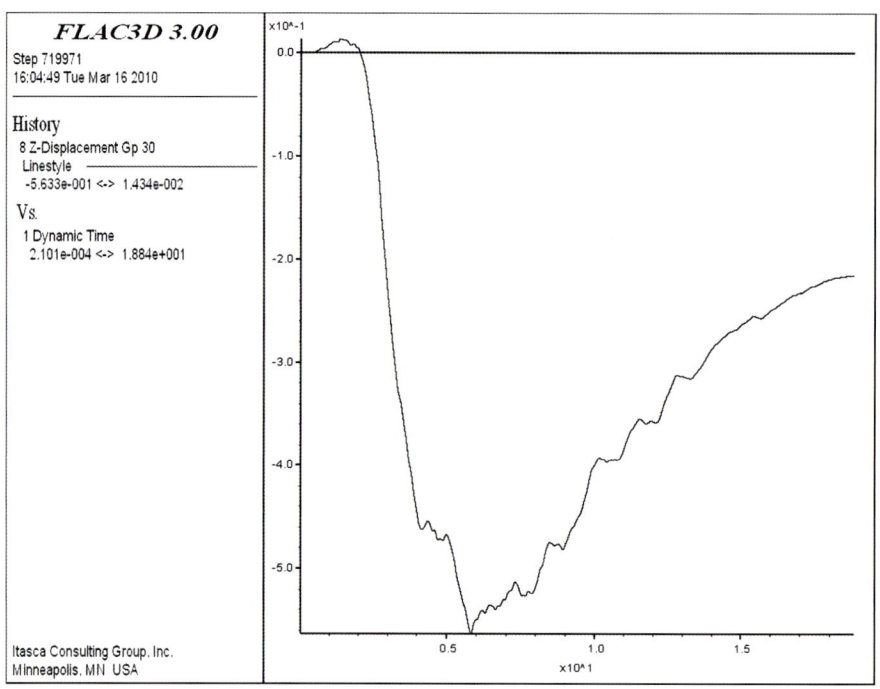

图7.41 顶部监测点竖向位移

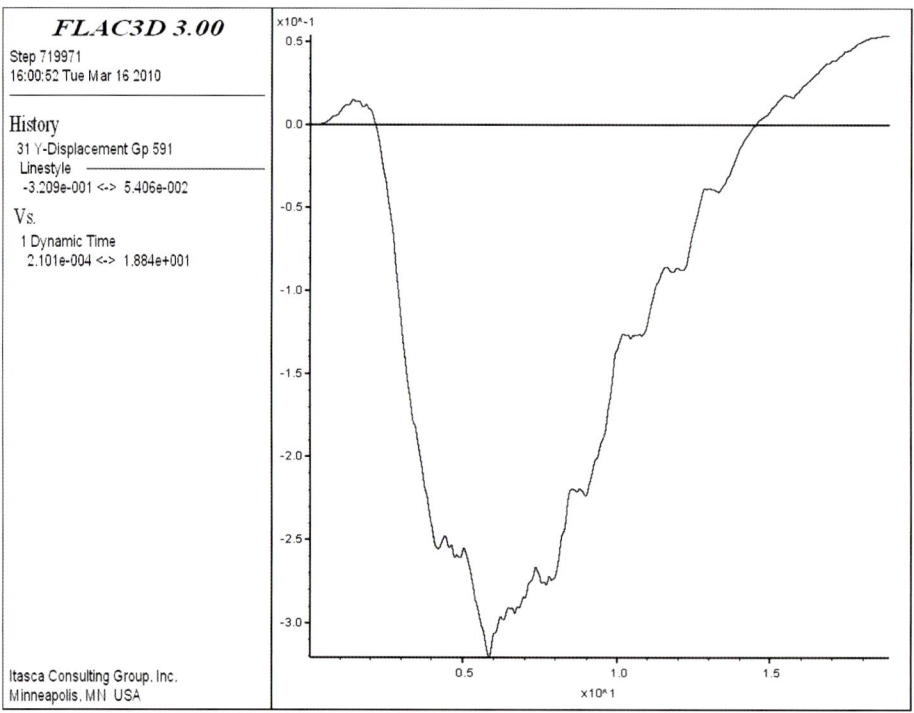

图7.42 底部监测点水平位移

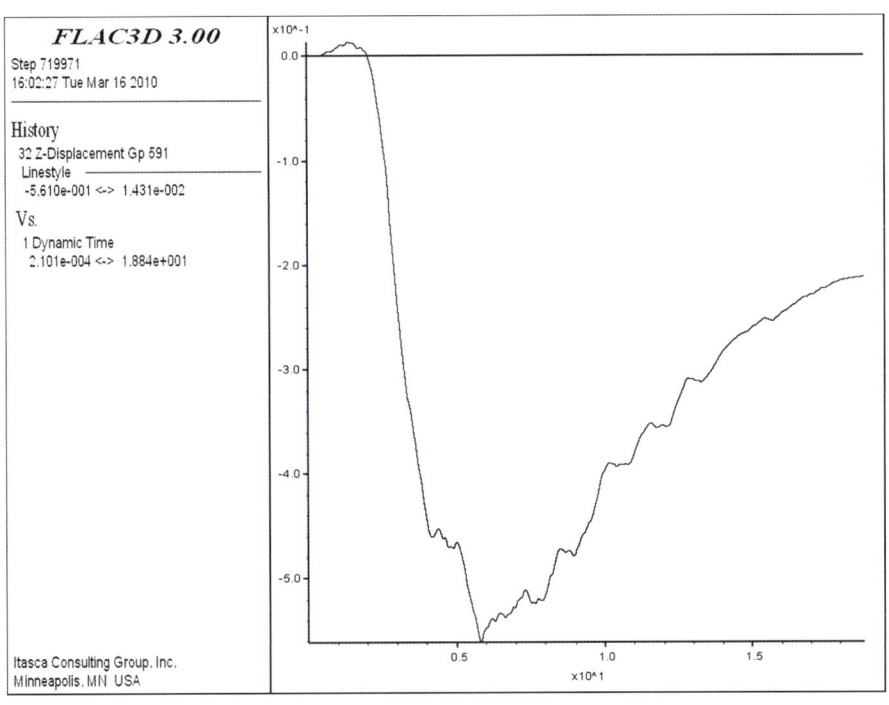

图 7.43 底部监测点竖向位移

对塔顶与塔座接触处两侧竖向位移监测得到地震结束塔顶倾斜 0.04m，根据《建筑地基基础设计规范》(2002)，计算得到塔顶的倾斜为 0.009，大于规范所要求的 0.004，塔底倾斜在规范的允许范围之内，所以仅需对塔顶与塔身适当加固，可以采用南竹锚杆至顶部向下打入的方式加固。

7.6 小　　结

本章应用 FLAC3D 软件对苏巴什佛寺遗址两种典型的破坏模式（冲洞和坍塌）进行分析，同时选取典型建筑物施加地震荷载的分析，发现运用 FLAC3D 软件可以较好的分析土遗址的破坏方式，找出土遗址薄弱地带，不但可以考虑土遗址的局部失稳，更能考虑遗址的整体失稳，对于实际工程有着指导意义。

对于坍塌来说，根据剪切应变增量以及关键点的位移监测，我们可以很容易地判断其破裂面；冲洞破坏是苏巴什佛寺典型破坏之一，数值计算可以根据关键点的位移监测以及应力变化，得出冲蚀前后的稳定状况，为合理的确定加固方案提供参考依据。

而典型建筑物的破坏，主要是局部的失稳，运用 FLAC3D，很容易就可以找出其薄弱地带，为保护加固提供依据。

上述这些都证明 FLAC3D 软件，在土遗址的应用中可以发挥巨大的作用。

但是文中计算也存在一些问题，值得进一步的深化研究：

（1）文中将遗址土作为一种均质体，但遗址土内部存在许多微裂隙，这些微裂隙影响着遗址土体的强度以及在一定程度上影响着遗址的稳定性，这会在一定程度上降低计算结果的准确度。

（2）苏巴什佛寺是国家重点文物保护单位，如何获得土样进行试验，获得土体的真实参数是一个问题，只能从周边坍塌处拾取土样作为样品，所得的试验数据的准确与否，值得进一步的商榷。

（3）文中的分析有一定的局限性，土遗址破坏往往是多种因素综合作用的结果，如风力侵蚀、雨水作用，还需进一步深化研究。

（4）文中计算做了一些假设，例如对于土遗址的施工过程的模拟，因为无法确定施工时岩土体的强度参数，略去直接采用现状进行静力分析。此外对于土遗址这种复杂的地表结构，如何合理的建立模型，因为土遗址受多年风雨以及地震等外力作用，现状多样，无法建立精确的模型。

参 考 文 献

[1] HASHASH Youssef M A, HOOK Jefrey J, SCHMIDT Birger, YAO John I Chiang. Seismic design and analysis of underground structures [J]. Tunnelling and Underground Space Technology, 2001, 16 (4)：247-293.

[2] SEYYED M. Hasheminejad, KAZEMIRAD Siavash. Dynamic response of an eccentrically lined circular tunnel in poroelastic soil under seismic excitation [J]. Soil Dynamicsand Earthquake Engineering, 2008, 28 (4)：277-292.

[3] NAM Sang Hyeok, SONG Ha Won, BYUN Keun Joo, MAEKAWA Koichi. Seismic analysis of underground reinforced concrete structures considering elasto-plastic interface element with thickness [J]. Engineering Structures, 2006, 28 (8)：1122-1131.

[4] Itasca Consulting Group. The Manual of FLAC3D Version3.0 [P], 1999.

[5] 刘波，韩彦辉（美）．FLAC 原理、实例与应用指南 [M]．北京：人民交通出版社，2005．

[6] 丁勇春，钱玉林，王建华．基坑土钉支护的三维快速拉格朗日元法分析 [J]．扬州大学学报（自然科学版）．2005，8（4）．65-69．

[7] 张培文，陈祖煜．弹性模量和泊松比对边坡稳定安全系数的影响 [J]．岩土力学，2006，27（2）：299-303．

[8] 陈祥军，汤劲松．用 FLAC3D 进行马崖高边坡稳定性分析 [J]．石家庄铁道学院院报，2002，15（3）：76-79．

[9] 胡明清．丝绸之路典型土遗址地震破坏机理与抗震安全性研究 [D] 兰州：中国地震局兰州地震研究所，2003．

[10] 陈育民，徐鼎平．FLAC/FLAC3D 基础与工程实例 [M]．北京：中国水利水电出版社，2008．

[11] 何满潮，黄润秋，王金安等．工程地质数值法 [M]．北京：科学出版社，2006．

[12] 艾志雄，罗先启．FLAC 基本原理及其在边坡稳定性分析中的作用 [J]．灾害与防治工程，2006（1），19-24．

[13] Wilkins M L. Calculations of elastic-plastic flow [A]. Methods of Computational Physics [M]. Alder, Fernbach, and Rotenberg eds. New York：Academic Press, 1964. 3 (211).

[14] 邹力，彭雄志．浅谈 FLAC3D 的应用原理、优缺点及改进措施 [J]．四川建筑，2007，27（1）：152-156．

[15] 徐干成，郑颖人．掩饰工程中屈服准则应用的研究 [J]．岩土工程学报，1990，12（2）：93-99．

[16] 郑颖人，沈珠江，龚晓南．岩土塑性力学原理 [M]．北京：中国建筑工业出版社，2002．

[17] 祁生文．边坡动力响应研究及应用 [D]．北京：中国科学院地质与地球物理研究所，2002．

[18] 李海波．地震荷载作用下地下岩体洞室位移特征的影响因素分析 [J]．岩土工程学报，2006，28（3）．358-361．

[19] 唐洪祥，邵龙潭．地震动力作用下有限元土石坝边坡稳定性 [J]．岩石力学与工程学报，2004，23（8）：1318-1324．

[20] 张友葩，高永涛，王杰林，等．动载荷下边坡的失稳分析 [J]．北京科技大学学报，2003，25（2）：110-116．

[21] 熊良宵，李天斌，刘勇．隧道地震响应数值模拟研究 [J]．地质力学学报，2007，13（3）：255-260．

第8章

苏巴什佛寺遗址加固土的试验及综合保护加固建议

8.1　PS 加固遗址土的试验

8.1.1　试验目的

PS 材料是一种高模数的硅酸钾溶液，近年来的研究和工程实践证明，PS 材料加固我国西北干旱半干旱地区的土遗址效果较为理想。PS 材料已成功应用于玉门关、长城、河仓城、交河故城、高昌故城、乌拉泊故城、居延遗址等土遗址，国家科技部"十一五"科技支撑计划"土遗址保护关键技术研究"课题中专门把 PS 材料加固土遗址的机理进行深入研究[1-12]。

根据《中国文物保护准则》和《文物保护法》的相关规定，结合近年来我单位的加固经验，加固材料运用于新的遗址时，必须进行相应的试验，试验成功后，方可在遗址加固中应用该材料。

本试验通过评价 PS 加固遗址土后的抗崩解性、耐风蚀性和强度，进而说明 PS 材料加固苏巴什佛寺遗址的适用性。

8.1.2　样品制备

样品选择苏巴什佛寺遗址典型的两种建筑材料：即夯土和土坯，夯土分为纯土夯和砂砾土夯。夯土和土坯的原状土各制 6 组样品，每组 3 块，3 组用 PS 加固，3 组不加固，以作对比，样品规格为 5cm×5cm×5cm 的方样。PS 渗透加固前先对样品称重，选用配置好的模数为 3.9、浓度为 7% 的 PS 溶液，对试样以喷洒和滴渗相结合的方法进行加固三遍，每遍间隔时间一般 3~5 天，气温较低时采用烘箱烘干，温度在 50~60℃，其原则是第一遍加固的 PS 完全干后，再进行第二遍加固。

8.1.3　试样加固前后崩解对比试验

试验在自制的容器中进行，容器四壁透明，盛放样品的玻璃板均匀钻出大量小孔，使样品透水透气，崩解后可落入容器底部，易于观察。表 8.1、图 8.1 为试样加固前后崩解特性及测试结果。

表 8.1　试样加固前后崩解测试结果

样品编号	崩解速度/(g/min)	浸入静水中崩解特性
TP1	18.76	有气泡逸出，17s 表面开始崩散，1min 40s 表面崩解约 2/3，间有大气泡逸出，9min 崩解完毕；崩解物呈粉泥状
TP2	17.54	入水有气泡逸出，1min 35s 掉角，2min 20s 中间出现裂隙，间有大气泡逸出，迅速崩解；崩解物呈粉泥状

续表

样品编号	崩解速度/(g/min)	浸入静水中崩解特性
TP3	20.15	入水有气泡逸出，2min 20s 中间出现裂隙，6min 30s 崩散，崩解物呈粉泥状
TPS1	2.31	入水有小气泡逸出，夹有大气泡，8min 30s 后气泡逸出速度变慢，1h 后出现裂隙，2h 后开裂
TPS2	3.24	入水有小气泡逸出，夹有大气泡，8min 后气泡逸出速度变慢，1h 后出现裂隙，2h 后开裂
HC1	12.36	入水有气泡逸出，30s 后表面开始崩解，1min 19s 一角开始崩落，2min 15s 开始加速崩粉，4min 7s 上表面崩掉近1/2，8min 43s 上表面完全崩掉，19min 8s 完全崩塌，有草根漂出（见图8.2）；崩解物呈碎屑状，有砾石（见图8.3）
HC2	14.68	入水有气泡逸出，1min 59s 一角开始崩落，2min 26s 崩粉加快，6min 33s 上表面崩掉近1/2，仍有大量气泡冒出，25min 完全崩解。崩解物呈碎屑状，有大量砾石
HC3	12.51	气泡缓慢冒出；4min 23s 上半部基本崩解完毕；8min 23s 无气泡冒出；崩解物呈碎屑状，有小块砾石
HC4	11.09	入水有气泡逸出，32s 后表面开始崩解，1min 37s 上半部分开始崩落，2min 35s 底部一角崩粉，5min 30s，崩解约2/3，7min 54s 已溃散完；崩解物呈碎屑状，有小块砾石
HCS1		
HCS2		开始后有小气泡均匀逸出，7min 36s 后气泡逸出速度变缓，30min 无气泡，5h 后无崩解。（见图8.4）
HCS3		
HCS4		

注：TP 为土坯样，TPS 为其加固样；HC 为夯土样，HCS 为其加固样。

通过所做的崩解试验看出，未加固土的崩解速度均较快，定性上崩解有相同的过程和崩解特性。因空隙的存在土样放入水中一般均产生气泡，土样先从底部呈粉粒纷纷扬扬的崩落，继而产生同心圆状的裂纹，从土样四周向中心推进，致使土体泻溜状崩落，崩解速度随之而加速直至崩解完全。从图 8.1 可以看出，土坯样品的崩解速度稍大于夯土的崩解速度，相差并不很大，都在 10~20g/min 的范围内，但经 PS 加固后，试样开始崩解的时间明显延长，崩解速度明显降低。未加固样 1min 内即发生崩解，土坯样和夯

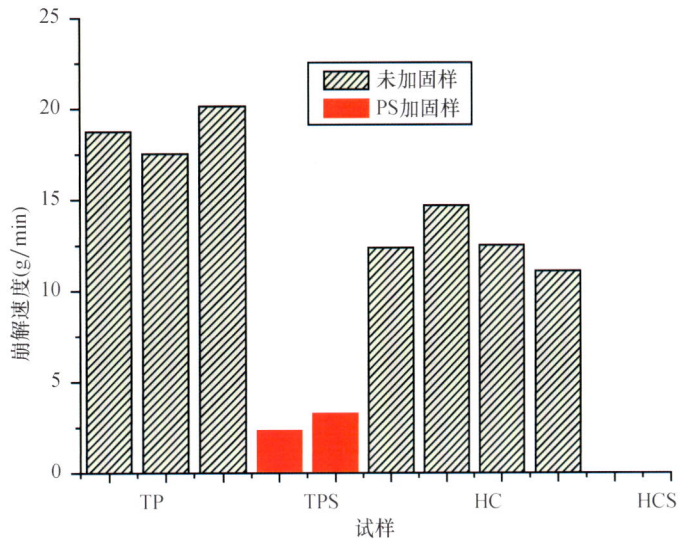

图 8.1 崩解速度对比图

土样相差不大，经 PS 加固后，初始崩解时间基本延长到 60min 以上；土坯加固样在 1h 后，表面开始出现微隙，随后逐渐扩大，2h 后，样品开裂，样品仍为一体。夯土样加固前，平均崩解速度 12.66g/min，加固后陆续有气泡逸出，30min 气泡基本消失，5h 内没有明显变化，样品仍然完好。从室内试验数据对比可以看出，PS 大大提高了遗址体风化层的抗崩解性能。

此外，未加固样崩解产物为碎屑状或泥状，且有砂砾产生，经 PS 加固的试样崩解产物呈块状或板状（图 8.2~图 8.5），而且有一定的厚度和硬度，且具有很好的抗水性。证明 PS 加固后的试样具有很好的抗水崩解性，同时又具有很好的透水性。

图 8.2　崩解产物

图 8.3　崩解产物

图 8.4　HCS 浸入水中 5h 后

图 8.5　TPS 浸入水中 5h 后

8.1.4 试样经加固后耐风蚀的风洞模拟试验

耐风蚀的风洞模拟试验，选择兰州大学西部灾害与环境力学教育部重点实验室的风洞模拟试验设备。此风洞为直流下吹式，由动力段、整流段、试验段和扩散段四部分组成。风洞全长 55.00m，其中试验段长 20m，试验段截面积 1.3m（宽）×1.45m（高），四壁平滑，由多层胶合板和玻璃窗组成。试验段前部设有供沙装置；风洞的风速从 4~40m/s 连续可调。本次试验采用 10m/s 净风、20m/s 净风、30m/s 净风、10m/s、20m/s、25m/s、30m/s 挟沙风，紊流强度在 0.4% 以下。风速的测量采用毕托管，沙量的测定使用多管集沙仪，风蚀量采用称重法测定。试验结果见图 8.6~图 8.14（注：TP 为土坯样，TPS 为其加固样；HC 为夯土样，HCS 为其加固样）。

图 8.6　30m/s 挟沙风吹蚀 15min 后（HC-1）

图 8.7　30m/s 挟沙风吹蚀 10min 后（HCS-1）

图 8.8　25m/s 挟沙风吹蚀 15min 后（TP-4）

图 8.9　30m/s 挟沙风吹蚀 15min 后（TP-4）

图 8.10　30m/s 挟沙风吹蚀 15min 后（TP-3）

图 8.11　30m/s 挟沙风吹蚀 15min 后（TPS-1）

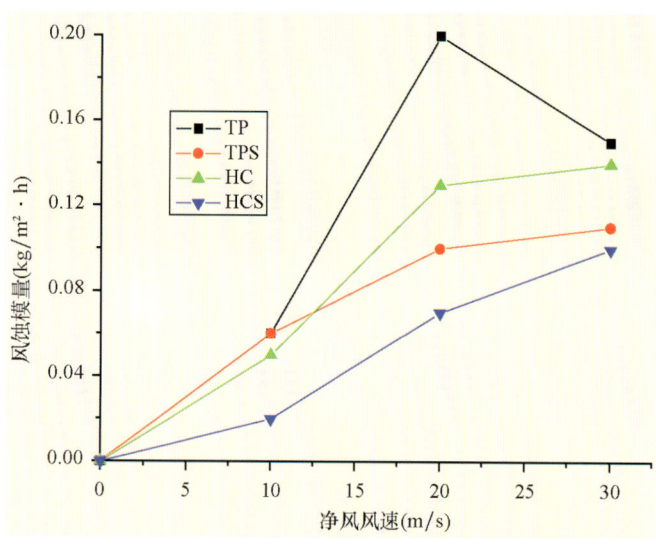

图 8.12　净风条件下样品的风蚀模量

试验结果表明，净风吹蚀对土坯和夯土样品的风蚀十分微弱（图 8.12），10m/s 时几乎没有反应，30m/s 时只有试样表面胶结不好的散粒被吹走，最大风蚀模数也仅为 $0.2kg/m^2 \cdot h$。风蚀主要发生在挟沙风条件下，表现为随挟沙风风速增大，风蚀强度增大，未加固样的风蚀态势增大的最为突出（图 8.13、图 8.14），尤其是夯土样明显呈现出指数增长的趋势；加固样也有风蚀发生，且随风速增大风蚀强度增大，但风蚀量依然很小。具体来看，10m/s 挟沙风吹蚀时，土坯未加固样的平均风蚀模量为 $5.26kg/m^2 \cdot h$，30m/s 时激增至 $43.26kg/m^2 \cdot h$，加固样的平均风蚀模数由 $0.64kg/m^2 \cdot h$ 平缓增加到 $1.63kg/m^2 \cdot h$，分别为未加固样的 0.12 倍、0.04 倍，加固效果非常显著；夯土未加固样的平均风蚀模量由 10m/s 的 $3.57kg/m^2 \cdot h$，增至 30m/s 的 $58.75kg/m^2 \cdot h$，加固样的平均风蚀模数由 $1.69kg/m^2 \cdot h$ 增加到 $9.32kg/m^2 \cdot h$，分别为未加固样的 0.47 倍、0.16 倍。综合来看，加固样在 10m/s、20m/s、30m/s 挟沙风速时的风蚀模数分别为 $2.11kg/m^2 \cdot h$、$0.06kg/m^2 \cdot h$、$5.48kg/m^2 \cdot h$，未加固样的风蚀模数相应为 $4.42kg/m^2 \cdot h$、$16.57kg/m^2 \cdot h$、$51.01kg/m^2 \cdot h$，其抗风蚀强度提高为原样的 2.10 倍、285.74 倍、9.32 倍，可见 PS 加固样的抗风蚀性能良好。

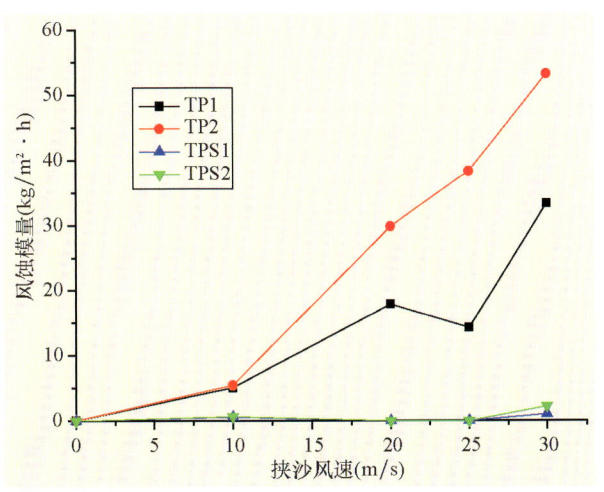

图 8.13　挟沙风条件下土坯样品的风蚀模量

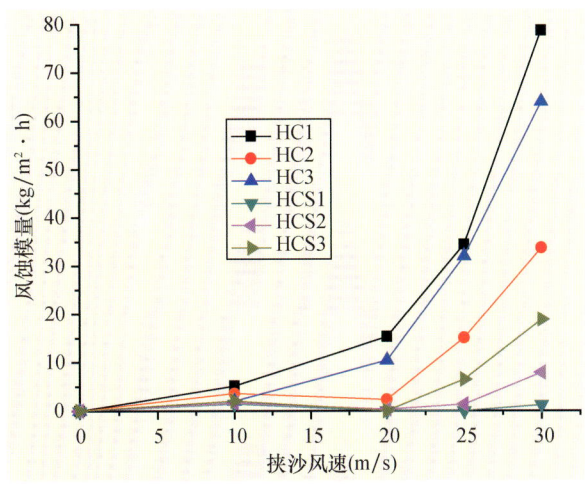

图 8.14　挟沙风条件下夯土样品的风蚀模量

8.1.5　试样的单轴抗压强度分析

试验在 CSS-4100 型电子万能试验机上进行，压缩加载速度为 1mm/min。

由图 8.15 可以看出，原状样加固后的无侧限抗压强度比加固前有了较大的提高，土坯样提高了 104.7%，夯土提高了 47.6%，这是因为在 PS 加固过程中，发生了非常复杂的物理和化学的作用，蒙脱石、绿泥石等膨胀性的黏土矿物的含量极大降低，加固后的土样显示出纤维状，并交织成席状或网状水化硅酸钙的结构，大大增强了交联骨架的稳定性。

土坯样品强度增加更为明显，可能是因为土体颗粒存在较大区别，土坯样颗粒均匀，渗透深度好、渗透部位强度均匀，加固效果较好，而夯土含有大小不一的砂砾，不同部位 PS 加固效果差异较大，整体效果较差，不如土坯样品提高幅度大。

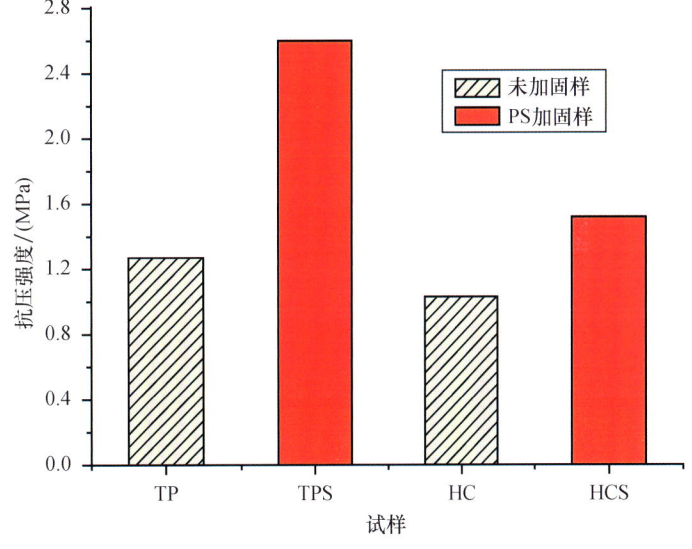

图 8.15　试样加固前后抗压强度对比

8.1.6　小结

（1）崩解试验证明，PS 加固后的试样，崩解速度大幅度降低，崩解特性发生明显的变化，具有良好的耐崩解性和透水性。值得一提的是，室内试验的观察时间受到限制，实际上加固后土体的抗崩解性更强。

205

（2）风洞模拟试验结果表明，PS材料具有良好的抗蚀性，能够数倍乃至几十倍的提高土体抗风蚀的能力。

（3）PS能够大幅度的提高的土样的抗压强度。

（4）PS材料加固苏巴什佛寺遗址的效果理想，适用于苏巴什佛寺遗址土体的加固。

8.2 苏巴什佛寺遗址综合保护加固建议

8.2.1 设计的原则

根据《中华人民共和国文物保护法》规定，对不可移动文物进行保护必须遵守"不改变文物原状"的原则（这里的原状，就是指古遗址发现时的"现状"）。在坚持"不改变文物原状"的原则前提下，根据苏巴什佛寺遗址的特点及实际情况，还应坚持以下原则：

（1）坚持"保护为主、抢救第一"的方针。

（2）此次设计为保护设计，包括遗址体加固、崖体加固、地表水系整治等部分。

（3）本着文物保护"最小干预，最大兼容"的原则进行设计。

（4）遵循世界文化遗产保护加固的原则。

（5）在保证遗址稳定的前提下，尽量减少对土遗址本体及周边自然环境的工程干预。

（6）在设计中尽量采用传统的工艺和材料，保证文物环境的原始状态。

（7）本设计主要采用锚杆锚固、裂隙注浆、表面防风化加固、砌补支顶、顶面处理、回填、卵砾石培筑等技术方法对土遗址本体和遗址区进行保护。

（8）保护技术必须坚持可逆性原则。

（9）在采用新技术和新工艺时，要遵循先试验再使用的原则。

（10）工程实施过程中，应按照文物保护工程法规的要求进行相应的考古调查。

（11）保持风蚀地貌的原形。

（12）设计采用动态设计方法，严格按信息化施工要求进行。

8.2.2 遗址加固

8.2.2.1 表面防风化加固

在苏巴什遗址区，风、雨和温差等对遗址的破坏作用将是长期存在的，应对遗址表面进行防风化处理、以增强其抗侵蚀能力。

研究表明，粉土中的黏土矿物经PS处理后，可使片状、离散、晶态的黏土矿物微观结构发生变化，形成一种致密的非晶态网状胶凝体，从而使其力学性能发生巨大变化。风洞模拟实验证明，遗址土体样品经PS渗透加固后，其耐风蚀强度提高10~13倍。水中崩解实验证明，PS处理后的遗址土体耐水性也大大提高，使PS渗透处理后的土遗址有很好的防风蚀、雨蚀效果。玉门关、河仓城、西夏王陵、交河故城、高昌故城、甘肃境内长城等土遗址的加固工程的实践，也证明 PS 表面渗透加固对土遗址有很好的防风蚀、雨蚀效果，在对苏巴什佛寺遗址保护加固过程中，研究报告结果表明 PS 渗透加固苏巴什佛寺遗址夯土建筑具有理想的效果。具体加固措施如下：

1. 表面喷洒渗透

根据遗址土体表层风化的状况，有做一次 PS 喷洒的，也有做二次、三次喷洒渗透的。在喷洒时，一定待第一次喷洒的 PS 完全凝固干燥后，以相同的方法做第二次、第三次的喷洒。每次间隔时间一般为 2~3 天，喷洒渗透时的气温在 25℃ 左右最佳。

在现场施工时，若喷洒的面积小，可用手动喷雾器均匀、间歇的喷洒渗透。若喷洒面积大，就可用电动喷雾器喷洒渗透。

（1）表面喷洒一遍

若遗址土体表面风化不严重，风化层厚度较薄，一般在 0.5cm 以下，表面只有细小的龟裂纹，墙体内部强度较高，土体比较致密，对 PS 溶液的渗透性较好，这种情况下用 5% PS 只做一次渗透加固。

（2）表面多遍喷洒渗透

若遗址土体表面风化严重，表层孔隙大，风化疏松层厚度不均匀，但最大不超过 2cm，厚度大的区域呈片状剥蚀，一般墙体表面比较破碎，主要出现在迎风面的垛泥墙体上。这种墙面一般对 PS 溶液的渗透性好，可做两次 PS 喷渗加固，第一遍用 3% PS 进行喷洒渗透，待第一遍喷渗的 PS 完全凝固干燥后，用 5% PS 进行第二遍喷洒渗透加固。

若遗址土体表面风化特别严重，表层孔隙也很大，非常疏松。对这种墙面考虑用 7% PS 进行第三遍，也就是最后一遍喷洒渗透加固，才能获得好的防风蚀、雨蚀的保护效果。

（3）喷洒渗透工艺

① 选用模数为 3.7~3.8、按质量百分比浓度计算，配制浓度为 3~5% 的 PS 溶液，均匀搅拌。

② 按照墙体的构造形式、风蚀、雨蚀破坏程度等，按照不同情况采用不同浓度，按照设计要求结合实际情况，均匀喷洒配制好的 PS 溶液，每次喷洒量不宜太多，基本判断条件是遗址本体表面不积水。

③ 喷洒采用空压机 4MPa 压力条件下雾状喷洒（小面积用手工喷雾器），根据实际情况调节压力，以免压力太大，损伤遗址本体，而且要在一定的含水量情况下进行，一般在喷洒 PS 溶液前，先用清水喷洒一遍，一次喷洒不能太多，待表面有一定强度后进行二次喷洒，两次喷洒间隔时间不能少于 72 小时，且保证墙面有一定的强度。

④ 在表面喷洒加固过程中要采取防晒措施（遮阳布等保证太阳光不要直射在墙面上），使加固体缓慢阴干，以免形成加固过程中的龟裂；

⑤ 如果是一次性喷洒，后进行滴渗的遗址本体尽量减少喷洒过程中喷洒力度，以免对遗址本体造成不必要的损伤。

⑥ 做好施工工程现场的渗透记录。

2. 滴渗

（1）表面不开孔滴渗

表面风化层酥松且较厚，这种情况下，可将注射用大针头直接插入酥松的土层中，提高 PS

液面高度，利用液压差进行滴渗。

其滴渗工艺如下：

① 选用模数为3.7~3.8、按质量百分比浓度计算，配置浓度为3~5%的PS溶液，均匀搅拌。

② 按照墙体疏松程度和面积大小非均匀布置滴渗针孔，滴渗形式采用不均匀逐次加密的间隔渗透，其中针孔的深度不超过3cm，针孔直径为针头的直径（小于1mm）。

③ 滴渗采用液体自重压力液体输入管端头为1mm滴渗，根据实际情况调节滴渗压力，以免压力太大，流量太大损伤遗址本体，一般一次滴渗时间不超过10min，按照遗址本体表面风蚀严重程度进行不均匀性布孔渗透，渗透面积尽量外界相接。

④ 在表面滴渗加固过程中要采取防晒措施（遮阳布等保证太阳光不要直射在墙面上），使加固体缓慢阴干，以免形成加固过程中的龟裂。

⑤ 在PS表面滴渗过程中，待渗透表面有一定的强度后，人为施加压力，在外力的作用下，使墙体表面疏松层土体内部孔隙被挤压减少，墙体表面密度增大，有利于PS材料发挥作用，最终达到加固的目的。

⑥ 做好施工工程现场的渗透记录。

（2）表面开孔滴渗

表面致密，下层酥松，这种情况下，先用小电钻在致密的土体表面钻小孔，再插入大注射针头或细胶管，提高PS液面高度，利用液压差进行滴渗。

其滴渗工艺如下：

① 选用模数为3.7~3.8、按质量百分比浓度计算，配置浓度为3~5%的PS溶液，均匀搅拌。

② 按照墙体疏松程度和面积大小非均匀布置滴渗钻孔，滴渗形式采用不均匀逐次加密的间隔渗透。其中钻孔的深度应超过疏松风化层，钻孔直径比针头的直径略大，一般为2~3mm。

③ 一次渗透不能太多，待表面有一定强度后进行二次间隔渗透，一次渗透时间不超过2小时，两次渗透间隔时间不能少于72小时，且保证墙面有一定的强度。

④ 每次渗透完成后用小竹钉锚杆将要剥落的小块体锚固，在锚固过程中注意锚固块体的现存结构形式，按照实际情况布设成孔渗透的孔位，并有效锚固。

⑤ 采用5%的PS溶液拌和的泥浆，对小竹钉锚杆做旧处理，尽量使泥浆阴干后于周围层面的强度一致，防止在自然外力作用条件下剥落，或干缩龟裂影响周围风化层面。

⑥ 在表面渗透加固过程中要采取防晒措施，使加固体缓慢阴干，以免形成加固过程中的龟裂。

⑦ 做好施工工程现场的渗透记录。

（3）表面喷洒PS渗透后再钻孔滴渗

有些遗址土体表面风化疏松层厚度很大，而且表面比较破碎，土粒间联结比较松散，钻孔时成孔困难，或者钻孔时对遗址表面破坏较大。这种情况下需要先对遗址土体表面进行一次喷洒PS渗透预加固，提高表面的整体性，然后钻孔用5% PS溶液对遗址土体表层进行滴渗加固。

（4）表面喷洒渗透后钻孔滴渗最后再次喷洒渗透

有些遗址土体表面风化疏松层厚度较大，比较破碎，而且渗透性能不均匀，在采取上述工艺时，不能有效保证遗址表面渗透的整体均匀性。因此，对这种土体表面先喷洒一遍 5% PS 渗透加固后再钻孔滴渗，滴渗完后可再次喷洒一遍 5% PS 溶液进行渗透加固，这样可使加固效果差的局部区域获得多次加固，以达到较好的加固效果。

完成 PS 渗透工作后，采取用 PS + C 浆液进行表面处理，选用 3% 浓度 PS 溶液，灰水比采用 0.2~0.3，采用喷洒工艺进行施工，施工完毕后，进行阴干，确保效果，以达到保持原貌的目的。

渗透 PS 的模数浓度及工艺方法在施工前必须进行现场试验。根据试验结果调整优化。此外因遗址的不同时期的建筑差异较大，还应根据建筑物的建造特点、试验确定不同的加固技术细节。

8.2.2.2 墙体悬空和坍塌的加固

1. 砌补支顶

对威胁到墙体稳定性的悬空与坍塌区，主要采用支顶性砌补方式提高本体的整体稳定性。砌补材料和施工工艺要与遗址体的建造工艺类同。砌补土坯采用与遗址土相近的粉土和砂砾制备，部分遗址体采用粉土和卵砾石制作。具体加固措施分如下三种情况：

（1）根部支顶性砌补

对于根部掏蚀凹进的遗址本体，主要采用支顶性砌补方式提高本体的整体稳定性。

① 根据遗址本体的实际情况，对遗址本体做临时安全支护措施，确保保护过程中人身安全及遗址本体的安全。

② 许多遗址根部已经进行了临时支护措施，主要为土坯支撑，这些土坯有效的缓解了遗址坍塌的进一步发育，但是，这些土坯支撑由于过去施工工艺比较简单，没有和墙体有效连接，经过十多年的运行，已经和墙体分离，达不到支护要求，加上土坯加固的表面没有采取工程措施，对遗址的外貌影响较大，因此应首先予以拆除。在拆除过程中，由于不知遗址本体根部掏蚀情况，为保证人身及遗址本体的安全，根部土坯拆除一次性在同一本体拆除土坯量不宜过大，一般控制在 20~50cm 之间，对于体量较小的本体必要时应采取相应的临时支顶措施。观察已拆除的遗址本体掏蚀情况，并作详细影像记录及笔录。

③ 材料准备

a. 采用与遗址本体土基本相近、且可溶盐含量低于 0.5% 的土，人工制成土坯，其尺寸大小应与每个遗址体的形制类同。

b. 选当地可溶盐含量低于 0.5% 的黏土，粉碎后经过 0.6mm 的筛分，与模数 3.7~3.8，浓度 3% 的 PS 溶液搅拌均匀，按照水灰比 0.4 拌制加固浆液。

④ 锚钉拉接，采用宽为 5~10mm，长为 100~200mm 的小竹钉，按照纵横间距不小于 200mm，成孔深度为 40mm，结合遗址本体病害区域大小自上而下的顺序成排布设，提高遗址本体与砌补土坯的粘结力。

⑤ 对一些变形较大的区域，可以增加一些结构性措施，如采用钢结构、木框架支护。

⑥ 土坯砌筑，土坯砌补要注意土坯之间的拉接，一般采用压槎搭接，泥浆要饱满，增加土坯之间的粘聚力，按照砌筑的实际情况将布设的小锚钉压置相对应的泥浆层中，形成小竹钉网状锚固连接，提高砌补土坯与遗址本体的整体性。同时在砌补的过程中埋设 4.5mm 的注浆管，

按照横向间距为30mm、纵向隔层、"十字"形布设注浆管，注浆管埋设至遗址本体，保证浆液可以通过注浆管进入空洞部位。

⑦渗透灌浆，待砌补土坯达到一定强度后注浆，粉土加模数为3.8、浓度为5%的PS浆液拌制，水灰比0.6:1，填补砌补过程中由于遗址本体的不规则形成的空洞，同时增强砌补层与原遗址的结合力。

⑧边角处理，坚持"保护为主，抢救第一，加强管理，合理利用"的文物工作方针，在文物保护和修复过程中，严格遵循"不改变文物原状和最小介入，最大兼容"的原则，根据病害轻重程度进行砌补后外形的修正，尽量通过修正后砌补部位和遗址本体的其他部位保持一致，线条顺畅。

⑨做旧，通过对遗址本体外部结构、线条、形状、色彩等的理解、分析、试验等到最后细节修正措施，对砌补部位通过修正、伪装使其外形结构细部线条和色彩等与其遗址本体整体相协调。

（2）墙体中部掏蚀区域土坯砌补

对墙体中部掏蚀区域一般规模比较小，有的不足一个土坯宽，而且缺乏土坯加固所需的水平面，因此可采用和遗址相同的土块加固，对一些墙体，还需要通过加锚钉的工艺创造水平面。

①根据遗址本体的实际情况，对遗址本体作刚柔性安全支护，确保施工过程中人身安全及遗址本体的安全。根据实际情况计算上部结构的自重，独立布设支撑体系，支撑体系与脚手架之间保持相对独立，以免在脚手架上操作过程中给上部结构带来不必要的扰动。采用5cm厚的木板内赋贴毛毯大面积接触遗址本体，两侧采用φ48的钢管施力于木板，将本体通过网状刚性结构形成具有相对刚度的整体，并将本体自重通过独立支撑体系抬空，但并不允许有位移产生，只是在保持相对静态的情况下给遗址本体上部结构另外的支撑体系。安全系数要求至少为2.0。

②破坏层的清理，在本体已通过独立支撑体系施加外力之后，采用接触面较小的修复刀对破坏层分段剖开，剖去所有失去粘结力的土层，并进行一定的修正，便于进行土坯砌补。注意：一次只能剖开一段，待剖开段完全砌补并有一定强度后，隔段进行，且剖开距离不能超过50cm，且不能大于总长度的1/5。

③材料准备。

a. 采用与遗址本体土基本相近、且可溶盐含量低于0.5%的土，人工制成土坯，其尺寸大小应与每个遗址体的形制类同。

b. 选当地可溶盐含量低于0.5%的黏土，粉碎后经过0.6mm的筛分，与模数3.7~3.8，浓度3%的PS搅拌均匀，按照水灰比0.4拌制加固浆液。

④加筋（锚钉）拉接，对破坏层较浅的遗址本体，可采用宽为5~10mm，长为100~200mm的小竹钉，按照纵横间距不小于200mm，成孔深度为40mm，结合遗址本体病害区域大小自上而下的顺序成排布设，提高遗址本体与砌补土坯的粘结力。对破坏层较深甚至掏空的遗址本体，可采用宽为5~10mm，长为300~400mm的小竹条，按照纵横间距不小于200mm，布设于砌补层面，增强砌补土坯的整体性。结合遗址本体病害区域大小自下而上的顺序网状布设，提高遗址本体与砌补土坯的粘结力。

⑤ 土坯砌筑，根据每抛开一段距离采用相应的人工土坯与模数 3.7~3.8，浓度 3% 的 PS 拌制泥浆进行砌补。砌补过程中注意土坯之间的拉接，遵循"上下错缝，内外搭接"的原则，水平泥层厚度和竖向泥缝宽度一般控制在 10~15mm，尽量做到：横平竖直、泥浆饱满、错缝搭接、接槎可靠。在砌补过程中尽量一次性砌补，如有施工间断时，应砌成斜槎，斜槎水平投影长度不应小于高度的 2/3，对施工不能留置斜槎的，也可留成直槎，但必须做成凸槎，并加设拉接竹条。

⑥ 渗透灌浆，待砌补土坯达到一定强度后注浆，粉土加模数为 3.8、浓度为 5% 的 PS 浆液拌制，水灰比 0.6:1，填补砌补过程中由于遗址本体的不规则形成的空洞，同时增强砌补层与原遗址的结合力。

⑦ 边角处理，坚持"保护为主，抢救第一，加强管理，合理利用"的文物工作方针，在文物保护和修复过程中，严格遵循"不改变文物原状和最小介入、最大兼容"的原则，根据病害轻重程度进行砌补后外形的修正，尽量通过修正后砌补部位和遗址本体的其他部位保持一致，线条顺畅。

⑧ 做旧，通过对遗址本体外部结构、线条、形状、色彩等的理解、分析、试验等到最后细节修正措施，对砌补部位通过修正、伪装使其外形结构细部线条和色彩等与其遗址本体整体相协调。

（3）局部坍塌掏蚀区域的土坯砌补

局部坍塌区域如一些空洞，由于形制不明，缺乏可靠的考古资料证明其原有形态，如果不加固又不能保证其稳定要求，只能采取临时措施，如一些坍塌的门洞，暂时采用土坯砌补，同时，砌补时应比原有墙面低 15cm 左右，保留原有孔洞的外形，待技术成熟后再进行加固。

2. 构件支顶

对于高大墙体顶部悬空，砌补无持力层的状态，砌补支顶方式不合适，拟采取构件支顶加固方式：木板支顶。

加固方式为木板支撑悬空面并横挑在两侧墙体上，上部的土体坐落在木板之上，由木板把受力传递到两侧的稳定墙体或砌筑体之上。根据上部土体的重量，选择合理厚度的木板。对于 SE-2-68-W-E-1 墙体选择 20mm 厚的木板，对于 SE-2-32-N-S 墙体选择 15mm 厚的木板。施工完毕后，用泥浆轻微涂抹进行表面处理、隐蔽。

8.2.2.3 危土体锚固

裂缝发育会造成墙体坍塌而严重毁坏遗址。因此对于墙体裂隙，特别是对可能造成墙体坍塌的墙体裂隙，应进行加固处理。墙体裂隙加固处理，采用锚杆锚固与裂隙注浆相结合的方法。对于墙体稳定性无威胁的裂隙，灌浆加固即可，灌浆材料选用 PS+C（C 为粉土），建筑工艺缝隙加固需要预留建筑形制痕迹。

根据裂隙切割墙体的规模、裂隙的形态特征、安全系数等因素可以选择木锚杆（包括白蜡杆和楠竹锚杆）。

采用 $\phi 35~50mm$ 的木质锚杆或壁厚 0.5cm~1.0cm 的楠竹锚杆，含水率≤3.0%，单根锚杆杆体抗拉强度应≥10.0kN；锚孔采用螺纹钻人工钻孔，孔径 50~70mm 左右，孔深应比锚杆设计长度大 100mm；孔钻好后，清除孔中虚土，注入模数为 3.8、浓度 5% PS 浆液进行加固孔壁；孔壁固化后，注入 PS-C 锚固浆液，泥浆采用模数为 3.8、浓度 16% PS 与粉土、按水灰比 0.5～0.6 配制；注入泥浆后应随即插入锚杆，待泥浆初凝时再次击入杆体，以保证杆体与孔壁锚固力；锚杆应进行现场拉拔试验，单根锚杆的设计极限锚固力≥4.0kN/m。

8.2.2.4 裂隙注浆

锚固后的裂隙必须进行灌浆填充，否则一旦裂缝中入渗雨水会导致土体软化，使锚杆失去锚固作用；另外，裂隙中不断填充沙土，或裂隙两壁长期风化，也会影响锚固效果。因此，锚固后裂隙灌浆填充的密实与否，是保证锚固作用的关键。裂隙注浆前，先用模数为 3.8、浓度 5% PS 浆液对裂缝口两侧喷洒渗透加固；然后用 PS-C 浆液进行封闭裂隙，PS-C 浆液采用模数 3.8、浓度 5% 的 PS 与粉土、按水灰比 0.4～0.5 拌制，并沿裂缝按竖向间距 300mm 埋设直径 10mm 的塑胶注浆管；先注入 5% PS 浆液，渗透加固裂隙中充填的沙土、碎石和裂隙两壁，然后再进行裂隙注浆；裂隙注浆采用 PS-C 浆液、按自下而上的次序通过注浆管进行；注浆时，当相邻的上方注浆管中出现浆液溢出时应停止注浆，并堵塞该注浆孔，再向上方的注浆管中注浆；若裂缝较窄小，可适当增大水灰比以减小浆液黏度，增大可灌性；注浆完成并达到胶凝固化状态后，切割露出墙面的塑胶管，并用 3% PS 和遗址土调制的泥浆填充注浆孔，抹平；施工期间对工作面应采取防晒措施，使加固体缓慢阴干（注：C 为粉土）。

8.2.2.5 边缘处理

1. 遗址原有洞口边缘加固

在原有建筑形制的洞口周边，因为风蚀、雨蚀以及重力作用而形成的许多块状危险体，对于这些危险体先采用小竹锚钉锚固与针孔注入浆液相结合的工艺加固，再采用与遗址体相类似的材料适当砌补。竹钉可按间距 100mm 布置，竹钉断面尺寸 5～8mm、长 100～150mm，可在针孔注浆后随即打入；完成 PS 渗透工作后，采取用 PS+C 浆液进行表面处理，选用 3% 浓度 PS 溶液，灰水比采用 0.2～0.3，采用喷洒工艺进行施工，施工完毕后，进行阴干，确保表面处理的效果。

2. 抹泥层边缘加固

为有效保护遗址体表面残留的剥离抹泥层，在抹泥层边缘处采用小竹锚钉锚固与针孔注入浆液相结合的工艺进行加固，竹钉可按间距 100mm 布置，竹钉断面尺寸 5～8mm、长 100～150mm，可在针孔注浆后随即打入；完成 PS 渗透工作后，采取用 PS+C 浆液进行表面处理，选用 3% 浓度 PS 溶液，灰水比采用 0.2～0.3，采用喷洒工艺进行施工，施工完毕后，进行阴干，确保表面处理的效果。

8.2.2.6 顶面处理

严重风蚀，加之雨水冲刷，遗址顶部逐渐被破坏，而形成积水区、冲洞入口区等。加固主要采用土工格栅与草泥加固方法。首先对顶部墙体进行修整，用 PS+C 浆液封闭裂隙，再喷洒 PS 溶液固化顶面，然后铺上一层厚 5cm 的草泥，再铺上一层土工格栅，用竹签锚固，接着再铺上一层厚 5cm 的草泥，最后采取用 PS+C 浆液表面处理，选用 3% 浓度 PS 溶液，灰水比采用 0.2～0.3，采用喷洒工艺进行施工，施工完毕后，进行阴干，确保表面处理的效果。

8.2.2.7 遗址体冲沟、洞穴处理

1. 冲沟、冲洞回填

冲沟整治原则为"以排为主、以堵为辅",对于遗址体表面规模较大的冲沟如果有条件砌补,则选用与遗址土类似的材料和工艺进行砌补;如果无条件砌补,则进行表面防风化加固即可。对规模较小的冲沟,原则上保持原状,表面防风化加固即可,若对遗址体会产生破坏影响则采用砂砾石和泥浆回填,要求回填的材料和工艺与遗址体建筑形制兼容。遗址体内的冲洞必须注浆回填,浆液材料选用 PS + C(粉土),外加适量砂石,就地取材,具体配比和工艺待现场试验确定。采取分期有压注浆方式确保注浆效果。

对于因坍塌、掏蚀以及动物活动形成的小规模孔洞,可采取注浆回填的方式即可,灌浆浆液采用 PS 溶液与遗址土的混合液,水灰比 0.4~0.5,采取有压方式注浆确保注浆密实,最后表面防风化加固(同前)即可。

2. 砾石土培筑

对于遗址体根部为地表水径流通道的状况,为阻止地表水进一步冲刷遗址体根部,采用砾石土进行培筑,在不干扰遗址区环境的前提下,就地取材,砾石级配应满足 $C_u \geqslant 5$,$C_c = 1 \sim 3$,细粒含量 15%~50%。培砾石进行适当的夯实,要求培砾石堆积于遗址体的底部,形成一定的坡面,坡度不小于 15°,从而把地表水引流远离遗址体。

8.2.2.8 墓地加固

盗墓造成西寺 8 处墓地、东寺 2 处墓地严重破坏,形成盗坑,为雨水的汇集浸泡提供了便利条件。为防止进一步的破坏,科学保留遗址信息,对盗坑进行回填处理,回填前进行考古清理工作,在底部铺设 10cm 厚的细砂,回填后根据考古要求进行顶面处理。

8.2.3 崖体加固

失稳崖体的破坏模式主要有三种形式,即错断式、拉裂式和倾倒式崩塌。借鉴土质边坡加固,崖体加固主要采用传统的锚固灌浆技术,辅助浆砌卵砾石砌补、渗透注浆、表面防风化等措施,从而实现崖体稳定性的根本改善。

8.2.3.1 卵砾石砌补

对必须加固的崖体掏蚀面和坍塌区,采用浆砌卵砾石砌筑加固,砌筑技术应谨慎使用,切记不能砌补过量,砌体应与原岩之间充填密实。石料除应满足坚硬、无裂纹和洁净等质量要求外,选用粒径 100~150mm。浆砌卵砾石下应该铺设 2~3cm 的砂浆作为垫层,满足防渗要求。砌筑砂浆用水泥为 32.5R,骨料为中砂,配合比为 1:2.5,砂浆强度不低于 M10,要求砌块相互咬接连成一体,砌缝宽度 2cm 左右,砌缝均匀饱满,勾缝平顺密实。砌筑完毕后一段时间,对出现的缝隙进行注浆(水泥浆)补强。最后进行表面防风化加固。

8.2.3.2 锚固及注浆

1. 锚固

锚杆采用钢筋锚杆,钢筋锚杆选用锚杆为 Φ22~28HRB33 普通螺纹钢筋,锚孔直径 150mm。浆液采用水泥砂浆,水泥砂浆配合比为水泥:砂:水 = 1:1:0.43,水泥标号为 32.5R,其强度等级不宜低于 M10。锚固施工时,成孔后根据裂隙情况可先用模数 3.8、浓度 5% 的 PS 溶液渗透加固孔壁。渗透和灌浆时应采取措施防止浆液渗漏到裂缝中。孔径 170mm,锚孔斜插角 15°,锚杆应进行现场非破坏式拉拔试验,锚杆锚固段的设计极限锚固力 ≥30.0kN/m。锚具采用钢板,钢板与锚杆采用焊接的方式连接,锚板尺寸为 300mm×300mm,厚度为 15mm。

锚固间距以不产生群锚效应为准,水平间距不宜小于 2.5m,锚杆锚固体上覆岩土层厚度不宜小于 4.0m;沿锚杆轴线方向每隔 1.5~2.0m 宜设置一个定位支架。

正式锚固前,务必做好临时支护,对于第一排锚杆务必一孔一锚,避免过度扰动危崖体。

2. 裂隙注浆

针对崖体的裂隙,锚固后必须进行注浆填充,否则一旦裂隙中入渗雨水会导致土体软化,使锚杆失去锚固作用。另外,裂隙中不断填充沙土,或裂隙两壁长期风化,也会影响锚固效果。因此,锚固后裂隙注浆填充的密实与否,是保证锚固作用的关键。裂缝注浆前,先用模数为 3.7~3.8、浓度 5% PS 溶液对裂缝口两侧喷洒渗透加固,然后用 PS-C 浆液进行封闭裂隙,对宽大裂缝可配合土坯封闭,PS-C 浆液采用模数 3.7、浓度 3% 的 PS 与粉土、按水灰比 0.4~0.45 拌制,并沿裂缝按竖向间距 500mm 埋设注浆管。注浆前可先注入 5% PS 溶液,渗透加固裂隙中充填的沙土、碎石和裂缝两壁,裂隙宽度较大没有充填物的,应充填粉土块,然后再进行裂缝注浆。裂缝注浆采用 PS-(C+F)浆液,浆液用模数 3.7、浓度 12% 的 PS 与粉土和粉煤灰配制,水灰比 0.5~0.55、按自下而上的次序通过注浆管进行。注浆时,当相邻的上方注浆管中出现浆液溢出时应停止注浆,并堵塞该注浆孔,再向上方的注浆管中注浆。若裂缝较窄小,可适当增大水灰比以减小浆液黏度,增大可注性。注浆完成并固化达到一定强度后,切割露出墙面的塑胶管,并用 3% PS 和遗址土调制的泥浆填充注浆孔,抹平(注:F 为粉煤灰,C 为粉土;F:C 一般为 1:2)。施工时应注意工艺的选择,注浆时应通过试验确定一定的注浆压力,压力不宜太大,应小于 0.5MPa,注浆时应采取间隔跳跃式施工工艺,保证施工时崖体稳定。

3. 变形监测

施工前、施工中、施工后的裂隙变形监测,是危岩体信息化施工的关键,也是遗址和施工人员安全的保障。变形监测主要包括以下内容:

① 对需要观测的裂缝应统一进行编号;

② 裂缝观测标志,应具有可供量测的明晰断面或中心;

③ 连续监测裂缝变化时,应采用传感器自动测记方法观测;

④ 裂缝观测的周期应视施工阶段而定,施工中应实时监测,施工后监测频率减小;

⑤ 裂缝连续观测的设备精度不低于 0.01mm;

⑥ 除对主要裂隙检测外,尚应对可能破坏的危岩块体和小裂隙进行监测。

8.2.3.3 表面防风化加固

崖体防风化加固的主要部位是：崖体严重风化的部位，锚杆的端头及裂隙两侧，及其这些部位四周外延 500mm 的范围。采用模数为 3.8、浓度 3~7% 的 PS 溶液，进行 2 次渗透加固；渗透深度应超过结构物外侧的风化层厚度，每次渗透的间隔时间为 2~3 天，待第一次渗透的 PS 溶液完全固化加固后，再做下一次渗透。对每一单元工程，应通过现场试验确定具体施工工艺。渗透施工期间对工作面应采取遮阳防晒措施，使加固体缓慢阴干，以免急剧干透而产生龟裂。

8.2.4 地表水系整治

地表水流对遗址区的破坏主要表现在遗址区和遗址体的冲沟、冲洞以及对崖体的掏蚀和冲刷，地表水整治的原则：①系统排水；②以排为主，以堵为辅，排堵结合；③加固措施尽可能小的干预遗址原貌；④最终形成有效的排水系统，不再冲刷遗址体，原有冲沟得以固化，抗冲刷能力增强。遗址区地表水系整治主要采用以下工程措施：回填（冲沟、冲洞）、培筑、修建小型挡水坝、护坡铺底、沟壁 PS 渗透以及埋设涵管（水泥、PVC 管）。

8.2.4.1 回填处理（冲沟和冲洞）

对遗址体和遗址区造成严重破坏的冲沟和冲洞采取回填措施，阻止其进一步破坏。通过对冲沟的回填补平，改变地表水的流向，使其远离遗址体。通过对冲洞的密实回填，阻止地表水沿冲洞入渗遗址体，进而有效地防止入渗破坏和确保遗址体稳定。根据冲沟和冲洞所处的岩土体性质，可选用泥浆砾石和泥浆卵砾石两种类型，材料可就近取材，拌制时用 5% 浓度模数 3.8 的 PS 溶液，泥浆水灰比 0.4~0.6。回填前需在沟壁和洞壁喷洒渗透 5% 浓度模数 3.8 的 PS 溶液进行预加固，需求回填密实。保护结束后，用松散砾石敷面处理即可。

8.2.4.2 卵砾石培筑及修建小型挡水坝

① 对遗址体附近的冲沟，无法进行沟道处理的，采取增强其抗冲刷能力的加固措施，即在遗址体附近夯筑培卵砾石，以有效保护遗址体，培卵砾石就地取材，选用砾石土或卵砾石土，取材不得干扰遗址原貌，培土要进行一定的夯实加固，在迎水面形成不小于 25° 的坡度，培土高度根据冲刷的程度、规模而定，但务必把已冲刷的部分掩埋。

② 为系统地进行地表水整治、科学的改变地表水的流向，在一些地段需要设置土埂，以改变地表水流向，使其汇入已有大冲沟，而远离遗址区。土埂采用泥浆砾石堆积，设置为三角形的断面，土埂高度根据汇水面积大小而定。砾石要求级配良好，细粒含量为 15%~50%；泥浆稠度应较大，利于凝固，防渗性能较好。

8.2.4.3 冲沟加固

1. 浆砌石护坡铺底

对遗址区内的主冲沟，为增强抗冲刷能力，对其沟壁和沟底进行固化，分别采用浆砌砾石、浆砌卵砾石。就地取材浆砌砾石和浆砌卵砾石的配合比准确、坐浆饱满、砌缝均匀、勾缝平顺密实、表面平整。砌筑时确保石块不直接紧靠,不采用灌浆法施工,用小石子砼填塞竖缝时,使用扁铁捣实。石块砌筑时做到长短相间、交错排列;砌块将平砌,外圈定位行列和镶面石块按"丁顺相间"或"二顺一丁"的形式。

2. 沟壁 PS 渗透加固

对于表面风化严重的沟壁,进行防风化加固。表面 PS 渗透加固采用模数为 3.8、浓度 7~12% 的 PS 溶液,进行多次渗透;渗透深度应超过沟壁疏松风化层厚度,施工时应以实际疏松风化层厚度为准;采用多次渗透加固方式,每次渗透的间隔时间为 2~3 天,待第一次渗透的 PS 溶液固化干透后,再做下一次渗透,对每一单元工程,应通过现场试验确定具体施工工艺。渗透施工期间,对工作面应采取防晒措施,使加固体缓慢阴干,以免龟裂。

8.2.4.4 埋设涵管

对某些遗址体底部的冲沟,无法改道、无法阻水的情况下,采用引流的方式,选择不同直径的水泥涵管和 PVC 涵管,涵管放置应与水流方向一致,放置好后,应用泥浆砾石在周围夯实。涵管的入口和出口处需适当固化,增强其抗冲击性能,确保排水通常。

参 考 文 献

[1] 黄克. 中岩土文物建筑的保护 [M]. 北京:中国建筑工业出版社,1998.

[2] 李最雄. 丝绸之路古遗址保护 [M]. 北京:科学出版社,2003.

[3] 和玲,梁国正. 偏氟聚物加固保护土质文物的研究 [J]. 敦煌研究,2002,(6):92-108.

[4] 周双林,王雪莹,胡原等. 辽宁牛河梁红山文化遗址土体加固保护材料的筛选 [J]. 岩土工程学报,2005,27 (5):567-570.

[5] 周双林. 文物保护用有机高分子材料及要求 [J]. 四川文物,2003,(3):94-96.

[6] 范章. SV-II 灌缝胶及其在古建筑土坯墙体加固中的应用 [J]. 西北建筑与建材,2003,(5):26-28.

[7] 王旭东. 中国西北干旱环境下石窟和土遗址保护加固研究 [D]. 兰州大学博士学位论文,2003.

[8] 赵海英. 甘肃境内战国秦长城和汉长城保护研究 [D]. 兰州大学博士学位论文,2005.

[9] 杨涛,李最雄,谌文武. PS-F 灌浆材料的物理力学性能 [J]. 敦煌研究,2005,(4):40-50.

[10] 李最雄,王旭东. 古代土遗址保护加固研究的新进展 [J]. 敦煌研究,1997,(4):167-172.

[11] 李最雄,王旭东,赫利民. 室内土建筑遗址的加固试验——半坡土建筑遗址的加固试验 [J]. 敦煌研究,1998,(4):144-149.

[12] 屈建军,王家澄,程国栋等. 西北地区古代生土建筑物冻融风蚀机理的实验研究 [J]. 冰川冻土,2002,24 (1):51-55.

第9章
结 语

9.1 结　　论

在新疆地区的佛教文化遗存中，苏巴什佛寺遗址占有重要的地位。它规模大，延续时间长，具有很高的历史价值、艺术价值、科学价值和社会价值。但是，长期以来围绕该遗址开展的研究工作主要涉及考古、历史以及佛教艺术等领域，保护研究相对较少。所采取的保护措施仅限于修建看护房、铁丝围栏等辅助性手段以及建造防洪坝等防灾减灾形式，对整个遗址的本体和载体的保护缺乏科学系统的研究。本文通过对苏巴什佛寺遗址的详细调查、试验分析、数值模拟，得到了如下结论：

① 通过实地调查和查阅文献资料与分析，库车县地处暖温带，热量丰富，气候干燥，年温差和日温差都很大。库车县境全年平均有 20d 大风日，夏季大风最多，大风持续最长时间 12h，风速较高，各月平均最大风速在 7m/s 以上，最大风速达 27m/s。苏巴什佛寺遗址所在的属南温带干旱区，年平均气温 11.4℃，年降雨量 645mm，雨量稀少。但是，大气降水往往时间短、强度大、范围小、雨量集中。故除了风力以外，短时间的强降雨对苏巴什佛寺遗址破坏很大。此外，温度、地质构造及地震也是外在的重要破坏因素。

② 根据现场调查资料分析，总体看，苏巴什佛寺遗址的建造技法包括四种类型：1）纯土夯筑，由于土源较为贫乏，这种建筑技法在遗址区应用有限；2）砂砾土夯筑与含少量砂砾的土夯筑相间，这种建筑技法在遗址区应用最为广泛；3）砂砾土夯筑与土坯垒筑相间，这种建筑技法多见于重要建筑物；4）纯土坯垒筑，这种建筑技法多见于规模较大的房屋遗址。上述不同的建造技法由于在具体工艺和材料上存在差异，实际也成为苏巴什佛寺遗址发育多种病害的内在重要因素。

③ 通过分析测试了苏巴什佛寺遗址土的物理性质、力学性质、水理性质、化学成分、矿物组成，查明苏巴什佛寺遗址区内的出露地层皆为冲洪积物，从表面至 10 余米下伏地层成分相同，主要的区别为其密实程度、胶结程度等的不同。在面波测试中的反映是越往下波速越大，并呈近线性增长，这与地质剖面中地层越深密实度越高有很好的对应关系。西寺面波波速为 283.94～1604.62m/s，东寺面波波速 252.78～16072m/s。苏巴什佛寺遗址场地为卵砾石层、砂砾石层，上部胶结松散、密实较差的地层波速较低；下部胶结很好，密实度高的地层则波速较大。

④ 通过对苏巴什佛寺遗址的病害进行研究，发现苏巴什佛寺遗址地表建筑本体的主要病害有掏蚀、冲沟、片状剥蚀、裂隙（缝）、生物破坏和人为破坏；对地下建筑而言，洞窟建筑主要发育病害有坍塌、掏蚀、冲沟和生物病害，洞窟内部地仗层多发生了剥离剥落，壁画残存较少，残存的壁画发育起甲、酥碱、烟熏、空鼓、剥离、刻画等病害；墓地主要发育的病害有冲沟、掏蚀和人为破坏。崖体发育的主要病害有表面风化、掏蚀、冲沟（洞）、裂隙（缝）、崩塌、洪水冲刷等。从遗址病害现状与所处的环境特征看，强烈的风蚀与集中式强降雨造成的病害是苏巴什佛寺遗址受到破坏的关键因素。

⑤ 由于周围小环境的特殊性，地表水系对苏巴什佛寺遗址的破坏非常严重。大气降水作为一种外营力，主要是通过降水和洪水两种方式，对苏巴什佛寺遗址区冲沟和冲洞等病害的形

成、发育、加剧破坏起着重要的促进作用。

⑥ 运用 FLAC3D 软件对苏巴什佛寺遗址两种典型的破坏模式冲洞和坍塌进行数值模拟，同时选取典型建筑物施加地震荷载进行数值分析，发现运用 FLAC3D 软件可以较好地分析土遗址的破坏方式，找出土遗址的薄弱地带。从总体看，这种分析方法不但考虑了土遗址的局部失稳，而且更兼顾遗址的整体失稳，对于实际的文物保护工程有重要指导意义。

⑦ 崩解试验证明，经过防风化材料 PS 加固后的试样，崩解速度大幅度降低，崩解特性发生明显的变化，具有良好的耐崩解性和透水性。风洞模拟试验结果也表明，PS 材料具有良好的抗蚀性，能够数倍乃至几十倍的提高土体抗风蚀的能力。同时，PS 能够大幅度地提高的土样的抗压强度。故认为 PS 材料适用于苏巴什佛寺遗址土体的加固。

⑧ 通过对苏巴什佛寺遗址病害成因机理的分析研究，同时结合一系列加固试验的结果，对苏巴什佛寺遗址的文物本体、崖体的加固，有针对性地提出综合加固的建议，同时提出了切实可行的整治地表水的措施。这些建议与措施对于即将实施的苏巴什佛寺遗址保护加固工程无疑具有重要的参考价值。

9.2 展　　望

由于时间和条件限制，本书的研究还很有限。为了满足苏巴什佛寺遗址保护的需要，对于苏巴什佛寺遗址的病害及相应的综合保护技术还需要进一步研究，以下几个方面将是进一步探讨的重点方向：

① 关于苏巴什佛寺遗址内的微环境监测还没有开展，而微环境要素变化规律和特征对于研究遗址的病害具有现实的意义，建议在遗址区内安设高精度气象站，进而获取实时动态的气象因子；

② 苏巴什佛寺遗址考古工作满足不了对于苏巴什佛寺遗址布局、建筑形制、建造工艺的研究，为更好挖掘苏巴什佛寺遗址的价值，建议后期开展必要的考古发掘工作，为苏巴什佛寺遗址的科学保护与开发奠定基础；

③ 苏巴什佛寺遗址的病害具有类型多、程度重、特征复杂等特点，为更加科学地研究病害的成因机制及发展趋势，建议在遗址区选择代表性遗址体，进行系统的温度、湿度、盐分、水分、规模等要素监测，从而实现病害研究的定量化，最终查明苏巴什佛寺遗址病害的发育机理；

④ 本书采用有限差分化对遗址体进行了动力数值分析尝试，结果表明现代数值分析方法可以与土遗址保护有机结合起来，今后可以引入其他类型的数值分析方法到古遗址保护中，进而推进古遗址保护的理论研究；

⑤ 室内 PS 材料加固遗址土试验表明，PS 材料适合于苏巴什佛寺遗址防风化加固，但鉴于室内试验的尺度效应及环境差异，建议在现场开展相应的工艺性试验；

⑥ 鉴于保护措施的综合性，将土遗址体、崖体、冲沟、洞窟、墓地加固的方案及措施综合是今后研究的重点，即基于各加固对象的内在关联性，确定保护方案及技术的系统性，最终确保苏巴什佛寺遗址加固的科学系统，对于新疆地区其他佛寺遗址的加固具有借鉴和指导意义。

后　记

　　1992年7月，刚从新疆工学院毕业的我去新疆文化厅报到，被分配至新疆文化厅文物保护维修保护办公室（今新疆文物古迹保护中心的前身）工作。几个月后，我就有幸参与联合国教科文组织援助的吐鲁番交河故城保护项目。作为一名工民建专业的本科生，突然接触到神秘的文物保护工作，我一开始未免懵懵懂懂，但很快就喜欢上了这个行业。这也许是一种缘分吧。作为现场设计和施工的负责人，在项目实施的六年中，我几乎放弃了节假日，常驻工地，边干边学，细心揣摩，逐渐理解了文物保护的内涵。

　　在随后的近十年间，我又有机会亲自主持或参与了多项文物保护工程的设计。2005年，丝绸之路新疆段重点文物保护项目启动，我参与了该项目的管理及业务工作。由于工作的接触面较以往更为宽广，涉及的具体文物保护工程种类也更加多样，我逐渐感到自己在业务方面有些力不从心，在专业知识方面急需"充电"。在这种情形下，2007年，我报考了兰州大学地质工程专业的博士，并被有幸录取。

　　本书是在我个人博士学位论文基础上修订而成的。最初的学位论文是在导师李最雄研究员的指导下完成的。在三年的学习、研究及论文选题、撰写等过程中，始终得到导师的悉心指导。先生宽广的胸怀、真诚豁达的品格、超前的文物保护理念、渊博的知识、勇于实践的创新精神、求真务实的科研作风和在文物保护领域取得卓越的成就，时时刻刻感染和激励着我。在我成长的道路上，导师不仅在学术上给我悉心指导，在生活上也给予我极大的帮助。感激之情，无以言表。我以能够成为他的学生为荣！

　　兰州大学土木工程与力学学院的谌文武教授、张虎元教授在我攻读博士期间给予我鼎力相助和悉心指导。他们深厚的理论修养、敏锐的学术洞察力、严谨的治学态度、奉献创新的科学精神和对学术研究的执著追求使我深受感动。多年来，他们一直鼓励我积极进取，并传授了我大量专业知识和许多做人的道理。即使平时和他们的交谈也使我如沐春风、收获颇丰。

　　敦煌研究院副院长王旭东研究员在我求学期间也给予大量热忱的帮助和指导，在此谨致谢意。

　　此外，还要感谢西北大学的孙满利副教授，兰州大学的张景科讲师、和法国讲师、郭青林博士、赵林毅博士、谭玲玲老师、王爱荣老师在我求学期间给予的无私的指导和帮助。

　　能够顺利完成学业，我要特别感谢父母。从小到大，他们总是毫无怨言地全力支持我。

　　我还要特别感谢我的妻子叶卫，她多年一直默默无闻地在背后支持我。求学期间，她更是一如既往为我分忧解难，确保我能够安心完成学业。

梁　涛

2012年5月